G.
O. 1862. porté
4 A.
ⓐ

22483

LE
VOYAGEUR
FRANÇOIS.

par M. l'abbé de la Porte.

Tome I.

LE VOYAGEUR

FRANÇOIS,

OU

LA CONNOISSANCE

DE L'ANCIEN

ET DU NOUVEAU MONDE.

TOME PREMIER.

A PARIS,

Chez VINCENT, Imprimeur-Libraire,
rue S. Severin.

───────────────

M. DCC LXV.

Avec Approbation, & Privilége du Roi.

AVERTISSEMENT.

L'IMMENSE collection des voyages formeroit une bibliotheque nombreuse, dont la lecture occuperoit la vie d'un homme. Sur un plan donné par les Anglois, rectifié ensuite par lui-même, M. l'abbé Prévost a réduit à un certain nombre de volumes cette quantité prodigieuse de relations plus capables d'effrayer par leur multitude, que d'exciter la curiosité par ce qu'elles ont d'intéressant. Mais, outre les défauts du plan, & une extrême confusion dans les détails, on a encore reproché à l'Histoire de M. l'abbé Prévost ses répétitions fastidieuses, & son excessive prolixité. L'ouvrage, d'ailleurs, n'est point achevé : il manque à ce Recueil la collection des voyages de terre, c'est-à-dire, de toute cette partie de l'ancien monde, où se sont passés les événemens les plus mémorables. L'état actuel de ces lieux célebres, les révolutions qu'ils ont éprouvées, les restes précieux des monumens qui attirent l'attention des voyageurs, eussent completté cette grande Histoire. C'est par-là que commencent les relations du Voyageur François; & quand les deux premiers volumes n'auroient d'autre utilité, que de servir de supplément à l'*Histoire générale des*

AVERTISSEMENT. vij
Voyages, c'eſt un avantage dont le Public pourroit luiſçavoir gré. Mais ſon projet eſt plus étendu. En portant, dans ſes voyages, le flambeau de la philoſophie & de l'obſervation, il y puiſe des connoiſſances utiles, qu'il communique à ſes concitoyens. Tous les objets faits pour exciter la curioſité d'un lecteur philoſophe, les loix, les mœurs, les uſages, la religion, le gouvernement, le commerce, les ſciences, les arts, les modes, l'habillement, les productions naturelles, en un mot, la connoiſſance de tous les pays & de toutes les nations de l'univers, en commençant par les peuples de l'Aſie, font la matiere de toutes ſes Lettres. Il ne porte ſon attention que ſur

ce qui lui paroît mériter une juste curiosité ; & comme son but est d'intéresser & d'instruire, tout ce qui ne produit point ces deux effets, ne lui semble pas digne de ses remarques. Rarement il entretient ses lecteurs de ce qui le regarde personnellement. Jamais ni les préparatifs du voyage, ni tous ces petits accidens qui arrivent nécessairement, se devinent & se supposent durant une longue route, ne prennent la place d'un récit plus intéressant. Ce n'est point l'histoire du voyageur qu'il importe de sçavoir ; c'est celle des pays où il a voyagé.

LE
VOYAGEUR
FRANÇOIS.

※※※※※※※※※※※※※※※※

PREMIERE LETTRE.

L'ISLE DE CHYPRE.

NOS adieux sont faits, Madame, & vous ignorez où je vais, quelle distance doit nous séparer, quel tems doit nous réunir. Je n'ai pas cru devoir vous l'apprendre plutôt : vous eussiez condamné mon projet, & j'y tiens. Né, comme vous, à Marseille ; instruit de bonne heure dans la connoissance des langues orientales, j'ai eu souvent occasion de m'entretenir avec ces étrangers que le commerce attire de toutes parts dans notre ville. De-là, Madame, ce desir extrême de connoître les différens climats qu'ils habitent, d'étudier leur esprit, leurs usages, leurs loix, leurs arts, leurs mœurs, leur religion, leur commerce; spectacle beaucoup plus intéressant que celui du port le plus fréquenté. Voilà, Madame, le plan que je me suis tracé & que je prétends suivre. Nul obstacle ne croise mon projet & tout le favorise : c'est à vous que je destine le fruit de mes remarques. Au lieu de quelques lettres dictées par l'ennui de la solitude, & qui, à coup sûr, vous eussent ennuyée vous-même, vous aurez des observations dignes d'être lues, de quelque maniere qu'elles soient écrites.

Un vaisseau prêt à partir pour le Levant, favorisoit mon dessein ; je m'y suis embarqué. Notre voyage a été heureux ; & si je voulois vous décrire une tempête, il me faudroit la puiser dans un roman ou dans mon imagination. Je ne vous parlerai point non plus des corsaires Barbaresques ;

aucun ne s'eſt montré : en un mot, nous ſommes arrivés paiſiblement à notre premiere ſtation ; c'eſt l'iſle de Chypre, nom qui retrace des idées voluptueuſes ; mais je ſuis devenu philoſophe, & Chypre beaucoup moins ſéduiſante. Ce fut dans cette iſle, que Vénus ſe refugia au ſortir de l'onde ; c'étoit-là qu'elle tenoit ſa cour pléniere. Les noms d'Amathonte & de Paphos figureront à jamais dans les Faſtes de la volupté. A cela près, ces villes ne ſubſiſtent plus que par des ruines, & dans les poëtes.

Selon la tradition du pays, Chypre fut long-tems ſoumiſe à pluſieurs princes différens ; ils furent ſubjugués par les Egyptiens. Ceux-ci perdirent, à leur tour, cette iſle, ſous le régne des Ptolomées. Marcus Cato la leur enleva. Il lui en coûta peu, pour faire cette conquête qui valut aux Romains des tréſors immenſes. Le partage de l'empire fit paſſer Chypre au pouvoir des empereurs d'Orient : elle fut enlevée à Iſaac Comnene, l'un d'entr'eux, par Richard I, roi d'Angleterre. Ce prince ne vouloit d'abord que délivrer la Terre-sainte; mais ce n'eſt pas la ſeule fois que les héros croiſés n'ont ſoumis & ravagé que des Etats chrétiens.

Après la perte de Jéruſalem, Gui de Luſignan qui en étoit roi, le devint de toute l'iſle de Chypre. Richard la lui donna : elle paſſa enſuite par différentes mains, entr'autres, dans celles de Charlotte qui en jouit peu; elle lui fut enlevée par Jacques, ſon frere naturel. On dit que la femme de cet uſurpateur l'empoiſonna, lui & ſon fils. C'étoit une dame Vénitienne, de la famille de Cornaro; elle vécut enſuite, comme ſimple particuliere, dans les terres de la république de Veniſe, à qui elle venoit de céder la couronne de Chypre. La bonté des vins que produit cette iſle, engagea le grand ſeigneur à s'en emparer. Peut-être Chypre ſeroit-elle encore aux Vénitiens, ſi un Turc n'eût pas violé un précepte de l'alcocorán.

Chypre eſt une iſle d'environ 160 lieues d'étendue; elle eſt fertile, quoiqu'il n'y ait point de rivieres. Ce défaut eſt réparé par quantité de ſources, pluſieurs petits ruiſſeaux, & ſurtout par les pluies d'hiver. Que les habitans de cette iſle ceſſent d'être pareſſeux, bientôt ils ſeront opulens; mais ils ne ſont guères moins efféminés que leurs ancêtres : c'eſt-là, en quelque ſorte, ce qui nous retrace le mieux l'idée de l'ancienne Chypre.

J'en recherchois les monumens; & je dirigeai d'abord mes pas vers la célebre Paphos, ou plutôt, vers la ville qui l'a remplacée; elle eſt très-agréable & très-vaſte. On voit, aux environs, des coloñes briſées & diſperſées au hazard; ce ſont des débris du temple de Vénus. Il étoit, dit-on, ſitué à l'endroit même où cette déeſſe aborda la premiere fois, quand elle ſortit des eaux de la mer. On n'offroit que du feu ſur ſes autels; jamais ils ne furent ſouillés de ſang; jamais ils ne furent deſſervis que par des prêtres d'une naiſſance illuſtre & même royale, ou par des prêtreſſes d'une beauté raviſſante. Bientôt l'oracle de ce sanctuaire devint célebre : il ne répondoit guères qu'à des questions relatives aux attributs de la déesse ; mais il n'en étoit que plus souvent consulté.

Si on en croit une ancienne tradition, ce temple fut d'abord un palais construit par Aphrodite, reine d'une beauté exquise, & non moins galante que belle : sa galanterie fut même portée à l'excès. Elle attiroit à sa cour quantité de jeunes gens, & accordoit ses faveurs à tous. Les femmes de sa suite l'imiterent ; elles-mêmes furent imitées par beaucoup d'autres ; en un mot, le régne d'Aphrodite fut celui du plaisir & de la débauche. Rien ne prouve mieux combien son exemple avoit influé sur ses sujets, que les honneurs qu'on lui rendit après sa mort : elle fut regardée & adorée comme une divinité. Voilà une Aphrodite, dont on put aisément faire une Vénus.

Revenons à Paphos. On dit que cette ville fut bâtie par Cynire, roi d'Assyrie & gendre de Pygmalion, roi de Chypre : d'autres prétendent qu'elle fut bâtie par Paphos, fils de ce même Pygmalion & de sa fameuse statue. Sans doute que cette statue merveilleuse ne fut autre chose que quelque belle innocente, un peu trop opposée à l'humeur de la vive Aphrodite.

L'ancienne ville d'Amathus est célebre par les amours de Vénus & d'Adonis : ils y eurent depuis, un temple dont il ne reste nuls vestiges. En revanche, on y voit une église où repose le corps d'un S. Jean, patriarche d'Egypte dans le septieme siécle. Le tombeau qui le renferme, est magnifique; & les prêtres me dirent que quand on l'y transporta, un évêque, dont les os l'occupoient depuis bien des années, en sortit, pour faire place à ceux du patriarche.

Vénus n'étoit pas la seule divinité qu'on adorât dans cette isle. Apollon y avoit un temple : on en voit encore les débris auprès de Piscopi, village d'une grandeur & d'une beauté remarquables. Les habitans disent que ces ruines proviennent du palais d'un homme qui a enseigné la musique ; & vous sçavez qu'Apollon passoit pour en être l'inventeur. Le bois qui lui fut consacré, est actuellement une plaine arrosée par un aqueduc. Non loin de-là sont quelques paysages effrayans, qui retracent le souvenir d'un tremblement de terre. Un philosophe eût risqué de s'y précipiter, pour les voir de près ; & moi, par une autre sorte de philosophie, je me contentai de les voir dans la perspective.

Non loin de-là est le promontoire Curium, aujourd'hui nommé *Capo di Gato*, (Cap de Chat), pour faire allusion aux chats que les prêtres de S. Basile entretiennent, pour détruire les serpens répandus dans les campagnes voisines. Ces bons prêtres furent excités à cette bonne œuvre, par le don d'un très-beau village.

Voulez-vous sçavoir, Madame, d'où dérive le mot de *solécisme ?* vous en trouverez l'origine dans une ville de cette contrée. C'est Soglia, autrefois Solos, bâtie sous les auspices de

Solon. Ce légiflateur d'Athènes vécut quelque tems à la cour de Philocyprus, roi de Chypre. La capitale de ce prince étoit fituée fur des montagnes arides. Solon lui confeilla de la transférer dans une plaine fertile. Son avis fut approuvé ; & lui-même fe vit chargé de préfider à ce changement. La nouvelle ville retint le nom de fon fondateur. Bientôt la richeffe & les agrémens du pays y attirerent des habitans de tous les cantons ; mais ce mélange en occafionna dans leur langage ; il fe corrompit au point qu'il a paffé en proverbe : de-là cette étymologie qu'un fçavant appuieroit par des volumes, & que je me borne à vous indiquer en paffant.

Peut-être avez-vous ouï parler de la fameufe fontaine d'Amour ; je n'y arrivai qu'après avoir côtoyé des montagnes environnées de précipices. Cette fontaine eft un ruiffeau qui coule près d'Acamas. Il rend, dit-on, à ceux qui boivent de fes eaux, la vigueur qu'ils ont perdue, ou il augmente celle qu'ils ont. Ceci reſſemble beaucoup à la fontaine de Jouvence; mais j'eus aſſez de vertu ou peut-être d'amour-propre, pour ne pas y aller boire.

Nicoſie eſt la capitale de cette contrée : c'eſt la demeure du gouverneur Turc; c'étoit autrefois celle de toute la nobleſſe Vénitienne qui vivoit dans l'iſle. A en juger par ſes ruines, elle a dû être magnifique; & ſa défenſe contre les Turcs, prouve qu'elle étoit aſſez bien fortifiée. Ces barbares s'en étant rendus maîtres, y paſſerent au fil de l'épée plus de vingt mille habitans : les femmes laides & les enfans furent brûlés ſur le même bûcher; on réſerva les belles femmes pour le ſerrail du grand ſeigneur, & les principaux citoyens, pour orner le triomphe du général. Il y eut plus de vingt cinq mille hommes du pays, réduits en captivité & vendus comme eſclaves; mais aucune des femmes réſervées pour le ſerrail, n'y arriva. Une d'entr'elles, qui s'étoit fait donner ſecrettement une méche allumée, fit ſauter le vaiſſeau qui la portoit; & le même accident fit périr le vaisseau qui portoit le général Turc. Voilà un désespoir qui tient de l'héroïsme. Reste à sçavoir si, pour s'exempter de l'esclavage, il est permis de noyer tant de gens avec soi ; peut-être quelques-unes de ces belles captives eussent-elles préféré le serrail à la mort.

Famagouste, autre place forte, ne s'étoit rendue que lorsqu'il n'étoit plus resté de souris dans la ville, pour nourrir les habitans : elle obtint une capitulation honorable; mais les Turcs la faussèrent lâchement : ils massacrerent la plus grande partie des officiers de la garnison, & firent écorcher vif le gouverneur. Sa peau salée, séchée & empaillée, fut portée dans l'arcenal de Constantinople : elle en fut enlevée par quelques personnes de la famille de ce brave commandant. On dit que cette peau glorieuse existe encore aujourd'hui à Venise.

On voit, à peu de distance de Larnica, ville assez considérable, une mosquée où les Turcs prétendent qu'est enterrée l'aïeule de Mahomet : c'est-là qu'ils viennent invoquer la grand-mere de leur prophete. Ils ne nous apprennent point comment elle fut amenée en Chypre du fond de l'Arabie ; la tradition n'en dit rien, mais la foi Musulmane y supplée.

Celle des Chrétiens s'exerce, non loin de là, sur un autre objet. On voit à Salines une église grecque, dédiée au Lazare, le même que ressuscita Jesus - Christ. Il fut, dit-on, enterré dans l'emplacement de cette église : l'unique preuve qu'on en apporte, est le trou qui recela son corps.

Le mont Crocé est la plus haute montagne qui soit dans l'isle de Chypre. Sainte Helene en choisit le sommet, pour y faire construire une petite église ; elle y joignit des dons suffisans pour entretenir trente personnes employées à la desservir. C'est un édifice assez ordinaire ; mais un morceau de la vraie Croix y attire un concours que la hauteur de la montagne ne rébute point.

La fameuse Madone de Chekka est située dans un canton délicieux.

L'air des environs est parfumé de roses, de chévre-feuille & de quantité d'arbrisseaux d'une odeur aromatique: le couvent est bien décoré; & le *Papa* qui le gouverne, le céde à peine, pour la dignité, à un évêque.

L'isle entiere n'offre aucun séjour préférable à celui de Morfou, ni aucun édifice qui l'emporte sur son église; elle étoit dédiée à S. Mamas, à qui on attribue des actions surprenantes, & qui toutes avoient pour but de ne point payer son carrache ou sa part des impôts. Il avoit, dit-on, toujours un miracle prêt, pour s'en dispenser.

Le Lapitho appellé autrefois *Amabilis*, étoit parfaitement bien nommé. C'est un admirable paysage où l'on remarque des ruines magnifiques. Je vis ensuite Palécra, lieu où se trouvoit autrefois un temple dédié à la Reine d'Amour. Un cadi en fit enlever les dernieres pierres, pour construire une maison à ses maîtresses. Ce n'étoit pas en changer absolument la destination: peut-être croyoit-il chacune de ses femmes une Vénus.

Citréa est peut-être l'ancienne Cythere; elle en conserve encore tous les agrémens extérieurs. C'est une suite de jardins & de maisons de plaisance, arrosés de ruisseaux d'eau-vive, distribuée par plusieurs canaux; mais ces efforts de l'art le cédent encore aux beautés de la nature : elle étale, dans ce canton, toute sa parure, toutes ses graces. L'ancienne ville de Chypre est beaucoup plus déchue : ce n'est aujourd'hui qu'un chétif village environné d'un grand nombre d'édifices ruinés. Ce lieu, autrefois si renommé pour ses belles femmes, a dégénéré sur ce point comme sur le reste.

A quelque distance de là, est une montagne qu'on nomme le *Mont Olympe.* Vénus avoit un temple tout au haut de ce mont. J'y trouvai à la même place, les ruines d'une chapelle grecque.

Voilà, Madame, ce qui m'a le plus frappé; voilà ce que j'ai cru de plus intéressant parmi les monumens anciens & modernes que renferme cette isle : ses productions naturelles ne la distinguent presque point des climats voisins. Le sol de Chypre est communément bon, & l'aspect en est agréable : il est coupé de montagnes qui ne servent qu'à varier le paysage. Presque par-tout, les yeux trouvent de quoi se satisfaire; mais les serpens, les aspics, les tarentules n'y sont que trop communs. Ceux qui voyagent à pied, portent des bottines, où sont attachées de petites sonnettes, pour mettre en fuite ces reptiles venimeux. La morsure de l'aspic fait périr, dans l'espace d'une heure, ceux qui en sont atteints : le seul moyen d'en guérir, est de couper la partie qui a été mordue.

Voici un de ces phénomenes dont la nature offre peu d'exemples, & qui, par-là, mérite d'être cité. Entre des rochers qui touchent à la mer, on trouve des os humains pétrifiés. C'étoient, disent les gens du pays, un grand nombre d'étrangers, nommés *Alains*, qui vouloient envahir l'isle de Chypre. Ils firent naufrage; & leurs os furent changés en pierres, par un châtiment de la juftice divine. Cette métamorphofe pourroit être fort naturelle ; mais il faudroit la rapporter à des tems plus reculés. On ajoûte que quelques Alains échappés au naufrage, embrafferent le Chriftianifme, & vécurent paifiblement dans cette contrée ; apparemment qu'ils fe croyoient libres & exempts de tous impôts. S. Mamas qui fit tant de miracles pour s'en garantir, étoit, dit-on, du nombre de ces Alains convertis.

Il y a ici plufieurs lacs falés, dont les Vénitiens tiroient un produit condérable : ce revenu eft bien diminué entre les mains des Turcs.

On voit, auprès de Paphos, des pierres tranfparentes : les lieux où elles fe trouvent, font appellés *mines de diamans.* Un gouverneur Turc, trompé par ce nom, voulut les faire valoir : il y dépenfa d'affez groffes fommes, & reconnut enfin fon erreur. Pour s'en dédommager, il afferma aux Chrétiens ces tréfors imaginaires, à-peu-près auffi cher que s'ils euſſent été réels. Ses ſucceſſeurs n'ont rien changé à un arrangement ſi utile pour eux.

Tout eſt vénal dans cette iſle ; on y achete juſqu'au pardon des plus grands crimes : le meurtre y eſt abſous, moyennant un leger tribut par an ; toute fortune d'ailleurs, y eſt incertaine; de-là ce découragement, cette indolence, toujours ſuivie de la pauvreté. Les laboureurs ne cultivent qu'un terrein ſuffiſant pour les faire ſubſiſter : ils dédaignent d'amaſſer des richeſſes dont ils ne jouiroient pas, & qu'ils ſeroient contraints d'enfouir. On voit des peres mourir, ſans avoir inſtruit leurs enfans, du lieu qui recèle leur tréſor, parce qu'ils craignent de le déclarer trop tôt : on voit le fils d'un homme riche, réduit, par cet excès de précaution, à mendier ſon pain.

L'exercice de la religion Chrétienne eſt libre dans toute l'iſle de Chypre. On y compte un archevêque, deux évêques, pluſieurs couvents & un grand nombre d'égliſes; quelques-unes ont été changées en mosquées. A l'égard des prêtres, c'est le rituel grec qui les dirige. Toute leur science & même leur religion consiste à observer les jours de fête, & à s'abstenir de l'usage de la viande : ils peuvent se marier autant de fois qu'ils deviennent veufs ; & ils usent de ce privilege. Les moines sont traités un peu plus sévérement : ils ne peuvent être mariés qu'une seule fois ; mais on prétend qu'ils sçavent adoucir la rigueur de cette loi. Les évêques sont soumis à la même discipline, & l'observent à peu-près comme les moines.

Le commerce est ici bien négligé ; il consiste, pour l'extérieur, en soie, laine, garance, terre d'ombre, carrouge & vin. Ce dernier objet est considérable : c'est la production la plus précieuse de ce pays. En voici une dont l'usage n'est guères moins répandu ; je parle du vermillon. L'isle de Chypre en offre jusqu'à trois sortes : il croît sur-tout aux environs de Paphos. Je doute cependant, que Vénus & sa cour en aient fait usage.

Presque toutes les femmes de cette

isle sont belles; & toutes, jusqu'aux plus laides, sont portées à la galanterie; on peut ajoûter à la débauche. On voit cependant ici quelques maris jaloux de leurs femmes; ils ne leur permettent de sortir, que pour aller à l'église; mais on choisit souvent l'église même, pour décider du sort des maris. Il s'en trouve d'autres, & c'est le plus grand nombre, qui portent l'indulgence jusqu'à épouser celle qui a le galant le plus riche, préférablement à celle qui n'a que sa vertu. Au reste, il en est bien peu qui l'aient; & cette vertu ne tient jamais contre quiconque veut ou peut l'acheter.

Je finis, Madame, cette lettre sans compliment, comme je commencerai les autres sans cérémonie.

De Nicosie, le 30 *Octobre* 1735.

II. LETTRE.
ALEP ET SES ENVIRONS.

LES lieux que je vais parcourir dans l'Asie, n'ont pas moins essuyé de révolutions que l'isle de Chypre. Par-tout, Madame, vous y reconnoîtrez les ravages du tems & les tristes fruits de la domination des Turcs, plus destructive que le tems même.

Un court trajet nous rendit au port d'Alexandrette. L'air de cette ville est si mal-sain, qu'il est presque impossible d'y résister durant les grandes chaleurs; ce qui oblige la plûpart des habitans de se refugier dans un village situé à quatre ou cinq lieues, sur une montagne. Ils y trouvent ce que la ville ne peut leur offrir, de fort bonne eau, d'excellens fruits & un air salutaire.

Je ne tardai pas à prendre la route d'Alep. C'est aujourd'hui la plus grande ville de toute la Syrie & de tout l'empire des Turcs, après Constantinople & le Caire; elle est construite sur huit petites éminences, & environée d'un fossé large & profond, mais qu'on a métamorphosé en jardins : la muraille est vieille & menace ruine. Il n'en est pas de même des édifices qu'elle renferme : quelques-uns sont magnifiques ; les autres sont du moins solidement construits. Chaque maison, outre le rez-de-chaussée, offre un étage d'ordre attique, avec une galerie : le faîte en est plat & pavé de pierres, ou enduit de plâtre. C'est l'usage, dans cette ville, de placer au-dessus des portes & des fenêtres, des passages tirés de l'alcoran ou de quelque poëte fameux chez les Turcs : ces portes, ces fenêtres, les plafonds & les panneaux sont proprement peints & quelquefois dorés. Il y a communément dans la cour de chaque maison, une petite fontaine environnée d'un peu de verdure ; mais chez les gens d'une certaine considération, cette fontaine se trouve au milieu d'une sale du rez-de-chaussée, pour y entretenir la fraîcheur. A côté, sont d'autres piéces pavées groſſiérement, & qui ſervent d'écurie pour les chevaux.

Le mur qui environne chaque maiſon, rend le coup d'œil des rues peu agréable; elles ſont d'ailleurs étroites, mais propres & bien pavées. Les gens dont la profeſſion nuiroit à cette propreté, ſont logés dans les fauxbourgs. Les baſards, ou marchés, ſont bordés de boutiques qui ne peuvent contenir que les marchandiſes, le marchand & un garçon : les acheteurs reſtent en dehors. Il eſt à remarquer que les portes de ces boutiques ſont encadrées de fer, & que les ſerrures ne ſont que de bois.

Les principaux bâtimens d'Alep ſont les moſquées ; & il s'en trouve de magnifiques. Une d'entr'elles renferme un tombeau que les Turcs diſent être celui du prophete Zacharie. Ce tombeau étoit caché par un vieux mur : il en fut retiré par les ſoins du grand viſir Churly qui y fit mettre cette inſcription : « Le tombeau de » cet honorable perſonnage, le pro» phete de Dieu Zacharie, (la paix

» de Dieu soit avec lui) après avoir
» resté long-tems caché & inconnu,
» fut réparé, par le commandement
» du grand visir, sous le régne de
» notre seigneur le victorieux sul-
» tan Achmet Chan, fils de Maho-
» met Chan, l'an 1120 de l'égire.

C'est aussi une tradition reçue chez les Turcs, que le château d'Alep fut bâti du tems d'Abraham, & que Zacharie y fit sa résidence; mais ayant voulu empêcher le prince du pays de répudier sa femme, pour en épouser une autre, son zéle lui coûta la vie. Le tyran lui fit couper la tête: cependant il eut soin de la faire mettre dans une urne de pierre, de deux pieds en quarré, avec cette inscription: « Cette urne renferme la tête du » grand prophete Zacharie. » Ayant été ouverte, pour la premiere fois, il y a près de cinquante ans, on trouva qu'elle ne renfermoit qu'une assez grande quantité de parfums.

On appelle ici *kans*, certains lieux destinés à recevoir les voyageurs; ceux-ci ont la commodité d'y loger & d'y rester, tant que leurs affaires les y retiennent; ce font les feules hôtelleries de cette contrée.

Un aqueduc fournit de l'eau à la ville; & il n'y a qu'une feule riviere un peu confidérable, qui eft l'Oronte, dans toute la Syrie.

On trouve, aux environs d'Alep, de vaftes plaines prefque défertes, & qui n'exigent aucune defcription. Il n'en eft pas de même de la vallée de fel : fon étendue eft immenfe, & la quantité de ce minéral, prodigieufe : cependant cette vallée n'a aucune communication avec la mer. La maniere dont on y travaille le fel, eft fort fimple : les enfans le caffent avec de petites battes armées de têtes de gros clous; les hommes le mettent dans des tonneaux; & fans aucune autre préparation, ils le portent à Alep, pour le vendre.

A mefure qu'on s'éloigne de cette ville & qu'on s'avance du côté de l'Euphrate, le coup d'œil devient plus fatisfaifant.

Arrêtons-nous un inftant auprès du magnifique monaftere de faint Siméon : la fituation en eft des plus majefmajeſtueuſes, & l'édifice répond à la ſituation. C'eſt le lieu où cet inimitable Stilite vécut d'une maniere ſi extraordinaire. D'abord il paſſa dix ans à ſe mortifier dans une méchante cellule : il monta enſuite ſur une colonne où il paſſa dix autres années, enchaîné par le cou; enfin il fit conſtruire une eſpece de nid de quarante coudées de hauteur, & y demeura encore trente ans. Ce nid n'avoit pas plus de deux coudées de circonférence : c'étoit-là que le ſaint paſſoit les nuits à prier; le jour, il prêchoit ou faiſoit des génuflexions, & les faiſoit en ſi grand nombre, que quelqu'un en compta, ſans interruption, juſqu'à deux mille : il ſe laſſa même de les compter, ſans que le ſaint ſe laſſât d'en faire.

Il faut paſſer l'Aphréen, pour arriver à Corus. C'étoit autrefois une grande ville, bien bâtie; on prendroit pour du marbre la pierre qui ſervoit à conſtruire ſes maiſons. Parmi pluſieurs monumens, on remarque les ruines d'un ſuperbe théatre. Cette ville qu'on nommoit autrefois *Cyrus*, compte, entre ſes évêques, le fameux Théodoret. Le payſage des environs eſt extrêmement gracieux : chaque village eſt digne d'arrêter les regards ; mais par-de-là, c'eſt un déſert : il faut le traverſer, pour arriver à Bambouch, ou plûtôt, auprès de ſes ruines, qui atteſtent ſon ancienne magnificence. On y diſtingue, entr'autres choſes, les fondemens & une partie des murailles d'un temple qu'on croit avoir été celui de l'Abomination. D'anciens auteurs nous apprennent que cette divinité imaginée par les Sidoniens, avoit un culte à Bambouch. Il faut croire que les ſpectacles des Grecs n'y étoient pas non plus ignorés. Tout à côté des ruines de ce temple, on trouve celles d'un théatre.

Vous avez ouï parler du vieux de la Montagne, autrement nommé *le prince des aſſaſſins :* il n'eſt plus queſtion de cette ſouveraineté ; mais les reſtes de cette abominable eſpece ſubſiſtent encore ſous le nom de *Gourdins.*

Antioche fut autrefois la capitale

de toute la Syrie ; elle étoit célèbre par sa magnificence, & ne l'est plus que par ses ruines : elle fut le séjour de plusieurs empereurs, & le premier asyle du Christianisme. Cette ville fut prise sur les Grecs, en 638, par un des lieutenans du calife Omar, reprise, par Godefroi de Bouillon, en 1097, & conquise de nouveau, par le sultan Bundocdari, en 1269. Selim I l'arracha aux sultans d'Égypte ; & les Turcs l'ont toujours conservée depuis. On n'y retrouve aujourd'hui, ni les traces du palais de Seleucus, son fondateur, ni celles du temple de la Fortune, tous deux célebres & tous deux anéantis.

Séleucie fut autrefois une ville presqu'aussi considérable qu'Antioche ; elle est encore plus ruinée aujourd'hui. Le tems n'y a respecté aucuns monumens : il faut en excepter un tombeau de pierre, sur lequel est placée une figure de gladiateur, qui, avec le bras gauche, souleve son bouclier, & semble, de la main droite, porter un coup de javeline.

C'est une tradition populaire, que Job a été enterré sur la montagne qui porte son nom ; elle est en forme de pain de sucre, & située au milieu d'une plaine peu distante de Magara. Nous vîmes, parmi les ruines de cette ville, un grand monument taillé dans un rocher de marbre : il a différens appartemens, & étoit autrefois orné & soutenu par des colonnes que le tems ou les Barbares ont ruinées. Je passerai sous silence quelques autres tombeaux & plusieurs débris anciens qui ont frappé mes regards, en parcourant les environs d'Alep; mais je ne dois point oublier les vertus de certaine pierre qui se trouve dans une des rues de cette ville : elle rend, dit-on, à un homme épuisé toute sa vigueur, & à une femme enceinte qui souffre, toute sa tranquillité. Je suis loin d'affirmer l'un ou l'autre prodige.

La Syrie est un climat fort chaud, sur-tout durant quatre ou cinq mois de l'année, pendant lesquels il ne tombe aucune pluie, & l'on dort sur le toît des maisons ; l'hiver même est mêlé de chaleur au milieu du jour: les fleurs qu'on voit éclorre dans cette faifon, la confondent avec le printems.

Ce pays fournit beaucoup de fruits, mais d'une qualité médiocre: celle du vin lui eft encore inférieure; il excite le fommeil, & provoque plûtôt la ftupidité que la joie.

Il y a peu de bétail dans toute la Syrie. Nous y remarquâmes une efpece de chévre, dont les oreilles avoient un bon pied de long, avec une largeur proportionnée; mais ce n'eft rien en comparaifon de la queue des moutons Syriens: elle eft fi prodigieufement longue, qu'il faut la leur attacher fur des planches minces, portées par de petites roues: il eft de ces queues qui pefent jufqu'à cinquante livres.

La gazelle & le liévre font ici le gibier le plus commun, & le chameau l'animal le plus utile. La race des chevaux y a dégénéré. On trouve encore dans les montagnes & parmi les rochers, quelques hyènes: on dit que cet animal fçait parfaitement imiter la voix humaine, & que cet artifice a souvent coûté la vie à des voyageurs qui n'étoient pas sur leurs gardes. Cependant il n'attaque jamais l'homme, sans y être forcé par la faim : il est vrai qu'il n'a pas la même réserve pour les cadavres & pour les troupeaux.

Il est sans exemple de voir dans ces contrées, un chien attaqué de la rage, & cependant rien de plus commun que d'y voir des loups enragés. Quiconque en est mordu, meurt nécessairement de cette maladie. La morsure des serpens, au contraire, n'est point dangereuse ; tous fuient devant l'homme ou ne peuvent lui faire de mal. Ceux même qui ont été mordus de la scolopendre & du scorpion, en sont quittes pour un instant de douleur.

Je viens, Madame, à la partie qui m'occupera toujours le plus, à celle des mœurs & des usages. Il faut d'abord vous donner une idée personnelle des Syriens : leur taille est assez reguliere, mais moyenne, & leur embonpoint médiocre : ils ont communément la peau blanche, & les yeux & les cheveux noirs. Les deux sexes ne sont beaux que dans la jeunesse. A peine ont-ils atteint l'âge mûr, que la barbe défigure les hommes, & que les femmes paroissent vieilles; aussi marie-t-on les filles dès l'âge de quatorze ans, & souvent même plûtôt.

Une taille fine est regardée comme une difformité chez les femmes de ce pays; elles n'épargnent rien pour devenir épaisses & grasses: leurs ceintures sont legeres, étroites & attachées négligemment; celle des hommes, au contraire, est fortement serrée par le milieu du corps: ils passent pour n'être ni robustes ni actifs; ils n'en sont pas moins grands querelleurs, sur-tout parmi le petit peuple; mais rarement ils en viennent aux mains: on voit une infinité de querelles se renouveller en un jour, & souvent pas un coup porté dans toute une année.

L'amour préside encore moins ici aux mariages, que parmi nous. Le jour de cette cérémonie est la premiere entrevue des jeunes époux. C'est ordinairement la mere du marié, qui négocie cette alliance. Lorsqu'elle a trouvé une fille qu'elle croit devoir convenir à son fils, la demande en est bientôt faite, le prix fixé, la permission du cadi sollicitée & obtenue. Il s'agit alors : nommer des parreins de part & d'autre : leur fonction est d'acheter & de vendre la future. Le Maüm, ou prêtre, demande à l'un s'il veut l'acquérir pour telle somme d'argent; à l'autre, s'il est content de la somme. Sur l'affirmative, il joint leurs mains; la somme convenue est payée, le marché conclu, & la cérémonie terminée par une priere tirée de l'Alcoran.

Dès ce moment, il est libre au jeune homme d'emmener chez lui sa prétendue; mais il a toujours soin d'en donner avis à la famille, par un messager. Elle est alors amenée par les parentes de l'un & de l'autre, & conduite dans l'appartement qui lui est destiné. Il en est de séparés, où chaque sexe se divertit jusqu'au soir : ce moment venu, les hommes habillent le marié, & en donnent avis aux femmes; on le fait entrer dans la cour de leur appartement; & il est reçu par ses proches parentes qui dansent & chantent devant lui, au bas de l'escalier de l'appartement de son épouse: elle fait la moitié du chemin, pour le recevoir; mais elle n'est pas encore entiérement visible pour lui. Une piéce de gaze rouge la couvre du haut en bas; & souvent une feuille d'or, découpée en différentes formes, lui cache le front & les joues: elle est reconduite, au haut de l'escalier, par le nouvel époux qui reste seul avec elle.

La loi des Turcs permet jusqu'à quatre femmes & autant de concubines; mais comme les premieres s'achetent, il est rare qu'on en prenne plus de deux. Il n'en est pas de même des autres; leur nombre est souvent dix fois plus grand que la loi du prophete ne le permet. Le mari peut répudier sa femme, quand il lui plaît, & sans en dire la cause; il peut aussi vendre celles de ses esclaves, qui sont stériles; &, en général, le sort de toutes les femmes, chez les Turcs, est un véritable esclavage.

Une cérémonie essentielle à la mort d'un Turc, sont les hurlemens des femmes; ils ne cessent que quand le corps est enterré. C'est un autre usage, dès qu'il est enseveli, d'attacher sur le milieu du drap, un petit morceau de la vieille couverture qui servit à Mahomet. Le moment du convoi étant arrivé, quelques officiers & les amis du défunt précèdent son cercueil ; des hommes le portent sur leurs épaules : viennent ensuite ses plus proches parens mâles, & ensuite les femmes. Les hommes chantent quelques prieres tirées de l'alcoran ; les femmes jettent des cris lamentables.

Les tombeaux sont revêtus de pierre, & tournés d'orient en occident : on y place le cadavre sur le côté droit, de maniere qu'il ne soit ni couché ni assis : il faut sur-tout qu'il ait la face tournée vers la Mecque; & pour empêcher la terre de pénétrer dans le tombeau, on le recouvre avec de longues pierres de travers. L'iman qui préside à la cérémonie, jette la premiere poignée de terre, prie pour l'ame du défunt, & rappelle aux assistans leur propre fin. Le plus proche parent du mort retourne prier sur son tombeau, le troisieme, le septieme, le quarantieme jour & le jour de l'anniversaire de son trépas. Les femmes vont y jetter des fleurs tous les lundis & les mardis, & demandent au défunt pourquoi il est mort, tandis qu'elles n'épargnoient rien pour lui plaire.

Leur deuil consiste à prendre leurs habillemens les plus foncés en couleur, & un ajustement de tête de couleur de brique; à quitter leurs bijoux, leurs pierreries, &, dans le cas de la mort d'un mari, à ne les reprendre que douze mois après. Lorsqu'il s'agit d'un pere, leur deuil n'est que de six mois. Une veuve ne peut se remarier qu'après être restée quarante jours dans la maison, sans sortir & presque sans parler; elle doit sur-tout marquer beaucoup d'affliction vraie ou fausse.

On trouve, dans cette contrée,

quatre sortes de Chrétiens, des Grecs, des Arméniens, des Syriens & des Maronites ou Catholiques Romains. Chaque secte y a un évêque & le libre exercice de sa religion. Les Arméniens, par exemple, sont si exacts à observer le jeûne, qu'ils ne le romproient pas même pour se sauver la vie : ils sont moins rigides sur d'autres articles.

L'usage du voile est commun aux femmes Chrétiennes comme aux femmes Turques : il n'y a que quelque différence dans la maniere de le porter. On permet à quelques-unes des premieres, d'aller deux ou trois fois l'année, aux jardins : il en est d'autres qui n'y entrent jamais; mais toutes ont la liberté d'aller au bain, à l'église, chez quelque parent & chez leur médecin.

Autre ressemblance dans les mariages des Turcs & des Chrétiens. Ceux-ci n'ont pas la moindre part dans le choix qu'on fait pour eux ; il a même été arrêté, dès leur enfance, par leurs parens. Lorsque le tems de le célébrer approche, les parens du prétendu sont invités à un festin chez le pere de la fille : on y fixe le jour de la célébration. La même compagnie se retrouve à souper chez la fille, la veille du jour indiqué ; & les parens du futur retournent ensuite chez lui. Il n'a point paru jusqu'alors, quoiqu'on ait fait semblant de le chercher beaucoup : il est obligé, suivant l'usage, de se cacher ; mais à la fin, on l'amene couvert de ses plus méchans habits ; &, après quelques autres cérémonies aussi bizarres, il se couvre de ses habits de nôces. Vers le milieu de la nuit, ses parens munis, chacun d'un flambeau, & précédés d'une troupe de musiciens, retournent au logis de la future. On leur en refuse la porte, pour la forme ; & il se fait une espece de combat, où ceux-ci remportent une victoire qui n'étoit pas douteuse. Alors la fille est conduite à la maison de son mari, par deux de ses sœurs ou de ses plus proches parentes ; elle n'y doit pas ouvrir la bouche, quelque chose qu'on lui dise, ni lever les yeux, quelque personne qui entre : cependant elle doit les saluer ; & une femme assise auprès d'elle, l'instruit de leur arrivée & de leur qualité.

L'évêque préside quelquefois à cette cérémonie ; elle diffère peu, quant au fond, d'avec les mariages d'Europe. L'évêque dîne ensuite ; & lorsqu'il s'est retiré, les divertissemens commencent, pour ne finir qu'au lendemain après dîner ; mais le silence de la nouvelle mariée doit durer encore un mois. Durant tout ce tems, elle ne doit parler à qui que ce soit, excepté quelquefois à son mari ; encore quelques matrones lui en font-elles un scrupule.

Les Maronites permettent assez facilement à leurs femmes de manger avec eux, & même de paroître devant les étrangers ; mais les autres Chrétiens sont moins indulgens ; leurs femmes ne sont guères mieux traitées que leurs domestiques ; elles les servent à table, n'y prennent jamais place, & ne peuvent recevoir aucun homme chez elles ; j'en excepte toutefois leurs parens, des médecins & des prêtres.

Les funérailles de ces Chrétiens n'ont rien de remarquable. Je passe à l'article des Juifs. Il s'en trouve environ cinq mille dans Alep : ils sont, comme par-tout ailleurs, fort mal propres & assez mal logés ; leurs mariages ont presque un entier rapport avec ceux des Turcs, excepté que l'on colle les paupieres de la mariée avec de la gomme, & que le marié seul a droit de les décoller au tems marqué par l'usage.

Leurs jeûnes sont pénibles, mais ils ne sont pas fréquens. Il est peu de Juifs qui n'entreprennent, une fois dans leur vie, de jeûner depuis le samedi après le coucher du soleil, jusqu'au vendredi suivant à la même heure. Peu y parviennent ; le plus grand nombre y renonce, & plusieurs périssent dans cette pieuse & insensée tentative.

Je reviens à quelques usages des Turcs d'Alep : leurs repas, j'entends ceux des Turcs aisés, sont ordinairement splendides, mais peu délicats.

Du mouton rôti ou cuit avec des herbes, des pigeons bouillis, de la volaille farcie de riz & d'épices; un agneau entier, garni intérieurement de riz, d'amandes, de piftaches & de raifins; tels font les principaux mets qui entrent dans leurs feftins. Ceux qui obfervent leur loi, ne boivent que de l'eau; mais tous font gros mangeurs; &, leur repas fini, ils en accepteroient un autre, s'il leur étoit offert.

Ils font grand ufage du café; mais ils le prennent fans fucre ni lait. Tous les hommes & même beaucoup de femmes font ici dans l'ufage de fumer à l'excès : les gens les plus diftingués ont des pipes de cinq ou fix pieds de longueur, & dont les tuyaux font garnis d'argent. Un autre objet de débauche, c'eft l'opium : il bannit la trifteffe & réjouit les efprits; mais au bout d'un certain nombre d'années, il détruit la mémoire, l'imagination & la vigueur : il donne à un homme encore jeune toute la décrépitude d'un vieillard.

Les cafés font abandonnés à la

populace. L'amusement de ceux qui ne peuvent décemment les fréquenter, consiste, entr'autres jeux, dans celui des échecs : ils y excellent pour l'ordinaire ; mais ils ne risquent leur argent à aucun jeu, & l'exemple des Chrétiens n'a pu les séduire.

Ils ont des lutteurs dans leurs fêtes à la maniere des anciens. Ces athlétes se frottent d'huile, & combattent sans autre habillement qu'une paire de caleçons : ils ne manquent pas de force, mais ils manquent absolument de grace.

En général, les Turcs ont une forte d'aversion pour tout exercice un peu violent. Il s'en faut de beaucoup qu'ils le regardent comme salutaire : j'en excepte les Grands qui s'exercent souvent à lancer le javelot. À l'égard du petit peuple, son caractere est une indolence réelle & une gravité affectée.

Il n'est point ici question de carrosses. Les dames les plus qualifiées marchent à pied, soit dans la ville, soit lorsqu'elles vont à quelque jardin peu éloigné de chez elles. Si le voyage est long, elles sont portées par des mules dans une litiere couverte. Les hommes les plus distingués vont à cheval dans la ville comme à la campagne ; ils sont précédés d'un certain nombre de domestiques ; & cet usage a peut-être quelque chose de plus noble, que de s'enfermer volontairement dans une boëte ambulante.

On dit que les Syriens ont figuré autrefois dans la littérature : cela peut être vrai ; mais rien n'en rappelle le souvenir. On voit souvent ici des négocians, des financiers & des bachas qui ne savent ni lire ni écrire. Il y a cependant à Alep un fort grand nombre de colléges ; mais dans quelques-uns, on n'enseigne absolument rien, & dans les autres fort peu de chose.

Encore un mot des femmes. Les vieilles font teindre leurs cheveux en rouge avec l'henna ; & toutes se noirciffent les sourcils avec une composition qu'on appelle *harrat*. L'henna leur sert encore à peindre leurs pieds & leurs mains ; sa couleur devient

ET SES ENVIRONS.

jaune & désagréable : cependant l'usage en est ici universel. Une autre méthode est de peindre sur les pieds & les mains des femmes, des roses & autres figures : la teinture en est d'un verd foncé ; mais elle change & devient aussi insupportable que la premiere. On voit aussi des vieillards qui se noircissent la barbe, pour paroître plus jeunes : ces usages sont suivis par tous les habitans de cette contrée. La différence de religion ne les empêche point de s'accorder sur ces bagatelles ; & ils ne s'accordent pas moins sur l'attachement aux cérémonies extérieures du culte ; mais les uns & les autres en négligent le fond ; & on peut leur appliquer à tous ce que certain Mufti disoit des Turcs, que pour en faire un portrait véritable, il faut les peindre tous différens de ce qu'ils paroissent.

D'Alep, le 28 Novembre 1735.

III. LETTRE.

Damas, le Mont Liban, Balbec, &c.

JE ne quitte point encore la Syrie, Madame : il me reste même à vous entretenir de ce qu'elle a de plus curieux & de plus célebre. Je commence par Damas, capitale de toute la contrée. Après l'avoir été long-tems d'un royaume de son nom, elle fut soumise par Omar, successeur de Mahomet, & prise sur les Mamelucs, en 1516, par le sultan Selim I. Depuis ce tems, elle est restée aux Turcs. Damas paroît n'avoir pas plus de deux milles de longueur : ses rues sont étroites & ses maisons bâties de briques cuites au soleil; c'est moins la pierre qui manque dans cette contrée, que l'activité à ses habitans. Du reste, chaque maison renferme une ou plusieurs fontaines garnies de marbre, des appartemens somptueux, dont les plafonds & les panneaux font richement peints ou dorés, &, pour l'ordinaire, une cour quarrée & fort grande qu'environne une galerie plus ou moins ornée, mais qui l'eft toujours beaucoup chez les citoyens opulens. La richeffe des ornemens & la pauvreté de l'édifice offrent le contrafte le plus frappant & le plus bizarre.

Les Turcs ont fait une mofquée de l'eglife de S. Jean-Baptifte. C'eft un édifice confidérable ; mais nul Chrétien n'y entre : il ne leur eft pas même permis de la fixer. On y conferve le chef de S. Jean & quelques autres reliques toutes enfermées dans un lieu particulier. Ce lieu eft réputé fi faint, qu'un Turc laïque qui oferoit y pénétrer, feroit puni de mort. Il régne, à ce fujet, chez les Mufulmans, une tradition affez finguliere; c'eft que J. C. doit, au jour du jugement, defcendre dans cette mofquée, & Mahomet dans celle de Jérufalem.

Je vous parlerai peu du château de Damas; c'eft un bâtiment vafte, mais ruftique, & qui contribue plus à fortifier la ville qu'à l embellir.

Rien de plus délicieux que les environs de cette capitale. Mahomet les ayant apperçus du haut d'une montagne, ne voulut point y descendre. Il s'éloigna en disant : Il n'y a qu'un seul paradis destiné pour l'homme; le mien ne sera pas de ce monde. On visite sur-tout, avec une sorte de véneration, le champ de Damas. C'est une belle & vaste plaine où l'on prétend que le premier homme fut créé. Vous ne doutez pas, Madame, que je n'aie voulu la parcourir à mon tour. Je comparois le nouvel Eden, avec l'idée qu'on nous a laissée de l'ancien. Je donnois libre carrière à mon imagination. Peut-être, disois-je, est-ce-là que le serpent fit sa harangue; peut-être est ce ici qu'Adam fut séduit par Eve. J'aurois voulu appercevoir quelques rejettons de l'arbre dont le fruit a causé tant de maux : je cherchois de l'œil ces berceaux où le premier homme & la premiere femme parloient d'amour si tendrement, si on en croit Milton ; enfin je voyois mal ce qui se trouvoit réellement sous mes yeux, pour m'occuper de ce qui n'y étoit pas.

Non loin du champ de Damas, on trouve un grand hôpital accompagné d'une mosquée magnifique & quelques autres bâtimens dignes d'arrêter les regards. La maison d'Ananie, dont il est fait mention dans les Actes des Apôtres, existe encore. On y voit un autel pour les Chrétiens & un lieu de priere pour les Turcs : c'est ce qu'elle offre de plus remarquable. L'endroit où S. Paul se reposa quelque tems après sa vision, est indiqué par un petit édifice de bois, ou, pour mieux dire, par l'autel que cet édifice renferme.

La ville de Damas est entourée de jardins très-vastes, mais plantés sans ordre & sans art. Un autre point les distingue des nôtres, c'est qu'on y trouve des fruits. C'est aussi aux environs de cette ville, que se voit la montagne sur laquelle on prétend qu'Abel fut massacré par Caïn. Chaque pas que l'on fait dans cette contrée, rappelle à l'esprit quelque passage de l'Ecriture ; aussi m'étois-je muni d'une Bible, à l'exemple de ce voyageur qui visitoit la Troade, un Homere à la main.

Je fis connoissance avec un médecin François qui voyageoit par curiosité. Il avoit rendu au bacha de Damas un service important ; cela nous valut la protection de cet officier. Le médecin que je nommerai désormais *le Docteur*, n'avoit point encore vu le Liban, & vouloit visiter Balbec. Je fus charmé de profiter d'une telle occasion. Nous partîmes, après avoir pris les précautions qu'exige cette tournée ; & nous séjournâmes à Sidonia, ville bâtie par Justinien : elle est située sur le sommet d'un rocher, & n'offre rien de fort remarquable. Il faut en excepter ses vins, de même qu'un couvent habité par vingt moines Grecs & environ le double de religieuses. Un seul mur les enferme, & aucune clôture ne les sépare.

Il est peu de montagnes plus célebres que celle du Liban : il n'en est aucune dont l'Ecriture fasse aussi souvent

vent mention. C'est aujourd'hui la demeure du plus grand nombre des Chrétiens Maronites, c'est-à-dire, de ceux qui suivent le rit latin : on y voit une multitude de chapelles & un très-grand nombre de monasteres. Je ne m'arrêterai qu'à celui de Canubin, fameux par son ancienneté; c'est le siége & la demeure ordinaire du patriarche des Maronites. Le bâtiment est vaste, mais peu régulier; il est en partie pris dans le rocher; & l'église y est entiérement pratiquée: elle n'a environ que vingt-cinq pas de long sur dix ou douze de large : peut-être est-ce le seul endroit dans tout le Levant, où l'usage des cloches soit permis. Les Turcs n'en peuvent supporter le son; & ils ne laissent subsister les cloches de Canubin, que parce qu'ils ne sont point à portée de les entendre.

Les moines de ce couvent sont au nombre d'environ quarante : ils se disent de l'institut de S. Antoine; mais ils suivent la régle de S. Basile : leur maniere de vivre est très-austere; jamais ils n'usent de viande;

& les étrangers qui les visitent, sont obligés d'imiter leur abstinence. J'appris que la pauvreté n'entroit pour rien dans cette réforme. Le domaine du patriarche & du monastere est considérable & bien employé : ce qui excede les besoins des religieux, sert à pratiquer l'aumône & l'hospitalité : ce n'est pas là même l'unique point qui fasse souvenir que ces bons solitaires habitent le berceau de l'église.

On nous conduisit à la Grotte de sainte Marine, vierge qui a long-tems vécu parmi les religieux de Canubin. Vous présumez facilement que son sexe étoit ignoré : en voici une preuve. Certaine fille de mauvaise vie accoucha d'un garçon, & jugea à propos d'accuser le frere Marin d'en être le pere. Le silence du prétendu religieux parut aux autres un aveu de son crime : il fut chassé de la maison & condamné à nourrir cet enfant qui lui étoit si gratuitement attribué. La Sainte obéit ; & ce ne fut qu'après sa mort, qu'on reconnut son innocence & l'excès de sa charité.

Nous visitâmes plusieurs hermitages, & nous en omîmes une plus grande quantité. Le Maronite qui nous guidoit, nous assura que le nombre des grottes autrefois habitées, alloit à plus de huit cens. Toutes aujourd'hui sont inutiles; & je doute qu'elles redeviennent jamais nécessaires. Chaque siécle a ses usages, même en matiere de zéle & de piété. On est aujourd'hui persuadé qu'il n'y a pas moins de mérite à se rendre utile aux hommes, qu'à les fuir.

Nous parvînmes enfin à la forêt des Cedres. Vous sçavez, Madame, combien ces arbres sont fameux dans l'Ecriture : ils ont fourni de fréquentes allusions aux prophetes & aux autres écrivains Hébreux.

Les cedres fleurissent dans la neige & occupent une partie très-élevée de la montagne du Liban. La grosseur des plus anciens est prodigieuse; mais leur tronc principal a peu de hauteur. A cinq ou six pieds de terre, il se divise en cinq ou six autres troncs qui, pris à part, formeroient chacun un gros & grand arbre : leur feuillage ressemble à celui du geniévre, qui est, dit-on, le cedre de France : il a donc bien dégénéré dans nos climats. Les plus gros cedres du Mont Liban sont au nombre de vingt. Nous en vîmes une plus grande quantité de moindres, & encore plus de fort petits. La cime de ces derniers s'éleve en pyramide, comme le cyprès ; au contraire, celle des grands cedre s'élargit & forme un rond parfait : ils sont les seuls qui produisent du fruit ; & ce fruit ressemble à la pomme de pin, excepté que la forme en est plus grosse & la couleur plus rembrunie. Ces pommes de cedre contiennent une espece de baume épais & transparent qui, dans un certain tems de l'année, tombe goutte à goutte : il sort aussi du cedre même une résine odoriférante. Je ne dois pas oublier un fait qui m'a été certifié ; c'est que les rameaux des plus grands de ces arbres, qui, dans la belle saison, forment une espece de roue ou de parasol, se resserrent à la chûte des neiges, dressent leur pointe vers le ciel & prennent ensemble la figure d'une pyramide : on ajoûte que la nature leur infpire ce mouvement, pour les mettre à portée de réfifter au poids de la neige qui autrement les accableroit. Je ne vous garantis point cette efpece de prodige ; mais on ne paroît pas en douter fur les lieux.

Nous achevâmes de traverfer la montagne du Liban ; & après avoir franchi une autre montagne, qui fait partie de l'Anti-Liban, nous nous trouvâmes dans la plaine de Bocat. C'eft à l'une de fes extrémités, qu'eft fituée la ville de Balbec que nous allions vifiter ; elle eft gouvernée par un Aga, à qui nous remîmes des lettres du bacha de Damas. Ces deux officiers vivoient depuis quelque tems en bonne intelligence ; & nos lettres nous valurent une réception favorable. Nous choisîmes pour logement la demeure d'un curé Maronite ; car on trouve dans cette ville des Chrétiens Maronites, des Chrétiens Grecs & même des Juifs. Le nombre des habitans, en général, eft d'environ cinq mille ; mais il fut beaucoup plus confidérable autrefois : auffi la meilleure partie de son terrein est-elle entiérement négligée : j'en excepte une foible portion qu'on a convertie en jardins.

Les amateurs d'antiquités trouvent ici de quoi se satisfaire : il est peu de villes qui offrent des restes aussi magnifiques. Ce qui fixa d'abord notre attention, fut un bâtiment vaste & à demi ruiné, qu'on appelle *le Château de Balbec* : sa forme extérieure est celle d'un quarré long : il a pour première entrée un portique dont l'escalier est entiérement détruit. Ce portique étoit garni d'une colonnade dont il ne reste que les piedestaux : il contient trois portes qui toutes conduisent à une cour exagone ; & de cette cour, on passoit à une autre quarrée. Les bâtimens qui entouroient l'une & l'autre, avoient environ quarante-cinq pieds de hauteur sur cent dix de large & quatre-vingt-cinq de long ; mais les édifices de la derniere surpassoient les autres en magnificence. Nous remarquâmes sur-tout les ruines d'un troisieme bâtiment qui a dû faire le principal corps de ce palais : il étoit entouré de colonnes, dont la grosseur & la hauteur surpassoient toutes les dimensions ordinaires : leur fust étoit composé de trois piéces étroitement unies, mais sans qu'on ait eu recours au ciment : il n'a même été employé dans aucun des édifices dont j'ai à vous parler : on y suppléoit par des barres de fer, pour lesquelles on avoit creusé des trous dans chaque pierre. Ces barres avoient communément un pied de long ; elles contibuient à la solidité du bâtiment ; & l'on a vu des colonnes brisées dans leur fust, sans que leurs jointures aient pu être séparées.

Il régne, sous ce vaste monument, des voûtes qui en remplissent toute l'étendue. Nous eûmes l'audace d'en parcourir la meilleure partie. Figurez-vous me voir, Madame, un flambeau à la main, marcher, en chancelant, sur des décombres, m'arrêter où le Docteur s'arrêtoit, écouter ses observations, lui faire les miennes, & ne sortir enfin de ce tombeau, qu'après avoir risqué mille fois d'y demeurer. Ces voûtes communiquent les unes aux autres & font composées de grandes pierres brutes dans un goût rustique.

A quelque distance du palais, est situé un temple moins vaste, mais aussi magnifique & mieux conservé : sa forme est celle d'un quarré long. Il régne, dans tout le pourtour de ses murailles, un péristile composé de quarante colonnes, sçavoir, douze sur chaque côté, huit sur le derriere & autant sur le devant du portail. Ce portail offre lui-même deux rangs de colonnes & trente pieds de profondeur. La hauteur de chaque colonne est de cinquante-deux pieds, & le diametre, de six : l'escalier qui conduisoit au vestibule du temple, est entiérement ruiné. Cet édifice a deux autres escaliers à son entrée : il a cent pieds de profondeur en dedans & la même largeur que son vestibule, c'est-à-dire, celle de soixante-quinze pieds.

Vous êtes surprise de me voir entrer dans tous ces détails; mais le Docteur ne nous fit pas grace d'un pouce. Il faut l'avouer; le temple de Balbec est bien digne de cet excès d'attention : sa magnificence intérieure répondoit à celle du dehors : un double rang de colonnes cannelées, d'ordre corinthien, soutiennent la nef qui est accompagnée d'une espèce de chœur & de deux bas-côtés. Ces colonnes sont isolées & au nombre de douze, c'est-à-dire, qu'il s'en trouve six de part & d'autre : d'autres colonnes engagées d'un tiers dans le vif du bâtiment, sont opposées à celles de la nef & offrent les mêmes proportions & les mêmes ornemens. Le reste du mur est occupé par des niches destinées, sans doute, à placer les statues des dieux ou des héros de l'antiquité. A l'égard du chœur, ses ornemens répondent à ceux de la nef; mais il est plus élevé, & l'on y monte par treize degrés de marbre : tout enfin, dans cet édifice, annonce & la magnificence de son fondateur & le bon goût du siécle où il fut construit.

Un autre point digne de remarque, c'est la grosseur des pierres qui ont servi à bâtir les monumens dont je viens de vous parler. On a observé que trois pierres seules formoient, à l'un des murs du palais, une longueur de plus de cent quatre-vingt pieds, c'est-à-dire, que celle de chaque pierre est d'environ dix toises. On voit encore dans une carriere de marbre, plusieurs blocs qu'on y avoit taillés, sans les employer : quelques-uns portent jusqu'à soixante-dix pieds de longueur, sur une largeur & une épaisseur d'environ quatorze. Je l'avoue, je suis toujours surpris que la force ou l'industrie humaine ait pu transporter au loin de pareilles masses.

Il me reste, Madame, à vous parler d'un second temple, bien moins considérable que l'autre : sa forme est circulaire, & son diametre d'environ trente-deux pieds. C'est une espece de dôme partagé en deux étages dans sa hauteur : il est d'ordre corinthien en dehors ; mais, dans l'intérieur, cet ordre se trouve mêlé avec l'ionique. Par-tout, le fust de ses colonnes est d'une seule piéce, & il régne une colonnade autour de toute sa circonférence. La partie inférieure de cet édifice est aujourd'hui une église à l'usage des Chrétiens Grecs : leurs prêtres l'ont dédiée à sainte Barbe ; ils disent que ce bâtiment est la tour où cette sainte fut enfermée. Ils ont aussi, je ne sçais pourquoi, gâté toute l'architecture & la sculpture du dedans ; elle étoit de marbre, & ils l'ont couverte de plâtre; ce qui prouve que leur goût n'est guères moins déréglé que leur imagination.

Telles sont les principales antiquités qu'on trouve encore à Balbec. Il est surprenant que leur date ne soit pas mieux connue. L'ordre dorique & corinthien qui régnent dans ces bâtimens, prouvent qu'ils furent construits sous la domination des Grecs, ou même sous celle des Romains. Le Docteur balança ces deux opinions, se détermina pour la derniere, & prouva très-bien qu'Antonin le Pieux étoit le vrai fondateur du principal temple & du palais de Balbec ; mais un Rabin que nous visitâmes, nous assura que Balbec avoit été fondée par Salomon ; que le palais qui exiſte encore en partie, eſt le même que ce prince fit bâtir pour la fille du roi d'Egypte, qu'il avoit épouſée. Ce palais, ajoûtoit-il, n'eſt autre choſe que la maiſon du Liban ou la tour du Liban, qui regardoit Damas, & dont l'Ecriture parle ſouvent.

Pour les Grecs, ils ſoutiennent que Balbec eſt l'ancienne Nicomédie ; ils en apportent pour preuve cette prétendue tour de ſainte Barbe dont je viens de parler. Il eſt vrai que la Sainte fut martyriſée à Nicomédie ; mais cette ville ſubſiſte encore aujourd'hui aſſez proche de Conſtantinople ; & la tour où ſainte Barbe fut enfermée, n'a certainement pas été tranſportée à Balbec.

On diſoit autrefois, que Vénus avoit établi ſa cour dans cette ville ; qu'elle y diſtribuoit les graces & la beauté. Les femmes de Balbec paſſoient, en effet, pour les plus belles de toute l'Aſie ; elles étoient en même tems les plus galantes. Ce n'eſt pas la même choſe aujourd'hui : leur vertu semble s'être accrue aux dépens de leurs charmes; elles sont devenues & plus sages & moins belles. On n'y retrouve pas non plus ce grand nombre d'excellens musiciens qui, dit-on, s'y voyoient autrefois: tous ces talens ont disparu avec la beauté des femmes.

Nous quittâmes cette ville, comblés des politesses de l'aga: il nous donna même une escorte & des guides qui nous conduisirent par une route opposée à celle que nous avions d'abord suivie; elle offrit de nouveaux objets à notre curiosité; & nous les cherchions, lorsqu'ils ne se présentoient pas. Je ne vous citerai point tous les lieux que nous visitâmes. En voici un qui mérite toute la vénération d'un antiquaire; c'est le bourg de Ban. Le Docteur m'apprit qu'on le croyoit bâti sur les ruines de la premiere ville du monde: il est situé dans la région Giobbet, à l'orient de Tripoli. Tout ce pays est bien arrosé, bien cultivé & habité par les seuls Maronites: quantité d'habitans, hommes & femmes, y parlent encore le syriaque ou le chaldéen. Cette langue n'eſt cependant guères en uſage chez les Maronites, que dans le ſervice divin; la langue vulgaire de tout le Liban eſt l'arabe. On trouve dans cette même contrée les reſtes de la ville de Hadet, célebre par la valeur de ſes habitans & par le ſiége qu'elle ſoutint, durant ſept années entieres, contre les Sarazins.

Non loin de là ſe trouve un canton délicieux, orné de jardins & de vergers, entrecoupé de ruiſſeaux. La douceur de l'air qu'on y reſpire, y fait régner un printems preſque continuel. C'eſt-là qu'eſt ſitué le bourg d'Eden, où les Chrétiens orientaux croient que fut autrefois le paradis terreſtre. Si leur opinion eſt vraie, mes recherches auprès de Damas ont été doublement chimériques.

Les habitans du Liban étoient autrefois ſoumis à un prince Chrétien de leur nation: ſa maiſon étant éteinte, c'eſt le bacha de Tripoli, qui diſpoſe aujourd'hui de ce gouvernement; mais il a toujours ſoin d'y nommer un seigneur Maronite. J'appuierai peu sur les mœurs de ces Chrétiens isolés : ils sont, pour l'ordinaire, pauvres & ignorans ; mais ils exercent l'hospitalité avec zéle & envers tout le monde ; vertu qui leur est commune avec tous les peuples d'Orient. La pauvreté des Maronites n'est pas même universelle. Ceux qui habitent certains cantons du Liban, jouissent des richesses que produit l'abondance. Ces lieux sont fertiles en bled, en fruits de toute espece, en pâturages, en oliviers, en excellent vin, en mûriers pour les vers à soie, &c. Les mûriers, les oliviers, les vignes même offrent par-tout un plan exact, un coup d'œil régulier : la grosseur des raisins est extraordinaire, & leur qualité admirable. Voici quelque chose de plus rare encore ; c'est que dans cette contrée, on ne connoît, pour ainsi dire, ni la mauvaise foi, ni le larcin, ni les procès, ni les peines afflictives, ni sur-tout les délits qui meritent ces sortes de châtimens. J'ai cherché la raison de ce phénomene, & je crois l'avoir trouvée. Les Maronites sont des Chrétiens séparés de tous leurs semblables ; ils ont pour voisins & pour ennemis les Turcs & les Arabes. Rien n'entretient mieux la concorde & l'équité chez un peuple, que des ennemis injustes & puissans. Si les Maronites habitoient certains cantons de l'Europe, ils feroient, sans doute, comme les Chrétiens qui ne craignent ni les Arabes ni les Turcs.

J'oubliois de vous dire que les prêtres Maronites sont mariés : il en faut excepter les moines. J'ai dîné avec un curé & toute sa famille qui étoit nombreuse. Ils suivent cependant le rit latin ; mais ils en ont retranché le célibat des prêtres. On dit qu'ils n'en sont que plus actifs à remplir leurs autres devoirs.

C'est à Palmyre, Madame, que je vous écris cette lettre. Nous y sommes arrivés depuis quelques jours. Cette ville mérite une relation particuliere ; aussi fera-t-elle le sujet d'une autre lettre que je joindrai à celle-ci.

De Palmyre, ce 17 Février 1736.

IV. LETTRE.

PALMYRE.

JE continue, Madame, à vous promener parmi des ruines. Daignez cependant ne point vous rebuter. Ces débris sont à-peu-près les seules richesses de ces contrées; mais les possesseurs de ces trésors n'en sont ni moins misérables, ni moins étonnés du prix que nous y attachons. A peine ont-ils jamais bien envisagé ces précieux restes qui nous attirent de si loin, qui nous exposent, pour les voir, à tant de fatigues & de périls.

Le Docteur me prévint sur ceux qui nous attendoient, avant que d'arriver à Palmyre. Un vaste désert nous séparoit de cette ville fameuse : nous risquions d'être pillés par des partis Arabes. Il est vrai que l'escorte que nous donna le gouverneur de Balbec, nous rassura. Je vous épargnerai le détail de certains préparatifs indispensables; ils se supposent d'eux-mêmes, lorsqu'il s'agit d'une route pareille à celle que nous allions suivre. Après avoir traversé les gorges stériles de l'Anti-Liban, nous nous arrêtâmes à Cara, village assez considérable & moins ruiné que quelques autres qui l'avoisinoient. Il n'est point rare de trouver dans ces contrées, des villages sans habitans, & des habitans qui manquent d'asyle. Chacun d'eux ne seme qu'à proportion de ce qu'il lui faut pour vivre; & quand la récolte manque, il est contraint d'aller vivre ailleurs ou de périr de misere. Le mauvais gouvernement des Turcs est la source de tous ces abus : il anéantit la population que leur prophete avoit, dit-on, si fort à cœur.

Il faut, Madame, avoir une vocation bien décidée, pour supporter l'ennui du désert qui mene jusqu'à Palmyre. C'est une vaste plaine où l'on n'apperçoit que du sable, sans y trouver une goutte d'eau. Heureusement nous en avions fait provision, tant pour nous que pour nos chevaux

& bêtes de fomme. Au bout de cette plaine eſt un aqueduc ruiné, qui anciennement conduiſoit l'eau à Palmyre. Pluſieurs tours quarrées qu'on apperçoit enſuite, attirerent mes regards. Le Docteur m'apprit que c'étoit la ſépulture des anciens habitans de cette ville. Ces monumens ſuffiroient ſeuls pour nous donner une très-haute idée de ſon antique opulence ; mais que ſont-ils en comparaiſon de ce que nous vîmes plus loin, c'eſt-à-dire, des ruines de Palmyre même ? Quel magnifique amas de baſes, de colonnes, de chapitaux, les uns renverſés & accumulés, les autres debout ! Tous ces riches débris ſont de marbre blanc, & les colonnes, d'ordre corinthien ; elles forment le coup d'œil le plus impoſant, le plus extraordinaire qu'il ſoit poſſible d'imaginer. Les miſérables cabanes qui ſervent d'aſyle aux modernes habitans de Palmyre, achevent de relever la magnificence de ces ruines anciennes : jamais il n'y eut de contraſte plus frapant & plus bizarre. Pour vous en former une idée, rappellez-vous, Madame, les chétives masures qui masquent honteusement à Paris le superbe péristile du Louvre*.

Ce fut toutefois dans ces cabanes qu'il nous fallut habiter. Quelques jours de repos nous eussent été fort salutaires; mais le Docteur étoit encore plus curieux que fatigué : il commença ses recherches dès le jour suivant, & je l'accompagnai : j'étois bien-aise de profiter de ses remarques & de pouvoir lui faire des questions. Ne soyez donc point surprise, Madame, si je parseme cette lettre de quelques détails scientifiques : c'est à lui seul que vous en serez redevable. Je commence par ce qui regarde l'ancien état de Palmyre.

Son origine, nous dit le Docteur, est très-incertaine : on croit cependant pouvoir l'attribuer à Salomon,

---

* Dans le tems où écrivoit notre voyageur, on n'avoit pas encore dégagé cette magnifique colonnade des voiles honteux qui la déroboient à la vue. C'est à M. le marquis de Marigny que le public doit le plaisir de contempler, sans obstacle, les beautés de cet admirable édifice.

roi des Juifs. Il la fit, dit-on, bâtir sur les lieux mêmes où son pere tua le géant Goliath : c'étoit, sans doute, pour éternifer le souvenir de cette victoire. Ce qu'il y a de certain, c'est qu'on trouve dans le premier livre des Rois, que Salomon bâtit une ville dans le défert, & la nomma *Tedmor*. On lit, de plus, dans Joseph, que, quelques siécles après, les Grecs & les Romains avoient donné à cette ville le nom de *Palmyre*, mais que les Syriens lui confervoient toujours son premier nom. Les habitans actuels nous montrerent, entr'autres particularités, le ferrail de Salomon, le tombeau de sa concubine favorite, &c. & nous dirent : Toutes ces choses ont été faites par Salomon, fils de David, avec le secours des esprits.

Cette ville paroît avoir été connue fort tard des Romains & des Grecs; mais c'est à eux seuls, sans doute, qu'il faut attribuer la meilleure partie de ses plus beaux édifices. L'ordre corinthien qui s'y fait par-tout remarquer, en est une preuve : cet ordre étoit ignoré de Salomon & de ses architectes.

La ville de Palmyre est, ou pour mieux dire, fut très-avantageusement située : son sol est fertile, quoiqu'un désert vaste & sablonneux l'environne de toutes parts : il la sépare en quelque sorte, du reste du monde ; ce qui fit qu'elle conserva très-longtems sa liberté. Les Romains & les Parthes briguoient même son alliance, lorsqu'ils vouloient se faire la guerre ; mais elle ne fut jamais plus illustrée, que sous la fameuse reine Zénobie. Cette époque fait trop d'honneur à votre sexe, pour n'en pas rappeller ici quelques circonstances.

Zénobie se disoit issue du sang royal d'Egypte, & comptoit Cléopatre au nombre de ses ancêtres ; mais elle n'hérita point des foiblesses de cette reine. Jamais femme, au contraire, ne fit voir un courage plus mâle, ni plus d'antipathie pour la mollesse & le repos : elle faisoit souvent plusieurs lieues à pied, à la tête de ses soldats ; elle suivit Odenat, son mari, dans toutes les batailles qu'il livra aux Perſans, aux Goths & aux autres ennemis des Romains dont il avoit embraſſé l'alliance. Les ſervices qu'il leur rendit, le firent aſſocier à l'empire avec Gallien. Cet Odenat étoit né à Palmyre; mais on ignore ſon rang & ſa famille. Il mourut aſſaſſiné; & quelques ennemis de Zénobie firent courir le bruit qu'elle avoit conſenti à cette mort, ainſi qu'au meurtre d'un fils qu'Odenat avoit eu d'un premier mariage. Ce qu'il y a de certain, c'eſt que Zénobie ayant pris les rênes du gouvernement ſous le nom des enfans qu'elle-même avoit eu d'Odenat, ſon premier ſoin fut de rompre avec les Romains : elle attaqua & défit les troupes qu'ils envoyoient contre les Perſans; & cette victoire la mit en poſſeſſion de la Syrie & de la Méſopotamie. Elle fit plus; elle s'empara de l'Egypte qu'elle regardoit comme ſon patrimoine : elle y joignit la meilleure partie de l'Aſie mineure; mais elle ſuccomba ſous la fortune & les efforts d'Aurélien. Cet empereur l'ayant vaincue dans deux batailles, vint l'afliéger jufques dans Palmyre, fa capitale. Aurélien lui fit faire quelques propofitions d'accommodement : elle les rejetta avec hauteur, avec mépris ; mais ayant été faite prifonniere, toute fa fierté fe démentit ; elle porta même la foibleffe jufqu'à trahir fes plus zélés partifans, & entr'autres, le célebre Longin, auteur du Traité du Sublime, dont Boileau nous a donné la traduction. Elle l'accufa de lui avoir dicté la lettre qui avoit fi fort irrité l'empereur. Ce prince le fit mourir ; mais on doit ajoûter que le rhéteur mourut en héros, tandis que l'héroïne fe détermina à vivre en efclave. Zénobie confentit à fervir d'ornement au triomphe d'Aurélien : elle fe maria enfuite aux environs de Rome, & eut des enfans qui vécurent dans l'oubli, comme elle-même y vivoit alors : ainfi cette reine qui fe vantoit d'être iffue du fang de Cléopatre, ne la prit cependant pour modele, ni durant fa vie, ni à fa mort. Il eft tems de revenir à l'état actuel de Palmyre.

Cette

PALMYRE.

Cette ville est, d'un côté, commandée par une file de montagnes; & de l'autre, elle commande à une vaste plaine. On voit sur ces montagnes, quelques restes de monumens funèbres, qui donnent une idée magnifique de ce qu'ils furent autrefois. Un des plus grands avantages de Palmyre est l'abondance de ses eaux; elles fertilisent son terroir, tandis que tout ce qui l'environne, est aride & inculte.

Je le répete, Madame; on ne peut envisager les superbes ruines de Palmyre, sans être ému, sans éprouver un subit enthousiasme, un mélange d'étonnement & d'admiration. C'est particuliérement ce que je ressentis à l'aspect d'un temple du Soleil, dont, à quelques ruines près, l'ensemble subsiste encore. On a prétendu que la disposition des colonnes de cet édifice & de quelques autres, jointe aux entablemens qu'on y suppose avoir été & qui n'y sont plus, ont été la source où Perrault a puisé l'idée de son péristile. Je n'en sçais rien, non plus que ceux qui ont hazardé ce fait. Il ne paroît même y avoir nul rapport direct entre aucun monument de Palmyre & cette façade admirable. Les anciens n'ont jamais employé la double colonne qui produit un si bel effet au Louvre : peut-être même n'ont-ils jamais connu les voûtes plates, dont la forme est si agréable & la construction si ingénieuse. Quoi qu'il en soit, la magnificence du temple du Soleil prouve que les Palmyréniens avoient une grande vénération pour cet astre. On dit que cet édifice ayant été fort endommagé par les soldats Romains, dans le tems qu'Aurélien prit la ville, cet empereur assigna, pour le réparer, trois cent livres pesant d'or, tirées des trésors de Zénobie, & dix-huit cent livres pesant d'argent, qui devoient être levées sur le peuple, sans compter les bijoux de la couronne ; mais les Turcs, moins dévoués au soleil qu'à la lune, moins partisans des arts que des armes, ont depuis fait de ce temple une place forte : ils l'environnerent en partie d'un foffé & fubftituerent une tour quarrée à fon principal portique.

Un autre monument digne d'être comparé au premier, eft un maufolée qui a maintenant plus de 1750 ans d'antiquité. Une infcription que le Docteur m'expliqua, porte qu'il fut bâti par Jamblique, fils de Mocimus, pour fervir de fépulture à lui & à fa famille : c'eft donner une haute idée de l'opulence de ce particulier. Il paroît d'ailleurs, que le principal foin des habitans de Palmyre étoit d'orner & d'embellir leur ville. Ce qui étonne, c'eft de n'y rencontrer aucuns reftes, foit d'un théatre, foit d'un cirque ou de quelqu'autre endroit deftiné aux jeux publics. On fçait quel étoit le goût des Grecs & des Romains pour ces fortes de fpectacles : on ne peut guères douter qu'ils n'ayent eu lieu à Palmyre. Pourquoi donc ne refte-t-il aucune trace des monumens qui leur furent confacrés ? Sans doute, Madame, qu'il en étoit dans cette ville comme dans notre capitale. Suppo-

D ij

fez-la, pour quelques inſtans, réduite au même état que Palmyre; on y verroit des ruines qui immortaliſeroient & notre architecture & la magnificence de nos Souverains; mais quels veſtiges pourroient faire ſouvenir qu'on eût jamais repréſenté à Paris Cinna, Armide, le Miſanthrope ? Ne croiroit-on pas plutôt, que cette ville qui entretient réguliérement trois grands ſpectacles, n'auroit jamais eu que des jeux de paume ?

Je demandai au Docteur, quelle avoit pu être la ſource des richeſſes de Palmyre, ſituée, comme elle l'étoit, au milieu d'un déſert ? Il m'apprit que cette ſituation avoit été la cauſe même de ſon opulence. On ne peut douter, ajoûta-t-il, que ce ne fût la grande route pour aller aux Indes, avant que les Portugais euſſent découvert le Cap de Bonne-Eſpérance : c'étoit donc néceſſairement un ſéjour très-fréquenté. Joſeph dit quelque part, que l'abondance d'eau qui ſe trouvoit dans ce lieu, tandis que les environs en étoient dépourvus, fut ce qui détermina Salomon à faire bâtir sur ce terrain, préférablement à tout autre; en un mot, le désert étoit pour Palmyre, une source de richesses & un gage de sûreté.

C'est aussi par cette raison, qu'il subsiste encore à Palmyre un si grand nombre de ruines : il n'y a, dans les environs, aucune ville où on ait pu les employer à d'autres usages. Ces ruines occupent un espace d'environ trois milles : je doute que ce terrain ait renfermé toute la ville dans son état le plus florissant : il y a toute apparence qu'elle couvroit un canton de terre voisin d'environ dix milles de circuit. Les Arabes nous apprirent qu'on ne sçauroit y creuser en aucun endroit, sans y trouver des fondemens & des débris. On apperçoit sur le sommet d'une des plus hautes montagnes qui avoisinent Palmyre, un vieux château peu digne, en apparence, d'exciter la curiosité; mais celle du Docteur s'excite encore à moins. Il osa franchir un chemin difficile & escarpé : j'imitai son exemple, & nous arrivâmes aux pieds de cet édifice qui n'a rien que de très-ordinaire. Ce château n'est qu'une espece de fort qu'on nous dit avoir été bâti par un fils de l'émir Facardin, tandis que son pere étoit en Europe. Le fossé de cette forteresse est à sec, de même qu'un puits qu'on avoit creusé dans le roc. Après avoir examiné ce trou, (car il falloit bien examiner quelque chose) nous songeâmes à redescendre; & je le fis si mal-adroitement, que le pied m'ayant glissé, je roulai presque jusqu'au bas de la montagne : ce ne fut pas sans m'être meurtri en divers endroits : je me trouvai même hors d'état de regagner à pied notre cabane; il fallut m'y transporter.

Le mal que je m'étois fait, me procura quelques jours de repos; après que je me trouvai en état de me livrer à de nouvelles fatigues. Le Docteur qui m'avoit assez réguliérement tenu compagnie, avoit cependant achevé toutes ses recherches; mais il les recommença très-volontiers & autant par goût que par complaisance.

PALMYRE.

Il me conduisit à la source du principal ruisseau qui arrose ce canton: elle sort du pied des montagnes & fournit un canal d'eau vive d'un pied de profondeur sur trois de large; mais au bout d'un petit espace, il se perd dans le sable : ce qui n'arrivoit pas au tems de la splendeur de Palmyre. On voit même, par une ancienne inscription gravée sur un autel consacré à Jupiter, que le soin de ce ruisseau étoit alors confié à certains officiers qu'on élisoit par les suffrages du peuple.

Indépendamment de ce ruisseau & de deux autres à-peu-près d'égale force, la ville étoit encore fournie d'eau, par un aqueduc aujourd'hui ruiné. On prétend qu'il remontoit jusqu'aux montagnes de Damas, c'est-à-dire, à plus de quarante lieues. Il offre quelques inscriptions que le Docteur ne put lire, à cause de leur vétusté. Au surplus, Madame, les inscriptions ne sont point rares à Palmyre; elles sont même, pour l'ordinaire, accompagnées d'une traduction grecque; ce qui en facilite l'explication; car il ne reste ici aucune tradition du langage Palmyrénien. Les habitans actuels ne connoissent que l'arabe. Il seroit donc à souhaiter que quelque sçavant parvînt à découvrir au moins les premiers principes de cette langue, aujourd'hui entiérement oubliée *.

Il me reste à vous parler de la fameuse vallée de sel, qui fournit de cette denrée Damas & les villes circonvoisines. La nature en fait seule tous les frais : le terrein est imprégné de sel à une profondeur considérarable; & il suffit de le creuser d'environ un pied, pour que l'eau de pluie qui s'y loge, forme un sel très-blanc & très-pur. Cette vallée est située à trois ou quatre milles au Sud-Est de Palmyre : c'est, dit-on, dans cet endroit que David vainquit les Syriens.

---

* M. l'abbé Barthelemy n'avoit pas encore publié cette découverte fameuse, qui lui a procuré à si juste titre l'estime de tous les sçavans de l'Europe; il la méritoit déja par ses connoissances profondes de l'antiquité.

Tel est à-peu-près, Madame, le résultat de mes recherches dans ce canton si célebre & si peu fréquenté. Nul autre séjour n'est plus propre à nous donner une véritable idée du goût & de la magnificence des Anciens; mais en même tems, quel contraste entre ces restes surprenans de grandeur & les misérables cabanes qui les environnent, entre les sujets de Zénobie & les modernes habitans de ces ruines!

Les premiers copioient de grands modeles, soit dans leurs vertus, soit dans leurs vices: ils imitoient les Egyptiens dans la magnificence de leurs bâtimens & dans la méthode d'embaumer les corps; ils portoient le luxe aussi loin que les Persans, leurs voisins; ils devoient aux Grecs la connoissance des lettres & des arts. Le Traité de Longin sur le Sublime, ouvrage né parmi eux, prouve quels progrès ils avoient faits en littérature. On sçait d'ailleurs que Zénobie étoit très-sçavante; elle possédoit plusieurs langues, telles que la grecque, l'égyptienne, la latine, &c.

Elle traduifoit même le latin en grec, & a compofé un abrégé de l'hiftoire d'Alexandrie & du Levant; elle étoit, en un-mot, digne éleve de Longin, qui eft lui-même digne d'avoir des difciples dans tous les fiécles.

Quant aux Arabes qui habitent aujourd'hui les ruines de Palmyre, leur grand avantage eft de vivre dans un climat fort fain, d'y refpirer un air très-pur; auffi les deux fexes y jouiffent-ils d'une fanté robufte : on n'y connoît prefque point les maladies. La nourriture des moins pauvres d'entr'eux confifte en chair de mouton & de chévre : ce fut auffi la feule dont nous fîmes ufage, & la meilleure qu'ils puffent nous offrir. J'ai dit que les anciens habitans de Palmyre imitoient le luxe des Perfans; leurs triftes fucceffeurs ont auffi une forte de luxe : ils pendent à leur nez & à leurs oreilles des anneaux d'or ou de cuivre, felon leurs facultés; ils fe peignent les lévres en bleu, les yeux & les fourcils en noir, le bout des doigts en rouge. Les hommes & les femmes y font d'une taille avantageuſe & bien priſe ; ils ont le teint baſané, mais les traits réguliers & agréables. Les femmes y ſont voilées, comme dans tout le Levant ; elles n'y ſont cependant pas abſolument ſcrupuleuſes. Rien n'eſt moins difficile que d'écarter leur voile : c'eſt une épreuve qu'elles m'ont laiſſé faire plus d'une fois.

Le voiſinage de Jéruſalem nous invitoit à ne pas différer le voyage de la Paleſtine, & augmentoit le deſir extrême que j'ai toujours eu de viſiter ce pays à jamais mémorable par les prodiges de la Toute-puiſſance ; mais une occaſion favorable de voir l'Egypte avec deux Anglois qui nous preſſerent de les ſuivre au grand Caire, nous fit remettre à un autre tems le voyage de Jéruſalem. Ces Anglois étoient deux ſçavans de Cambridge, que la curioſité avoit attirés dans ces contrées. Ils avoient avec eux un artiſte habile, qui deſſinoit tous les monumens que ces pays offrent à la recherche des voyageurs. Nous fûmes auſſi charmés de profiter de leurs lumieres, qu'ils parurent satisfaits de notre société. Nous sçavions qu'ils devoient nous quitter au grand Caire, parce qu'ils avoient déja parcouru toute l'Egypte dans un premier voyage qu'ils y avoient fait avant que de venir à Palmyre; mais comme la route de cette ville au Caire est rude & difficile, nous trouvions un grand avantage à la faire avec des gens qui, par les mesures & les arrangemens qu'ils avoient pris, pouvoient nous la rendre moins désagréable.

Je suis, &c.

De Palmyre, ce 13 *Mars* 1736.

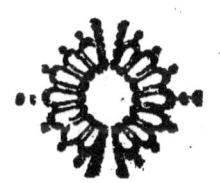

V. LETTRE.

L'EGYPTE.

ENFIN, Madame, nous voici en Egypte, dans ce pays si fameux autrefois, si fertile en petites idoles & en grands édifices, en prétendus sages & en soi-disans magiciens. J'avois lu toutes les merveilles que M. Bossuet, M. Rollin, M. de Maillet, & tant d'autres ont publiées sur cette contrée & ses anciens habitans; j'espérois vérifier une partie de ces éloges; mais quel changement! quelle étrange métamorphose ! En parcourant les bords du Nil, on est sans cesse prêt à demander : Où sont les Egyptiens ? Où est l'Egypte ?

Ce fut au Caire que nous nous arrêtâmes d'abord & que nous nous séparâmes de nos Anglois peu de jours après. Le Docteur avoit des lettres pour le consul de France, & j'en avois pour un banquier chez qui nous logeâmes; car il n'y a point d'auberges dans cette grande ville, ni même dans toute l'Egypte. On y trouve, il eſt vrai, des kans, comme dans preſque toute l'Aſie; mais ce ſont des lieux où le voyageur doit apporter & ſon lit & les uſtenſiles de cuiſine, & les mets dont il veut faire uſage. Le Caire eſt un compoſé de trois villes éloignées l'une de l'autre d'environ un mille : c'eſt ce qu'on nomme *le vieux Caire ; le Caire proprement dit ;* & *le port* appellé *Bulac.* On dit que le vieux Caire eſt ſitué à la place de l'ancienne ville de Babylone ſur le Nil; elle avoit été fondée par quelques captifs qui, s'étant échappés de Babylone ſur l'Euphrate, ſe refugierent en Egypte, & obtinrent du gouvernement la permiſſion de s'y établir. Ils bâtirent cette ville à laquelle ils donnerent le nom de celle qu'ils avoient quittée. Le Caire, autrefois renommé pour ſa magnificence, fut long-tems le ſéjour des califes. C'eſt à préſent celui du pacha que le grand-ſeigneur y envoie, pour gouverner l'Egypte. Cette ville s'eſt accrue ſucceſſivement ; & voici comme on raconte l'origine du nom qu'elle porte aujourd'hui. Il y a quelques siécles que l'Egypte étoit gouvernée par une princesse de la plus grande beauté. Le calife qui régnoit en Afrique, en devint amoureux : il la demanda en mariage, & ne put l'obtenir. Il prit le parti qui lui parut le plus court ; ce fut de conquérir la princesse & tous ses États : elle & sa capitale furent obligées de se soumettre ; mais comme le calife avoit beaucoup d'aversion pour le séjour des villes, ce prince fit environner de murs la vaste plaine où campoit son armée : on y bâtit en peu de tems de magnifiques palais, un grand nombre de maisons & plusieurs mosquées. Tout cela réuni avec ce qui existoit déja de l'ancienne ville, fut nommé *El-Cahera*, terme arabe qui, dit-on, signifie *la victorieuse*. Depuis on a traduit El-Cahera par le Caire & même le grand Caire, à cause du nombre de ses habitans. Vous voyez, Madame, que si l'amour a causé la ruine de certaines villes, d'autres, en revanche, lui doivent leur existence. Le grand

Caire vaut bien l'ancienne Troye.

Les maisons du Caire sont presque toutes bâties sur le même plan & ont fort peu d'apparence à l'extérieur. Toutes, en général, du moins celles des Grands, ont deux salons, l'un pour servir à l'ordinaire, l'autre pour les jours de cérémonie. Les femmes ont aussi chacune un salon ; mais leurs appartemens ne communiquent point avec le reste de la maison : l'entrée en est toujours fermée ; la clef toujours entre les mains du maître. Quand les femmes veulent donner ou recevoir quelque chose, elles font usage d'une espece de tour, tel qu'on en voit dans nos couvens de religieuses ; par ce moyen, elles ne peuvent ni voir ni être vues. Vous voyez, Madame, que les maris ne font pas moins jaloux en Egypte qu'en Asie, ni les femmes moins esclaves.

Une des choses qui me frapent le plus dans cette ville, sont les portes placées à l'extrémité de presque toutes les rues ; elles se ferment, dès que la nuit approche : c'est un frein pour les vagabonds & les gens malintentionnés. Il y a, de plus, un corps de janissaires qui fait ici les mêmes fonctions que le guet à Paris, & s'en acquitte mieux.

La véritable magnificence du Caire consiste dans ses mosquées. Parmi celles que nous visitâmes, j'en remarquai une appartenant au corps des Arabes : la sculpture, les dorures & jusqu'aux peintures de cet édifice méritent d'être vues : les murs en sont garnis d'inscriptions arabes, écrites en caracteres d'or : ils sont en même tems revêtus, jusqu'à la hauteur de huit pieds, du plus beau porphyre verd & rouge. On dit que cet édifice fut bâti par un Visir, uniquement pour offrir au Sultan qui régnoit alors, le sorbet, à son retour de la Mecque. Il y a une autre mosquée à une demi-lieue du Caire, qui est en grande vénération chez les Mahométans : ils disent qu'Omar, leur premier calife, en arrivant dans l'endroit où la mosquée a été depuis construite en son honneur, y laissa l'empreinte de son pied sur le marbre : cet édifice n'offre rien, d'ailleurs, que de très-ordinaire.

On est cependant étonné d'y voir un coridor de colonnes antiques si mal arrangées, que dans beaucoup d'endroits, les chapiteaux servent de piedestaux, & les piedestaux de chapiteaux.

Les Chrétiens ont aussi leurs églises au vieux Caire : on y fait voir une grotte où la Vierge se reposa, dit-on, de ses travaux, lorsqu'elle se retira en Egypte. Cette opinion est si bien établie, que les religieux de la Terre-sainte payent une certaine somme, pour avoir le privilége de dire la messe dans cette grotte.

Le château du Caire, bâti par Saladin, offre quelques restes de grandeur, qui sont dans le plus triste délabrement : on y voit d'assez beaux morceaux en mosaïque, peints en des tems où l'on ne connoissoit encore la peinture ni en France ni en Italie.

Le nom seul des greniers de Joseph excitoit ma curiosité. Je voulus voir ces monumens que je croyois fort antiques & qui ne sont que l'ouvrage d'un bacha qui portoit le nom du Patriarche ministre. Ce sont plusieurs cours quarrées entiérement découvertes. Le bled n'y a d'autre abri que des paillassons : il est vrai qu'il pleut rarement en Egypte. Le puits de Joseph, bâti par le même bacha, mérite peut-être un peu plus d'attention que ses greniers : il a été creusé dans le roc. Il est vrai que la pierre en est si molle, que cette opération n'y a pas dû être bien difficile : on y a même pratiqué un escalier assez large pour y faire descendre des bœufs; &, en effet, ils y descendent, quoique sa profondeur totale soit d'environ deux cent soixante-seize pieds. Je tiens ce calcul du Docteur qui eut le courage de le vérifier. Pour moi, je n'eus celui de le suivre que jusqu'à environ le milieu de cette espece de précipice, c'est-à-dire, à cent quarante-six pieds de profondeur : on y voit un bassin où l'eau est amenée du fond, au moyen d'une machine à roue.

Je vous fais grace de beaucoup de menus détails. Si jamais le Docteur fait imprimer ses Mémoires, il en usera, sans doute, moins sobrement.

La curiosité qui nous avoit conduits en Egypte, n'avoit pas le Caire pour unique objet. Nous résolûmes de visiter l'ancienne Memphis, ou, pour mieux dire, les lieux où l'on prétend qu'elle fut située ; car il n'en reste, pour ainsi dire, nuls vestiges. C'est actuellement un simple village placé sur la rive occidentale du Nil, vis-à-vis du Caire. Entre l'un & l'autre est l'isle de Rhodda : on y voit un édifice qui, au moyen d'une colonne graduée, sert à marquer tous les jours les progrès de l'accroissement ou du décroissement du Nil. Des crieurs publics l'annoncent au peuple à différentes heures. On prétend que ce fut dans cette isle, que Moïse fut exposé par sa mere & sauvé par la fille de Pharaon.

Le village qui a succédé à Memphis, se nomme *Gize* ou *Giseh*. Il n'a rien qui puisse faire souvenir de son ancienne splendeur. Ce qui le distingue le plus, est le voisinage des pyramides. A ce nom seul, Madame, je crois voir redoubler votre attention. Les pyramides sont réellement la principale merveille de l'Egypte; & ce n'est qu'en Egypte qu'on trouve de ces sortes de merveilles. Les plus considérables sont situées à deux ou trois lieues du village de Gize: leur distance de l'une à l'autre est d'environ quatre cent pas; & le Docteur me fit observer, avec enthousiasme, que leurs quatre faces répondoient exactement aux quatre points cardinaux, au nord, au sud, à l'orient & à l'occident.

Toutes ces pyramides n'ont aucuns fondemens artificiels; c'est la nature seule qui en a fait tous les frais. La plaine où elles sont situées, est un roc applani avec le ciseau, & cette plaine a une lieue de circonférence: elle est à l'abri des inondations du Nil; ce qui ne vous surprendra point, quand vous sçaurez qu'elle est élevée de quatre-vingt pieds au-dessus des terres que ce fleuve arrose; mais ce qui étonne, c'est d'y trouver quantité d'huîtres & de coquillages pétrifiés: on en trouve jusques sur les pyramides. Je demandai au Docteur, quelle pouvoit en être la cause ? Il parut embarrassé de la question, & se rejetta sur le déluge. Mais, repris-je aussi-tôt, les pyramides sont donc plus anciennes que le déluge ? Elles ont donc pu résister à sa force ? Autres questions auxquelles le Docteur ne répondit pas.

Vous avez, sans doute, lu, Madame, quelques descriptions de ces masses énormes : c'est une raison qui me dispense de trop appuyer sur certains détails. Je vous dirai en gros, que les deux plus élevées de ces pyramides ont cinq cent pieds de hauteur perpendiculaire : l'étendue de leur base est proportionnée à cette élévation ; je dis proportionnée, eu égard à la forme des pyramides ; ce qui suppose cette étendue très-considérable. Nous nous étions fait accompagner de quelques Arabes qui nous servoient de guides : ils nous enseignerent les moyens de monter & de descendre dans ces tombeaux gigantesques ; (car les pyramides ne sont autre chose que des tombeaux.) Il falloit, pour cela, & du courage & de l'agilité. Le Docteur avoit eu d'ailleurs la précaution de se munir de deux échelles de corde, une pour lui, l'autre pour moi; elles nous furent d'un très-grand secours. Vous en jugerez, Madame, par le détail qui va suivre.

Nous entrâmes par une ouverture qui étoit restée fermée durant bien des siécles : c'est un passage d'environ cent pieds de profondeur, garni du plus beau marbre blanc : il a perdu une partie de son éclat, par la fumée des bougies & des flambeaux dont les curieux sont obligés de s'éclairer, pour pénétrer dans l'intérieur de l'édifice. Nous eûmes la précaution de tirer quelques coups de pistolet, pour obliger les chauves-souris à déguerpir; elles y sont en si grand nombre, qu'il semble que ces superbes monumens n'aient été élevés que pour elles.

Cette unique entrée nous mena à cinq autres conduits qui aboutissent tous au même point, c'est-à-dire, à deux chambres, l'une placée au milieu de l'édifice, l'autre au-dessous : ils sont également revêtus de marbre & ont environ trois pieds & demi en quarré. Le marbre en eſt ſi uni, qu'il a fallu y pratiquer de petits trous, pour fixer les pieds ; autrement il ſeroit impoſſible de s'y ſoutenir. Ces difficultés ſont cependant peu de choſe en comparaiſon de celles qui s'offrent enſuite : il faut encore paſſer, ou plutôt grimper trois autres canaux plus droits & plus gliſſans que les premiers, pour arriver à la chambre de deſſus ; elle eſt entiérement revêtue de marbre granite. Du côté gauche eſt un tombeau de même matiere, d'environ huit pieds de long ſur quatre & demi de profondeur. Il paroît avoir été couvert autrefois : on en peut juger par la forme de ſes bords ; mais le couvercle ne ſubſiſte plus, & le tombeau eſt abſolument vuide. C'eſt une piéce de marbre très-bien creuſée, mais ſans aucun ornement ; elle ſonne comme une cloche, quand on frappe deſſus avec une clef. Nous vîmes auſſi au nord & au ſud de la chambre, deux petits conduits dont nous ne pûmes meſurer la profondeur

deur perpendiculaire; elle étoit bouchée par des pierres que des curieux y ont sans doute jettées, pour sonder jusqu'où cette profondeur pouvoit s'étendre. Le Docteur me fit part de ses conjectures sur l'usage de ces deux trous. Selon lui, (& il parloit d'après quelques autres) les pyramides étoient non-seulement destinées à receler, après sa mort, le corps du prince qui les avoit fait construire; elles devoient encore servir de tombeau à plusieurs sujets zélés, qui vouloient bien s'y enterrer tout vivans avec lui. Il faut supposer que chacun d'eux, en entrant, s'étoit pourvu d'un cercueil pour lui-même. Quant à leur maniere de subsister, la voici. L'un de ces deux conduits étoit destiné à leur faire passer leurs alimens, par le moyen d'une corde, à laquelle étoit attachée une caisse, ou peut-être un panier. L'autre avoit un usage tout-à-fait contraire.

Il s'agissoit de descendre dans la chambre basse; ce qui ne pouvoit se faire que par une espece de puits sans degrés. L'usage est d'y descendre & d'y monter, comme font les Savoyards dans nos cheminées. Jugez, Madame, combien une telle opération devenoit embarrassante pour le Docteur & pour moi. Ce fut-là sur-tout, que nos échelles de corde nous servirent; mais que trouvâmes-nous dans cette chambre inférieure? Des pierres, des décombres, &, au bout d'une issue fort étroite, une niche sans statue. Tandis que le Docteur en mesuroit les dimensions, je m'occupois de toute autre chose: j'admirois la singularité du goût qui me faisoit venir de si loin m'ensevelir, pour quelques momens, dans cette vaste sépulture; & parodiant la réflexion d'un certain doge de Genes à Versailles, ce qui m'étonnoit le plus dans les pyramides, c'étoit de m'y voir.

Nous fûmes peu tentés d'en visiter d'autres: leur construction intérieure doit être à-peu-près la même; & d'ailleurs, toutes ne sont pas ouvertes. Les quatre principales sont situées sur la même ligne: la troisieme a cent pieds d'élévation de

moins que les deux premieres, &
cent pieds de plus que la quatrieme;
elles sont entourées de quantité d'autres pyramides bien moins considérables, & en partie ruinées.

J'avoue, Madame, que ces monumens donnent une très-grande idée de la puissance des Egyptiens; mais elles prouvent encore mieux l'esclavage où ce peuple étoit réduit. Les rois d'Egypte, avec des oignons & du pain d'Olyra, parvinrent à élever des édifices dont la construction épuiseroit tous les trésors de la France. Ils vexerent leurs sujets, pour avoir l'honneur d'entasser des montagnes de pierre & de lutter contre la nature, en déplaçant des rochers, pour les transporter ailleurs. Les pyramides devoient servir de tombeau au monarque qui les faisoit élever. Avec cette précaution, il espéroit pourrir quelques années plus tard; & cela valoit sans doute bien la peine de fatiguer des millions d'hommes.

C'est aussi dans ces environs que se trouve la fameuse statue du Sphinx;

elle n'a que le cou & la tête hors de terre ; & ces seules parties ont vingt-sept pieds de hauteur. Jugez, Madame, quelle devoit être celle du colosse entier ? Il a un trou au dos, par lequel on dit que les prêtres descendoient dans un appartement souterrein. Quelques curieux ont découvert qu'il avoit aussi un trou à la tête ; & c'étoit-là, sans doute, l'organe des oracles que le Sphinx étoit supposé rendre.

On apperçoit auprès des grandes pyramides les ruines de quelques temples ; car il semble que chacune d'elles ait eu le sien. On présume que ces ruines faisoient partie de l'ancienne Memphis, & que les pyramides avoient été enclavées dans cette capitale de l'Egypte : peut-être aussi n'en formoient elles que le cimetiere. L'opinion la plus vraisemblable est qu'elle fut construite à l'entrée de la plaine des Momies. Les ruines prodigieuses qui se voient dans cet endroit, autorisent cette conjecture. D'un côté, elle s'étendoit vers la gauche du Nil ; de l'autre, elle touchoit au fameux lac Moëris. Ce lac, aujourd'hui nommé *lac de Caron*, fut, dit on, fait de main d'homme & creufé fous le régne du roi Moëris, dont il porta d'abord le nom : il reffembloit à une petite mer, pour fon étendue & fa profondeur. Les eaux du Nil s'y rendoient de la haute Egypte, par un canal très profond & très-large ; &, eu égard à fa fituation plus baffe, ce lac ne pouvoit jamais tarir : non-feulement fes eaux fervoient à porter l'abondance jufques dans le fein de Memphis ; elles en rendoient encore le féjour plus délicieux ; elles entretenoient l'air dans une température d'autant plus agréable, que les chaleurs exceffives font très-longues & très-fréquentes en Egypte. Pour jouir encore mieux de cette fraîcheur délicieufe, les rois d'Egypte avoient fait conftruire un palais au milieu du lac même. Plufieurs grands de leur cour, & même quelques particuliers, avoient également obtenu la permiffion d'y bâtir : on y avoit, de plus, élevé des temples, des obélifques & d'autres monumens ; c'étoit, en un mot, une seconde Memphis, peut-être moins vaste, mais aussi magnifique & plus agréable que la premiere : on en découvre encore les ruines dans les tems de sécheresse, c'est-à-dire, lorsque l'accroissement du Nil a été peu considérable. La surface des eaux du lac ne sçauroit baisser de cinq à six coudées, sans laisser voir une espece de ville qui cause l'étonnement & l'admiration des spectateurs. Il seroit à souhaiter que ce lac pût être, comme autrefois, desséché & nettoyé; que d'antiquités curieuses & instructives n'y découvriroit-on pas ? Mais le canal qui servoit à vuider ses eaux & à les conduire jusqu'à la mer, n'existe plus ou ne peut plus être d'aucun usage. C'étoit, dit-on, vers le mois de Février, que se faisoit autrefois l'ouverture des éclufes. Dès que les eaux étoient baissées d'une toise, on publioit une permission générale de pêcher au filet. Cette pêche duroit un mois entier; elle étoit si abondante, qu'elle suffisoit à la nourriture du peuple de la plus grande partie de l'Egypte, attiré dans cette faison à Memphis, par les plaisirs & la curiosité.

De retour au Caire, nous prîmes, deux jours après, la route d'Alexandrie que nous voulions visiter. Nous examinâmes, chemin faisant, une partie du Delta. C'est une isle que forment, en se séparant, les deux bras du fleuve, depuis le Caire jusqu'à la Méditerranée : on l'appelle *le Delta*, parce qu'elle a la forme d'une lettre grecque qui porte ce nom. A l'égard d'Alexandrie, on la distingue par deux villes, l'ancienne & la nouvelle : ni l'une ni l'autre ne répondent à la célébrité que cette ville eut autrefois ; elle fut fondée par Alexandre le Grand ; c'est ce que son nom indique encore aujourd'hui ; & c'est presque là tout ce qui lui reste de son ancienne splendeur. Des bâtimens à la Turque ont succédé à ses chefs-d'œuvres d'architecture grecque & romaine. Vous avez, Madame, ouï parler de la fameuse tour du Phare : c'est actuellement un lourd château surmonté d'une lanterne, dont l'emploi devroit être d'éclairer les vaisseaux durant la nuit: il ne lui manque, pour le faire, que d'être entretenue & allumée.

Vis à-vis de ce château est un bâtiment à-peu-près de même espece: il est nommé *le petit Pharillo*, pour le distinguer de l'autre qui porte le nom de *grand*. Tous deux sont placés à l'entrée du port & lui servent de défense : le dernier a très-mal remplacé un superbe édifice construit par Ptolomée : c'étoit le même qui renfermoit cette fameuse bibliothéque, si nombreuse dans un tems où les livres étoient si rares. Les Turcs qui croient que l'Alcoran peut suppléer à tous les livres, ont fait de la bibliothéque de Ptolomée une espece de citadelle.

Ce qu'Alexandrie offre aujourd'hui de plus remarquable, est l'obélisque de Cléopatre, la colonne de Pompée, & les citernes. Ces dernieres sont bâties sous-les maisons, & soutenues par deux ou trois voûtes portées sur des colonnes ; elles reçoivent l'eau du Nil, par un canal pratiqué à cet effet : on tire ensuite cette eau, à l'aide de quelques machines; on la charge fur des chameaux, pour l'emporter où elle devient néceffaire. Le nombre des citernes fuffifoit à peine autrefois pour l'ufage des habitans de cette ville; aujourd'hui, la plûpart deviennent fuperflues. Alexandrie n'eft plus, à tous égards, que l'ombre de ce qu'elle a été.

L'obélifque de Cléopatre eft encore debout & entier : le nom qu'il porte & les magnifiques ruines qui l'environnent, font préfumer que le palais de cette reine, connu auffi fous le nom de *palais de Céfar*, en étoit peu éloigné. Vous fçavez fans doute, Madame, ce qu'on entend par un obélifque ; c'eft une grande piéce de marbre à quatre faces & qui fe termine en pointe : il y en a de plus ou de moins élevés : celui de Cléopatre eft un des plus grands qui fe trouvent en Egypte. Il y avoit des hiéroglyphes gravés fur fes quatre faces ; le tems en a détruit la meilleure partie : l'autre s'eft toujours bien conservée ; mais elle ne fert qu'à perpétuer les regrets de nos fçavans. Les hiéroglyphes font pour eux des énigmes impénétrables ; & je doute que jamais aucun Œdipe réuffiffe à en percer l'obfcurité.

Un monument plus confidérable & peut-être encore plus digne de l'attention des curieux, eft la fameufe colonne de Pompée ; elle porte ce nom, fans qu'on fçache bien fi elle a été élevée en l'honneur de ce Romain célebre, ou à celui de Titus ou d'Adrien, qui l'un & l'autre voyagerent en Egypte. Selon le calcul du Docteur, (& on peut s'en fier à lui) toute la hauteur de la colonne eft de cent quatorze pieds; le fuft feul a quatre-vingt-huit pieds neuf pouces de haut & neuf pieds de diametre : il eft de marbre granite rouge, & d'une feule piéce : le chapiteau eft d'un autre morceau de marbre, & le piedeftal d'une pierre grife, qui reffemble affez au caillou pour la dureté & le grain : il y a dans les fondations un vuide occafionné par la hardie tentative d'un Arabe. Cet homme étoit perfuadé que la colonne couvroit un tréfor immenfe : il réfolut de la faire fauter; mais le baril de poudre à canon qu'il employa à cet ufage, ne déplaça que quelques pierres : le furplus qui forme environ les trois quarts de la fondation, n'en fut point ébranlé. Telle eft, Madame, la deftinée des plus belles chofes; elle dépend, pour l'ordinaire, des moindres incidens. Si cet Arabe eût été auffi bon ingénieur qu'il étoit avide de richeffes, un des plus beaux monumens de l'antiquité n'exifteroit plus actuellement.

Les murs qui formoient l'enceinte de l'ancienne Alexandrie, ne font détruits qu'en partie, & ont, pour l'ordinaire, vingt pieds d'épaiffeur fur trente à quarante de haut : ils font flanqués de tours qui diffèrent fouvent entr'elles, foit pour la forme, foit pour les dimenfions. Les Turcs ont placé dans les embrafures différens morceaux de colonnes, qui de loin paroiffent être autant de canons tout pointés. On peut dire que dans l'état où font les chofes, une telle artillerie eft analogue à la fortereffe.

Nous visitâmes aussi deux églises, celle de S. Marc & celle de sainte Catherine. Rien de plus obscur & de plus sale que ces édifices : on montre, dans le dernier, avec beaucoup de vénération, un morceau de colonne sur lequel on prétend que sainte Catherine eut la tête tranchée. Ce n'est pas tout; on voit sur ce fragment quelques taches rouges que les dévots du canton assurent être des taches de son sang : il a miraculeusement conservé sa couleur depuis tant de siécles. Non loin de-là est la cabane de la sainte; mais cette cabane ne paroît avoir aucune issue, & n'a l'air que d'une éminence formée par les ruines de la ville : on en cite encore une autre de même espece & de même étendue. L'église de S. Marc a également ses pieux trésors; on y fait voir une vieille chaire de bois qui a, dit-on, servi à cet évangéliste, premier évêque d'Alexandrie; mais le culte qu'on lui rend à Venise, l'emporte infiniment, pour la magnificence, sur celui qu'il reçoit dans sa ville épiscopale.

Vous préfumez bien que le Docteur voulut voir jufqu'aux grottes fépulcrales ; elles commencent où les ruines de l'ancienne ville finiffent, & s'étendent à une grande diftance le long du bord de la mer ; elles font très-nombreufes & toutes creufées dans le roc : leur grandeur, en général, fuffit pour contenir deux corps pofés à côté l'un de l'autre : leur hauteur dépend de la nature du rocher ; elles n'offrent d'ailleurs aucune forte d'ornement ; toutes ont été ouvertes & toutes font vuides : c'eft le fruit de l'avidité des Arabes qui efpéroient y trouver des richeffes cachées ; mais c'eft affez vous parler d'objets funèbres. Venez parcourir avec nous quelques grottes plus agréables ; ce font des efpeces de bains que la nature a pratiqués dans de petits enfoncemens du rivage. L'art paroît auffi avoir fecondé la nature ; on a pratiqué, dans quelques-unes, des retraites charmantes, & d'où, fans être vu, on voit tout ce qui fe paffe dans le port : quelques-unes offrent même encore des appartemens & des bancs ménagés dans le roc, où l'on est à sec ; en un mot, à l'aide du ciseau, on a fait des lieux de plaisance de ces grotes naturelles.

Quelques voyageurs parlent d'un temple souterrein, situé à trente ou quarante pas de la côte, vis-à-vis de la presqu'isle qui forme le port. Nous résolûmes de le visiter ; mais, après l'avoir parcouru, nous jugeâmes que c'étoit un tombeau & non un temple. Il faut, pour le visiter, se munir de flambeaux : on y entre par une petite ouverture faite sur le penchant d'une colline; on marche, en descendant, l'espace de vingt pas ; ensuite on arrive à un salon quarré, assez grand, dont le plafond & les quatre côtés sont absolument unis. Le pavé est couvert de sable & d'ordures; mais ce n'est point là le temple ; une autre allée y conduit. Nous arrivâmes enfin dans un édifice rond, dont le haut est taillé en forme de voûte : il a quatre portes opposées les unes aux autres ; mais une seule sert d'entrée : chacune des trois autres forme une espece de niche qui descend plus bas que ce temple souterrein. Ces niches sont délicatement taillées dans le rocher, & assez grandes pour contenir un corps mort. On peut donc regarder ce prétendu temple comme le lieu de la sépulture de quelque personnage d'importance, peut-être même de la famille royale. Une allée qui paroît devoir conduire à d'autres édifices de cette nature, ne tient pas ce qu'elle promet : les passages ont été bouchés par la longueur des tems ; ils sont devenus inaccessibles, comme le deviendra, sans doute, le lieu que nous venons de visiter, comme le deviendront tant d'autres bâtimens de la même espece.

Voilà, Madame, une lettre bien longue : je vais la terminer par ce qui concerne la nouvelle Alexandrie ; j'en dirai peu de chose, & cependant je dirai tout. Cette ville, autrefois si célebre par l'étendue de son commerce, n'est plus aujourd'hui qu'un simple lieu de débarquement. Ses habitans, autrefois si riches & si nombreux, ne forment à présent qu'une troupe de misérables, condamnés à vivre dans une dépendance sordide & servile : ses plus superbes temples ont été convertis en mosquées peu considérables, ses palais travestis en grossieres masures : la résidence de ses anciens Souverains est devenue la prison des esclaves. C'est donc avec justice qu'on a comparé la moderne Alexandrie à une orpheline qui n'a d'autre héritage que le nom respectable de son pere.

 Je suis, &c.

D Alexandrie, ce 9 Avril 1736.

VI. LETTRE.

SUITE DE L'EGYPTE.

IL faut, Madame, plus d'une lettre, & même plus d'une longue lettre, pour détailler ce qui regarde l'Egypte. Ce pays, je le répete, n'offre guères que des ruines; mais ces ruines sont nombreuses & dignes de l'attention des curieux : ce sont des diamans enfouis sous des monceaux de poussiere : il est difficile de passer auprès, sans être tenté d'y fouiller.

Notre séjour à Alexandrie finit avec nos recherches sur l'état actuel de cette ville. Nous reprîmes la route du Caire, & ne la reprîmes point seuls. Deux François que nous avions vu débarquer à Alexandrie quelques jours auparavant, se joignirent à nous. L'un n'avoit guères que vingt ans; l'autre en avoit à peu-près cinquante. Je croyois celui-ci le pere de l'autre; je me trompois : c'étoit, comme nous l'apprîmes depuis, le jeune marquis de C.... qui voyageoit avec son gouverneur : ils avoient une suite assez nombreuse ; précaution utile, quand on voyage, soit en Asie, soit en Afrique : ainsi nous regardâmes cette rencontre comme un surcroît d'agrément & de sûreté.

La liaison est bientôt faite entre personnes du même pays, qui se retrouvent à huit cent lieues de leur patrie. Nous avions, de plus, le même objet, les mêmes goûts ; nouvelle raison pour ne point nous séparer.

Le marquis réunit à l'extérieur le plus intéressant un esprit vif & agréable, un caractere liant & fait pour la société : il est plus instruit qu'on ne semble pouvoir l'être à son âge, & aussi modeste que s'il ne sçavoit rien. La nature l'a mis à portée de jouer plus d'un rôle : il a de quoi briller à la cour, dans le grand monde & dans les cercles moins nombreux. On voit qu'il sçait s'accommoder aux tems & aux circonstances : peut-être à Paris feroit-il ce qu'on appelle *un élégant*. Sur les bords du Nil, c'eſt un obſervateur, un philoſophe. M. de S..... ſon Mentor, paroît être un galant homme, un homme inſtruit, mais grand diſputeur. Je prévois que le Docteur & lui feront ſouvent aux priſes, & je m'en réjouis d'avance. Ou ces ſortes de diſcuſſions inſtruiſent ceux qui en ſont témoins, ou elles les amuſent.

Le marquis ne voyageoit point *incognito*. Le conſul de France le préſenta au bacha du Caire, qui le reçut avec tous les égards dûs à ſa naiſſance. Nous profitâmes de l'occaſion, le Docteur & moi, pour être préſentés à cet officier Turc; & nous eûmes notre bonne part dans ſes politeſſes orientales. Il nous donna une eſcorte pour retourner aux pyramides, je dis retourner; car nous y accompagnâmes le marquis & ſon gouverneur : c'étoit plûtôt une démarche de complaiſance que de curioſité; nous attendions le moment de faire avec eux enſemble le voyage de la haute Egypte, c'eſt-à-dire, Madame, de remonter le Nil jusqu'à ses cataractes, dont tant d'historiens & de voyageurs parlent avec admiration. Je vous détaillerai, par la suite, en quoi consistent ces prétendues merveilles.

De retour au Caire, nous disposâmes tout pour notre nouveau départ. Le bacha nous avoit donné six janissaires, pour nous escorter : nous y joignîmes un homme qui avoit déja accompagné quelques curieux dans un pareil voyage : il connoissoit parfaitement le local des lieux que nous allions parcourir : il étoit d'ailleurs en état de nous servir d'interprete. A l'égard d'une barque, il nous fut aisé d'en trouver une. On accorda au reys, ou patron, tout ce qu'il demandoit ; moyen sûr d'être bientôt d'accord même avec un Arabe.

Notre premiere pose fut à Sakkara, petite ville où se fait le commerce des momies. Le lieu d'où on les tire, est une plaine, ou, pour mieux dire, un rocher très-plat d'environ trois ou quatre lieues de diametre : il renferme des especes d'appartemens où les momies font, pour l'ordinaire, placées debout dans des caiſſes de ſycomore, bois qui a la vertu de ne jamais ſe corrompre ; mais les Arabes mettent en piéces toutes les caiſſes qui tombent ſous leur main : leur but n'eſt cependant pas d'enlever les cadavres qu'elles renferment ; ils n'en veulent qu'à certaines petites idoles en or, qu'on enſeveliſſoit autrefois avec les morts de diſtinction.

C'eſt auſſi dans ces environs que ſe trouve une ſépulture encore plus curieuſe : on la nomme *le labyrinthe des oiſeaux*, parce que ce lieu forme, en effet, un labyrinthe, & qu'on y enterroit autrefois des oiſeaux que les Egyptiens regardoient comme ſacrés : ils les embaumoient comme des corps humains. On deſcend dans ce labyrinthe par une ſeule ouverture, mais bientôt on rencontre de longues allées qui communiquent les unes aux autres & s'étendent de tous côtés; elles ſont garnies, de part & d'autre, de quantité de petites niches avec des pots de terre où ſont placés les corps des oiſeaux embaumés. Le plumage de quelques-uns a conservé toute la variété & la vivacité de ses couleurs ; mais ils se réduisent en poussiere, aussi-tôt qu'on y porte la main. Il a fallu bien des efforts & du tems pour achever ce labyrinthe : il est entiérement creusé dans le roc, & si vaste, qu'on risque de s'y égarer ; aussi avions-nous eu la précaution de nous munir d'une ficelle, comme le fit autrefois Thésée, pour descendre au labyrinthe de Créte.

On trouve dans le voisinage de Sakkara plusieurs pyramides aussi élevées que les plus grandes de Memphis. Nous apprîmes qu'il seroit difficile de les visiter, leurs canaux étant engorgés de sable : d'ailleurs, ce n'eût été qu'une répétition de ce que nous avions déja vû. J'en dirai autant des pyramides de Dacjour, que nous apperçûmes le jour suivant, après nous être rembarqués. La plus méridionale de ces pyramides est d'une très-belle apparence ; elle n'est cependant bâtie que de briques cuites au soleil. Je ne vous parlerai d'Eschimend-ell-Arab, village situé sur les

SUITE DE L'EGYPTE. 119
bords du Nil, qu'à cause de la construction particuliere de ses maisons. Le faîte de chacune est terminé par un colombier; ce qui forme, à une certaine distance, un coup d'œil agréable. Depuis ce village jusqu'à la premiere cataracte, c'est-à-dire, pendant l'espace de cent quarante-deux lieues, on observe exactement cette façon de bâtir; elle est prescrite à certains cantons, par une loi expresse; & quiconque prétend s'y soustraire, ne peut ni se marier ni tenir ménage. Voici la raison d'une loi qui doit vous paroître singuliere. La fiente des pigeons est la seule chose que l'on ait pour fumer les terres: on garde soigneusement celle des autres animaux, pour la brûler; & c'est avec la suie qui en provient, que se fait le sel armoniac.

Nous fîmes une seconde pause à Schechabald, anciennement Sinoé: c'est la capitale de la basse Thebaïde; elle offre un grand nombre de ruines magnifiques, placées aux pieds des montagnes & sur le bord du Nil. Ce qui m'a le plus frappé, sont trois grandes portes, dont l'une est ornée de colonnes d'ordre corinthien cannelées : on n'y remarque point de ces pierres énormes que les Egyptiens employoient dans leurs bâtimens. Ce sont des pierres d'une grandeur moyenne, telles qu'on en trouve dans la construction de nos monumens françois. A l'égard des maisons, elles paroissent avoir été construites de briques qui sont encore aujourd'hui aussi rouges que si on ne faisoit que de les fabriquer. Ce canton est un des plus délicieux de toute l'Egypte; il produit de lui-même des oliviers, dont la culture ne se fait, dans les jardins d'Alexandrie, qu'à force d'artifice.

Faïume est une ville assez considérable & peu éloignée des restes d'Arsinoé. Les habitans de cette ville sont renommés pour leur adresse à distiller l'eau-rose, à faire de belles nattes pour les chambres, bien d'autres ouvrages, &, en particulier, des sacs de cuir, pour porter de l'eau : on y voit un petit couvent de Cordeliers, dont les religieux passent pour médecins,

decins, & font fort confidérés, à la faveur de ce titre. Non loin de-là on trouve le village de Nefle, qui n'eft connu que par le métier que font fes habitans ; il confifte à faire des eunuques.

Notre guide nous apprit qu'à quelque diftance de-là, on apperçoit les reftes du fameux labyrinthe. Vous aurez lu quelque part, Madame, qu'il fut bâti dans le tems que l'Egypte étoit divifée en douze gouvernemens, & foumife à pareil nombre de rois. Ce lieu contenoit douze grands palais où s'affembloient ces princes, pour régler toutes les affaires de l'Etat. On dit qu'il renfermoit trois mille chambres ; que tout l'édifice étoit taillé dans la pierre, fans qu'on eût employé aucun bois à fa conftruction ; qu'aucun étranger, une fois entré, ne pouvoit en fortir fans le fecours d'un guide, & que le célebre labyrinthe de Crète n'en étoit qu'un diminutif. Il y avoit, au furplus, deux fortes d'appartemens, ceux d'en-haut & ceux d'en-bas : c'eft dans ces derniers qu'étoient dé-

Tome I. F

posés les corps des Souverains qui avoient fondé ce palais. Ce qu'il y a de particulier, c'est que les crocodiles jouissoient du même avantage après leur mort. Voici, dit-on, le motif de cette singularité. Un des anciens rois du pays s'étant trouvé poursuivi par ses propres chiens, couroit risque d'en être dévoré & mis en piéces : il prit le parti de se plonger dans le fameux lac Mœris, qui est peu éloigné du labyrinthe. Un crocodile qui se trouva là fort à propos, prêta son dos au monarque, & le porta sur le rivage opposé. Le roi, par reconnoissance, ordonna qu'on lui rendît les honneurs divins. Il donna à la ville d'Arsinoé, qu'il faisoit bâtir alors, le nom de *Ville des crocodiles* : il fit plus; il voulut que ces animaux trouvassent, comme lui-même, une sépulture dans le labyrinthe. Il ne nous fut pas possible de pénétrer dans cet ancien édifice ruiné par le tems.

En continuant à remonter le Nil, nous apperçûmes les montagnes d'Abussolde : ce sont des rochers hauts

& escarpés. Il y a, en plusieurs endroits de ces rochers, des échos si distincts, qu'ils répetent jusqu'à la moindre syllabe. On voit aussi sur le bord de la riviere un nombre de grottes qui ont servi de retraites à de pieux hermites; elles en servent aujourd'hui à une troupe de brigands Arabes.

Je vous épargnerai, Madame, les menus détails; mais je dois vous parler d'un village nommé *Scheh-Haridi*; c'est le nom d'un prétendu saint Mahométan, qui a ici son tombeau. Les Arabes assurent qu'après sa mort, Dieu, par une grace particuliere, le métamorphosa en serpent, qui ne doit plus mourir. Ce n'est pas tout; ce serpent guérit les maladies, & accorde des faveurs à tous ceux qui implorent son secours par des sacrifices convenables: il sçait distinguer les personnes; &, en général, il est plus secourable pour les riches que pour les pauvres. Si l'un des premiers tombe malade, le serpent lui fait poliment offre de se faire transporter chez lui : il est plus difficile, quand il s'agit de quelques particuliers indigens. Outre une promesse solemnelle de le récompenser de ses peines, il faut lui envoyer pour ambassadrice une fille vierge. On prétend qu'il se connoît à la vertu des femmes, & que si celle de la solliciteuse qu'on lui envoie, avoit reçu le moindre échec, le serpent irrité deviendroit inexorable : si, au contraire, elle est telle qu'il l'exige, alors il s'élance à son cou, & se repose voluptueusement sur son sein. Dans cet état, il est porté en triomphe, & au bruit des acclamations, dans la maison du malade crédule & dévot. Les Arabes assurent que la guérison suit toujours la premiere visite de ce merveilleux médecin. Ils ajoûtent que quand ce serpent seroit coupé par morceaux, il se réuniroit à l'instant, parce qu'il doit jouir d'une vie éternelle. Les Chrétiens n'en croient rien; mais ils sont persuadés que ce prétendu saint est le diable. Une tradition qui subsiste parmi eux, acheve de les confirmer dans cette opinion; elle porte que ce fut dans ce lieu que l'ange Raphaël bannit le démon Afmodée.

Nous nous entretenions, chemin faisant, de la splendeur de l'ancienne Thèbes. Après plusieurs jours de navigation, nous arrivâmes à Luxor, ville qui l'a bien foiblement remplacée. Les ruines de cette cité fameuse occupent un espace de plus de trois lieues quarrées ; elles s'étendent jusqu'à Carnac, qui n'est maintenant qu'un pauvre village, mais entouré de superbes débris : il est situé à la gauche du Nil & Luxor, à la droite : on voit par-là, que le Nil traversoit la ville de Thèbes.

Cette ville avoit cent portes ; & quelques auteurs disent qu'en un besoin, elle pouvoit faire sortir dix mille combattans par chacune. On lit, dans M. Rollin, la description d'un palais superbe, qui fit autrefois partie de cette ville. Quatre allées à perte de vue, bornées de part & d'autre, par des sphinx d'une matiere aussi rare que leur grandeur étoit remarquable, servoient d'avenues à quatre portiques, dont la hauteur étonnoit les yeux. Une sale, qui apparemment faisoit le milieu de ce superbe palais, étoit soutenue par six-vingt colonnes, ayant chacune six brasses de grosseur, hautes à proportion, & entre-mêlées d'obélisques, que tant de siécles n'avoient pu abattre. La peinture y avoit étalé toutes les richesses de son art; &, ce qui ne doit pas moins étonner, c'est que les couleurs se soutenoient encore parmi les ruines de ce superbe édifice, & n'avoient rien perdu de leur vivacité. Le même historien ajoûte qu'il y a grande apparence que ce somptueux bâtiment étoit le temple de Memnon, & que c'est là, sans doute, qu'étoit placée la statue de ce héros tué par Achille a siége de Troye. Ne soyez point surprise, Madame, de m'entendre citer M. Rollin & d'autres auteurs; nous sommes munis de leurs ouvrages. Pour bien saisir l'état actuel d'un pays, il faut le comparer avec ce qu'il fut autrefois.

Ce que nous vîmes par nous-mêmes des restes de Thèbes, ne dément point les anciennes descriptions qu'on en a faites. Je fus sur-tout frapé de la majesté d'un temple, le même, sans doute, qui vient d'être décrit plus haut : il suffiroit seul pour donner la plus magnifique idée de l'architecture égyptienne. Une muraille sert de clôture à deux des côtés de ce templ ; les deux autres ne sont fermés que par des colonnades : il devoit y avoir vingt-une colonnes de chaque côté ; il n'en reste en tout que trente-deux : toutes sont couvertes d'hiéroglyphes dans lesquels on a incrusté les plus vives couleurs, parfaitement bien conservées jusqu'à ce jour. Le portique de ce grand édifice est ce qu'on peut imaginer de plus imposant : la cour elle-même paroît avoir été autrefois entourée d'une galerie ; on en voit encore les restes. Je ne m'arrête point à parler du grand nombre de pilastres qui sont encore debout : quelques-uns sont surmontés de blocs de pierres, couverts d'hiéroglyphes; mais j'apperçus deux autres pilastres isolés & trop éloignés l'un de l'autre, pour avoir été couverts. Nos deux érudits jugerent que c'étoit-là le lieu où avoit pu être élevée la statue vocale de Memnon. Elle devoit, disoient-ils, avoir été découverte & en plein air : cette situation lui devenoit nécessaire pour recevoir les premiers rayons du soleil. Vous sçavez, Madame, que quand cette statue en étoit frapée, elle rendoit un son harmonieux & articulé. Si le fait est réel, comme toute l'antiquité l'assure, notre illustre Vaucanson eût trouvé un digne rival dans l'inventeur de cette statue.

Quoi qu'il en soit, on trouve, aux environs des deux pilastres découverts, un fragment de colosse renversé & à demi-enterré : on n'en peut pas découvrir assez pour juger quelle a dû être sa véritable attitude : la partie supérieure manque, & semble en avoir été séparée par violence : son piedestal est entier & couvert d'hiéroglyphes inexplicables pour nous. Quant au colosse, il semble avoir été d'un seul morceau de marbre granit noir. On croit que c'étoit-là cette statue si célebre; mais pour avoir pu rendre un son, quand les rayons du soleil frapoient deſſus, il falloit néceſſairement qu'elle fût creuſe; & celle-ci nous parut être maſſive.

Je vis dans ce temple trois grandes figures avec des emblêmes qu'aucun de nous ne put expliquer : entr'elles eſt placé un arbre verd; un homme eſt aſſis au côté droit, & tient dans ſa main droite un inſtrument avec lequel il ſemble ſe défendre contre une petite figure ovale, couverte de caracteres hiéroglyphiques. Cette figure lui eſt offerte par une femme debout, au côté gauche de l'arbre : le même homme accepte le préſent de la main gauche; derriere lui eſt une figure qui a la tête couverte d'une mitre, & qui lui tend la main. Le gouverneur du marquis prétendit pieuſement, que ces figures faiſoient alluſion à la chute d'Adam & d'Eve.

Je ne dois pas, Madame, paſſer ſous ſilence deux monſtrueux coloſſes ſitués à peu de diſtance du temple de Memnon. L'un repréſente un homme; l'autre, une femme : du reſte, leurs dimenſions ſont égales.

Chacune de ces ſtatues peut avoir cinquante pieds de haut, depuis la baſe de ſon piedeſtal juſqu'au ſommet de la tête ; elles ſont aſſiſes ſur des pierres de quinze pieds de haut, & qui ont à-peu-près le même diametre. A chaque côté des deux pierres, eſt placée une figure qui fait ornement. Ces deux ſtatues coloſſales ſont compoſées de pluſieurs blocs d'une ſorte de pierre graveleuſe & griſâtre : elles ont la poitrine & les jambes couvertes d'inſcriptions grecques & latines ; on en voit d'hiéroglyphiques ſur les piedeſtaux. On prétend qu'elles avoient été gravées pour rendre témoignage que la voix de Memnon s'étoit fait entendre. Tous ces ornemens ſont ſitués aux environs de Carnac, ſur la gauche du Nil ; ils ſont encore plus nombreux de l'autre côté. L'œil eſt étonné de la quantité prodigieuſe de périſtiles, de portails & autres édifices qu'il apperçoit confuſément épars le long des deux rivages du Nil, & dans une étendue immenſe de terrein.

De Luxor juſqu'à la premiere cataracte, on rencontre quelques villes assez considérables, mais dont l'ancien nom est plus célebre que celui qu'elles portent aujourd'hui : telle est, entr'autres, Suaen, autrefois Sienne. Nous visitâmes, dans les environs, une petite isle que les anciens nommoient *Eléphantine*. Un vaste monument s'y fait remarquer : l'enceinte de cet édifice forme une espece de cloître soutenu par des colonnes : il a, dans ses quatre coins, des murailles solides, & n'est soutenu, dans toute sa largeur, que par une seule colonne placée au milieu. L'intérieur de ce bâtiment a quatre-vingt pieds de long sur vingt de large : on l'appelle *le temple du serpent Knuphis*.

Je ne parle pas des ruines de Sienne : elles sont magnifiques, ainsi que beaucoup d'autres que je passe sous silence ; mais j'ai promis d'appuyer un peu plus sur les cataractes du Nil. Nous ne parvînmes à les visiter, qu'après beaucoup de fatigues & même de dangers. Il fallut plus d'une fois courir aux armes ; & je m'armai comme les autres : cependant nous n'en vînmes jamais à un combat effectif ; & j'avoue que l'objet en est par lui-même assez peu digne. Tout le merveilleux des cataractes consiste en des rochers de granit, qui traversent le Nil en deux endroits, & sur lesquels les eaux sont contraintes de passer. La chute de la premiere cataracte est d'environ trois pieds de haut ; celle de la seconde est un peu plus basse. Les Anciens racontent que les cataractes faisoient, en tombant, un si horrible bruit, que ceux qui habitoient aux environs, en devenoient sourds : cela nous a paru exagéré.

Un peu au-dessus de la grande cataracte, on voit l'isle de Giésiret-ell-Heist ; c'est la Phile des Anciens. Parmi une foule d'antiquités admirables, on distingue le temple d'Isis, monument des plus superbes ; il est presque entiérement sur pied : on y voit aussi un autre temple qui, quoique plus petit, n'est pas moins digne d'attention. Nos deux sçavans nous apprirent que c'étoit-là le temple de l'Epervier.

Nous fîmes quelque séjour à Deïr ou Deri, ville de Nubie, située à deux cent vingt lieues du Caire, entre la premiere & la seconde cataracte. On ne subsiste, dans ces contrées, qu'à grands frais; & l'on n'en sort qu'après avoir été vivement rançonné. Toute cette partie de l'Egypte s'est souftraite à la domination des Turcs; & d'ailleurs les Turcs eux-mêmes ne sont souvent pas plus scrupuleux que les Arabes.

Enfin notre petite société prit de nouveaux arrangemens pour retourner au Caire. Nous fîmes, en revenant, quelques observations qui nous étoient d'abord échappées. Nous visitâmes, entr'autres lieux, le célebre couvent de S. Antoine, premier instituteur de la vie cénobitique. On n'entre dans cette maison qu'en escaladant les murs, c'est-à-dire, en se faisant monter avec le secours d'une corde. Voici comment cela se pratique: il sort de l'ouverture d'une guérite fort élevée une corde qui, d'un bout, pend jusqu'à terre; l'autre bout eſt paſſé dans une poulie, & attaché, dans l'intérieur de la clôture, à une grande roue. Quelques religieux ſe placent dans cette roue, pour la faire tourner; & à meſure qu'elle tourne, la corde extérieure monte avec le pélerin qui s'y trouve attaché. Nous fûmes tous introduits de cette maniere l'un après l'autre. Les moines ſont obligés de recourir à cette précaution, pour éviter l'irruption des Arabes. L'enceinte de ce couvent peut avoir cinq cent pas de circonférence; elle enferme tout à la fois les bâtimens & les jardins: il ne ſubſiſte plus qu'environ quarante cellules; les autres ſont tombées en ruine. On dit que, du tems de S. Antoine, elles étoient au nombre de trois cent, & toutes habitées.

Entre le Nil & la mer Rouge, on voit régner une chaîne de montagnes depuis la Nubie juſqu'au Caire. Le côté qu'elle préſente au Nil, eſt ſi eſcarpé, ſi uni, qu'on le prendroit pour un mur élevé de main d'hommes; elle n'offre qu'un ſeul paſſage; encore n'est-il composé que de quelques sentiers très-rudes & fort étroits. C'étoit dans ces montagnes que se trouvoient autrefois ces émeraudes si estimées ; elles passoient pour les plus belles du monde, & étoient aussi les plus dures. Cette mine s'est perdue depuis peu ; & l'histoire qu'on débite ici, à ce sujet, m'a paru très-singuliere.

Cette mine précieuse étoit au pouvoir d'un émir, dont le petit Etat se trouvoit situé dans ces montagnes. L'émir étoit en même tems possesseur de la plus belle femme de toute l'Egypte. Un seul de ces objets eût suffi pour exciter la cupidité d'un Turc. Le bacha du Caire voulut s'emparer de l'un & de l'autre : il noircit l'émir auprès de la Porte, & marcha contre lui avec toutes les troupes que le Grand Seigneur entretient en Egypte. L'émir se défendit ; mais, près d'être écrasé, il résolut d'enterrer avec lui le secret de la mine qui causoit en partie son malheur ; ce secret fut connu de peu de personnes : il les détermina toutes à mourir; ce qui fut effectué. La princesse elle-même voulut être du nombre: elle s'empoisonna; & l'émir périt les armes à la main, après avoir terrassé & immolé son persécuteur.

Je sens, Madame, qu'il est tems, pour vous comme pour moi, que j'arrive au Caire. J'ai parcouru dans cette lettre un trajet de plus de cinq cent lieues, en comptant nos courses particulieres sur les bords du Nil: je n'ai cependant pas tout dit, car il y avoit trop à dire; mais ce que j'ai cité, suffira pour vous donner quelques notions de ce que fut autrefois l'Egypte, quant au local, & de ce qu'elle est encore aujourd'hui. Je réserve, pour une troisieme lettre, ce qui concerne son gouvernement, ses productions, les mœurs de ses habitans, leur caractere, leurs usages: tous ces objets méritent bien, sans doute, autant d'attention que des palais en ruines & des colosses mutilés.

Je suis, &c.

Du grand-Caire, ce 30 Juin 1736.

VII. LETTRE.

SUITE DE L'EGYPTE.

Les Egyptiens ont eu les mêmes prétentions que les Chinois, & tant d'autres peuples, sur l'ancienneté de leur monarchie : ils en faisoient remonter l'origine à plus de cent mille ans. C'est trop, sans doute; mais il paroît certain que, de tous les pays, l'Egypte est celui qui s'est le plutôt policé, celui qui eut le premier une forme de gouvernement réglé & politique, celui enfin où le gouvernement monarchique semble avoir d'abord pris naissance. Fils des anciens rois, étoit le nom qu'on donnoit aux rois d'Egypte; mais le régne d'une grande partie de ces Souverains est pour nous couvert de ténebres impénétrables. Menès passe pour le plus ancien de ces princes : il fut en même tems législateur, & avoit, dit-on, rédigé ses loix par écrit : peut-être ont-elles subsisté aussi long-tems que la monarchie qu'il avoit fondée. Rien de plus constant que les Egyptiens dans la forme de leurs usages, de leurs loix, de leur gouvernement; ce qui ne veut pas dire que, depuis Menès, aucun autre législateur n'ait étendu & perfectionné les loix que le premier avoit établies. L'institution d'un culte religieux étoit très-ancienne en Egypte, & le pouvoir des prêtres fort étendu: ils formoient le premier ordre de l'Etat, restoient attachés à la personne du Souverain, l'aidoient de leurs conseils, avoient l'inspection de la monnoie, des poids, des mesures, &, qui plus est, présidoient à la levée des impôts : leurs richesses étoient immenses ; & Moïse nous apprend qu'ils tenoient tout de la libéralité de leurs Souverains. Isis, sœur & veuve d'Osiris, leur donna en propre environ le tiers de l'Egypte. Isis en fut récompensée par la vénération que les prêtres inspirerent pour elle à ses peuples, même après sa mort. Son exemple fit loi dans tous les points ; elle avoit épousé son frere : il fut permis aux Egyptiens de l'imiter. Les peuples marquerent depuis, beaucoup plus d'obéiſſance aux reines qu'aux rois ; & même, parmi les particuliers, les hommes, en ſe mariant, promettoient d'être en tout ſoumis à leurs femmes. Au ſurplus, les loix du mariage étoient d'une tres-ancienne date : on les attribue à Menès. La polygamie n'étoit point alors permiſe en Egypte ; & on puniſſoit très-ſévérement l'adultere : cette punition conſiſtoit à donner mille coups de verges à l'homme, & à couper le nez à la femme.

J'ignore ſi on plaidoit beaucoup en Egypte ; ce qu'il y a de certain, c'eſt qu'il en coûtoit peu pour plaider. Le roi fourniſſoit à l'entretien des juges ; & il n'y avoit point d'avocats. L'Egypte étoit diviſée en trois claſſes, en prêtres, en ſoldats, en laboureurs & artiſans. Par cette même raiſon, les terres, dans chaque province, étoient partagées en trois parties égales, affectées aux trois différens états qui diſtinguoient les habitans. Les loix pénales, c'eſt-à-dire, les loix contre les criminels, étoient très-féveres. L'homicide volontaire étoit puni de mort : on puniffoit du même fupplice quiconque pouvant fauver un homme qu'on vouloit tuer, ne l'avoit pas fait : on avoit même encore pris d'autres précautions pour la sûreté des citoyens & des étrangers. Quand un de ceux-ci ou des premiers périffoit, ou par affaffinat, ou par quelque autre accident, la ville la plus prochaine du lieu où fon corps avoit été trouvé, étoit obligée de lui faire les plus fomptueufes funérailles ; mais ce qui a le plus diftingué les anciens Egyptiens de tous les autres peuples, c'eft l'habitude où ils étoient de juger les rois après leur mort. Quand un de ces princes avoit mal gouverné, on le privoit de la fépulture ; punition terrible chez ce peuple, qui n'admettoit l'immortalité de l'ame, qu'autant que le corps feroit confervé en fon entier & en état de la recevoir une feconde fois : de-là cet ufage d'embaumer les corps & de les inhumer dans des lieux cachés : de-là aussi la construction des pyramides. J'ai déja dit qu'elles n'étoient que des tombeaux également propres à résister aux efforts du tems & aux entreprises des hommes ; presque toutes subsistent dans leur entier, & la plus grande partie n'ont pas encore été ouvertes.

Les usages des anciens habitans de l'Egypte avoient quelque chose de singulier, souvent même de contradictoire. Par exemple, dans certaines provinces, on n'osoit tuer les moutons, & l'on mangeoit les chévres ; ailleurs on révéroit les chévres, & on mangeoit les moutons. Arsinoé adoroit le crocodile, & Héracléopolis l'ichneumon, ennemi déclaré de cet amphibie. Dans toute l'Egypte, on regardoit les porcs comme des animaux immondes ; & l'on pouvoit cependant les immoler à Bacchus & à la Lune : alors il étoit permis d'en manger, mais pour ce jour-là seulement. Enfin, Madame, un Egyptien n'osoit ni se servir d'aucun meuble qui eût appartenu aux étrangers, ni manger avec eux ; &

il ne faisoit nulle difficulté de manger avec les animaux. On terminoit les festins par une pratique bien singuliere. Un homme apportoit dans la sale un cercueil qui renfermoit une figure de bois longue d'environ trois pieds, représentant un cadavre: il la montroit à chacun des conviés, en leur disant: Buvez & donnez-vous du plaisir; car c'est ainsi que vous ferez après votre mort. Plus d'un poëte Latin & François a pris plaisir à paraphraser cette idée.

L'habillement des Egyptiens étoit fort simple : celui des hommes consistoit en une tunique de lin, bordée d'une frange qui leur venoit jusqu'aux genoux : ils avoient par-dessus une une espece de manteau fait de laine blanche : tout ce qu'ils portoient sur leur corps, étoit lavé à chaque fois qu'ils s'en servoient. Les femmes faisoient un grand usage de bijoux, d'étoffes précieuses & de parfums. L'entretien des reines étoit des plus dispendieux : on leur avoit donné, uniquement pour leurs parfums & leurs habits, le revenu de la pêche du lac Moëris; ce qui faifoit par jour environ mille écus de notre monnoie. Les femmes d'Egypte avoient beaucoup d'empire fur l'efprit de leurs maris; avantage qu'elles devoient à leurs agrémens plutôt qu'à la décence de leur conduite. Les Egyptiens étoient d'une humeur douce & civile; mais ils avoient dès-lors, comme aujourd'hui, la réputation d'être intéreffés & peu sûrs dans le commerce: leurs plaifirs confiftoient en fêtes, en cérémonies religieufes, & fur-tout en proceffions. C'étoit à Bubafte que fe célébroit la fête de Diane. Les hommes & les femmes s'embarquoient en grand nombre fur un même bâteau. Ceux-là jouoient de la flûte; celles-ci des caftagnettes: elles faifoient fouvent arrêter le bateau, appelloient les femmes de chaque lieu qui bordoit le rivage, leur difoient des injures, des obfcénités, & commettoient mille autres indécences. Arrivé à Bubafte, on fe livroit à des excès d'un autre genre, plus dignes de Vénus que de la chafte Diane.

Soumise d'abord par quatre ou cinq conquérans de l'Asie, ensuite par Alexandre, depuis, par les Romains, l'Egypte devint enfin le partage des empereurs d'Orient : elle leur fut arrachée par les successeurs de Mahomet, passa encore dans d'autres mains, & fut de nouveau subjuguée par Sélim I, empereur des Turcs, le même qui eut la cruauté de faire pendre Tomumpay, dernier sultan d'Egypte. Depuis cette époque, ce royaume n'a plus changé de maître ; il est gouverné par un bacha qui fait sa résidence au grand Caire, & qui a, dans son district, vingt-quatre beys, ou gouverneurs, qui sont eux mêmes très-puissans. Celui de Girge, capitale de la haute Egypte, entretient, pour l'ordinaire, trente mille chevaux & possede de très-grandes richesses. Il est cependant rare que ces beys, si puissans, n'aient pas d'abord été de simples esclaves de leurs prédécesseurs. Cette dignité n'est pas héréditaire ; c'est le bacha qui y nomme : être fils du beys est une raison pour ne jamais lui succéder.

der. Quand un de ces officiers déplaît au gouvernement, on promet en secret sa place à quiconque voudra se défaire de lui. C'est à ceux qui l'approchent que l'on a recours, & on leur tient exactement parole; aussi n'a-t-on pas de peine à les déterminer. Voici cependant un exemple qui mérite d'être cité. Il prouve que la bonté, dans un supérieur, influe quelquefois jusques sur l'ame de ceux qui l'environnent. La tête de certain bey de Girge avoit été mise à prix; mais il s'étoit fait aimer de ses peuples, au point qu'ils l'eussent défendu contre le Grand Seigneur lui-même : il portoit la confiance jusqu'à rendre de fréquentes visites au bacha du Caire. Il est vrai que son escorte étoit nombreuse, & que cette confiance avoit l'air d'une insulte; cependant il mourut fort âgé, & de mort naturelle.

La milice d'Egypte est divisée en plusieurs classes : la plus distinguée est celle des janissaires. Sélim qui avoit institué cette milice, ne jugea pas à propos d'entretenir une armée navale en Egypte ; on n'y avoit ni marins ni vaisseaux de guerre. Il y a, dans chaque ville un peu consiérable, un cadi ou juge qui décide les procès : il y a de plus, au Caire, un grand-maître de la police, appellé *Huali* ; son inspection s'étend sur les marchés publics, & sur les poids & les mesures. Il a droit de faire punir sur le champ ceux qu'il trouve en contravention : il se promene souvent par la ville, même durant la nuit, & se fait toujours accompagner par cinquante exécuteurs. Cette maniere de marcher a quelque rapport avec celle des grands prévôts de nos armées.

Pour ce qui est des matieres de religion, c'est un muphti & les docteurs de la loi qui en décident. Ils jugent toutes les causes spirituelles; ils ont même, comme ailleurs, quelque part dans le gouvernement séculier ; ils prennent, comme ailleurs, facilement parti dans les factions qui s'élevent, s'attachent toujours à celle qui est la plus forte, & l'abandonnent, aussi-tôt qu'elle a perdu sa supériorité.

Je dois dire un mot des Arabes qui occupent une partie de la haute Egypte. Leurs princes sont restés en possession, & souverains de leur pays, depuis la conquête de Sélim. Il en est d'autres qui sont tributaires du Grand Seigneur ; mais ce tribut ne se paye qu'une fois. Quand un pere meurt, le fils qui lui succede, est obligé de payer une certaine somme au bacha ; cela s'appelle acheter les terres du pere décédé. Les Arabes des environs du Caire sont entiérement soumis aux Turcs. Chaque tribu a son chef, & vit sous des tentes. Ont-ils envie d'habiter certains cantons ? (ce qui ne se fait guères que pour un an,) ils obtiennent la liberté de cultiver, durant ce tems, certaine portion de terre qu'on leur assigne : de-là, ils vont occuper un autre canton, pour l'abandonner bientôt après.

Outre les Egyptiens proprement dits, les Arabes & les Turcs, l'Egypte est encore habitée par des Chrétiens & par des Juifs. Les Egyptiens actuels different presqu'en tous points de leurs premiers ancêtres.

Ceux-ci étoient laborieux, actifs, industrieux, éclairés, formant & effectuant les plus grandes entreprises. Ceux de nos jours n'ont hérité que de leur fourberie & de leur superstition. Rien de plus crédule que ce peuple : il ajoûte foi aux talismans, aux charmes, à toutes les puérilités qu'on appelle *magie*. Si on loue l'enfant d'un Egyptien en sa présence & qu'on oublie de le bénir, il ne manque pas de soupçonner aussi-tôt quelques mauvaises intentions ; & pour empêcher les effets du charme, il a recours à quelques cérémonies superstitieuses, telle, entr'autres, que de jetter du sel dans le feu. C'est d'Egypte que nous viennent la plûpart de ces astrologues ambulans, réduits, pour vivre, à tromper la populace ; leurs prédécesseurs furent plus heureux ; ils tromperent & firent même trembler nos Souverains & leurs ministres.

L'habillement des Egyptiens n'a presque point changé : il est à-peu-près, quant à la forme, ce qu'il étoit du tems de Séfostris. C'est une robe, ou plutôt une espece de chemise à manches larges, attachée autour de la ceinture : l'étoffe en est, pour l'ordinaire, de drap bleu : le petit peuple porte par-dessus une robe d'étoffe de laine brune. Les gens les plus distingués ont une longue simare de drap, de la même couleur que la robe ; mais leur habit de cérémonie est une chemise blanche, assez semblable aux surplis de nos ecclésiastiques.

L'habit des femmes diffère peu de celui des hommes, excepté qu'il est plus court, & que les vêtemens de dessous sont de soie ; leurs manches sont longues & pendantes : elles ont par-dessous leurs habits une chemise de gaze qui traîne jusqu'à terre ; leurs cheveux sont relevés en rond sous un bonnet court, de laine blanche : elles mettent par-dessus un mouchoir brodé. On regarde comme une grande indécence dans une femme, de laisser voir tout son visage : il faut, pour le moins, qu'elle se couvre la bouche & un œil ; cette méthode est de tous les tems. Pour les femmes publiques, (& il y en a ici grand nombre) elles marchent à visage découvert, & portent à leur nez des anneaux auxquels sont attachés des grains de verre; c'est pour elles une parure qui d'ailleurs les distingue : ce qui sur-tout les fait reconnoître, c'est l'usage où elles sont d'aller dans les rues dansant, chantant & jouant quelquefois de certains instrumens de musique : le plus souvent elles vont se placer & s'asseoir sur le bord du grand chemin. Il faut que cet usage soit bien ancien dans plus d'un pays. Vous avez lu, Madame, dans l'Ecriture, que Thamar voulant habiter avec son beau-pere Juda, parvint à son but, en l'attendant au bord du grand chemin, sous l'extérieur d'une courtisane ; mais il paroît qu'alors ces sortes de femmes se voiloient aussi le visage ; autrement la méprise de Juda eût été bien volontaire.

Les femmes, j'entends celles qui se respectent, jouissent ici de peu de liberté : elles ont cependant la permission de se rendre visite ; & ces visites durent quelquefois des jours

SUITE DE L'ÉGYPTE. 151
nées entieres : leur plus grand plaifir alors eft de changer d'habit, & de fe traveftir de différentes manieres. La plus grande marque d'attention qu'une femme puiffe donner à celle qui la vifite, c'eft de lui préfenter un grand nombre d'habits, pour mettre plus de variété dans fes déguifemens.

Les Egyptiennes ont leurs bains particuliers ; elles peuvent s'y raffembler à certaines heures : quelquefois ces bains les aident à tromper leurs furveillans. Elles y entrent avec leurs habits ordinaires, en fortent avec d'autres qu'elles y ont fait porter fecrettement, & rentrent de nouveau, fans avoir été reconnues. Elles peuvent auffi, lorfqu'il y a des réjouiffances publiques, fortir de chez elles & entrer où bon leur femble, foit le jour, foit la nuit. Elles fçavent d'ailleurs, fans parler & fans mettre la main à la plume, affigner un rendez-vous & faire une déclaration auffi-bien qu'une Françoife qui a toute liberté. Elles mettent féparément, dans un mouchoir, du fel, du pain,

G iv

du froment, du bois, de la paille, &c. La maniere de nouer le mouchoir & chacune des choses qu'il renferme, ont leur signification particuliere : c'est, pour l'amant, un langage très-intelligible, & toujours entendu. J'ai même essuyé quelques-unes de ces invitations ; je n'y comprenois rien d'abord : j'appris ensuite à déméler le myftere ; mais vous sentez, Madame, qu'il me fallut, dans d'autres occasions, toujours faire semblant de n'y rien comprendre. Au reste, les filles sont ici beaucoup plus réservées que les femmes, & peut-être plus qu'en aucun lieu du monde. Il est vrai que de fortes raisons les y obligent. En cessant d'être sages, elles risquent de n'être jamais mariées, ou même de perdre la vie, si, le jour de leur mariage, elles ne donnent des preuves de leur sagesse.

Il n'y a aucunes voitures couvertes en Égypte. Les femmes de distinction voyagent ou se promenent à cheval ; elles ont toujours à leur suite plusieurs femmes esclaves, montées sur des ânes : c'est même la seule monture dont les femmes qualifiées & autres puissent se servir au Caire. Une prédiction ancienne porte que cette ville sera un jour prise par une femme à cheval; &, par cette raison, l'usage de cette monture est interdit à toutes les femmes; précaution puérile, & qui prouve que les Turcs ne sont guères moins superstitieux que les Egyptiens. Ceux-ci sont envieux & malins à l'excès, aussi méfians envers leurs compatriotes qu'envers les étrangers: ils ont le plus grand respect pour leurs supérieurs. Chez eux, un fils n'ose pas s'asseoir devant son pere, sur-tout en public, sans en avoir été prié plusieurs fois. C'est un usage où les François s'éloignent le plus des Egyptiens. Une autre vertu & presque la seule que pratiquent ces derniers, c'est l'hospitalité; encore en doivent-ils la connoissance aux Arabes, qui eux-mêmes n'en connoissent & n'en pratiquent aucune autre; mais j'aurai une autre occasion de vous entretenir plus particuliérement de cette nation & de celle des Turcs.

Ceux-ci ont, en Egypte, des derviches de plusieurs especes: on en peut distinguer deux ou trois sortes. Les uns vivent en communauté, & y menent une vie retirée & fort austere; d'autres, en prenant le nom de *derviches*, restent dans le sein de leur famille & exercent la profession de leurs peres, à-peu-près comme on voit en France certains particuliers affiliés à certains ordres. La troisieme classe voyage par le pays: ils demandent, ou plutôt ils exigent qu'on leur fasse l'aumône; & dès qu'ils ont sonné de leurs cors, il n'est plus permis de la leur refuser. Nos religieux mendians n'usent point de cette méthode impérieuse; ils ont recours à la persuasion qui, pour l'ordinaire, leur réussit également.

Enfin, Madame, les Turcs d'Egypte ont une singuliere vénération pour les idiots; ils les regardent comme des saints. J'ai vu de ces misérables se promener tout nuds dans les rues, ou se placer, dans cet état, à la porte d'une mosquée; &, ce qui n'est pas moins surprenant, j'ai vu des femmes leur baiser les mains & d'autres parties que la décence ne permet pas de nommer.

Les Juifs ont plusieurs synagogues en Egypte & sur-tout au Caire : on en compte jusqu'à trente-sept dans cette ville, une, entr'autres, qui a plus de seize cens ans d'antiquité : on y conserve deux anciens manuscrits des loix, & un de la Bible. Les Juifs prétendent que celui-ci a été écrit de la main d'Esdras, qui, n'ayant osé, par respect, y placer le nom de Dieu, trouva, le lendemain, toutes les lacunes remplies, ce saint nom y ayant été tracé par une main invisible. On conserve ce manuscrit dans une niche couverte d'un rideau & placée à dix pieds de hauteur. Un grand nombre de lampes brûlent continuellement devant elle ; & il n'est pas plus permis de toucher à cette niche, qu'il ne le fut autrefois de porter la main à l'arche d'alliance. Quant aux usages des Juifs, ils sont à-peu-près les mêmes que par-tout ailleurs.

Il y a de deux sortes de Chrétiens en Egypte, les Grecs & les Cophtes.

Ceux-ci sont les plus nombreux & les plus puissans. Vous sçavez que S. Marc est regardé comme le premier évêque d'Alexandrie. Les profélytes qu'il avoit faits, se retirerent à Coptus & dans les lieux circonvoisins. On croit que c'est de-là qu'ils ont retenu le nom de *Cophtes*. Ils ont un patriarche résidant à Alexandrie, où réside aussi celui des Grecs. Ces deux partis font schisme avec l'église Romaine, sans, pour cela, être plus d'accord entr'eux. Quant à leurs cérémonies, elles sont à-peu-près semblables. On prétend que le langage cophte est l'ancien égyptien fort corrompu. C'est dans cette langue que les liturgies des Cophtes sont écrites : il n'y a que quelques-uns de leurs prêtres qui sçachent les expliquer ; la plûpart des autres ne sçavent pas même les lire. Ils apprennent leurs longs offices par cœur, à force de les entendre répéter. L'épître & l'évangile se lisent en deux langues, en cophte & en arabe. Les jours de grandes fêtes, on lit des leçons en chaire ; &, tous les ans, le patriarche fait une courte exhortation. A l'égard des prêtres, leur ignorance les dispense de prêcher.

Il n'y a point de Chrétiens dans le monde entier, qui ayent moins de respect pour les églises & qui y restent plus long-tems : ils y passent toutes les nuits qui précèdent les dimanches & les fêtes. Pour les jours qui suivent ces nuits, ils les emploient à se tranquilliser ou à se divertir : ils sont ennemis mortels des Chrétiens Grecs, & ne traitent pas mieux les Chrétiens d'Europe. Si l'on administre l'extrême-onction à un Cophte, le prêtre oint en même tems toutes les personnes qui sont là présentes. C'est afin que le malin esprit ne puisse pas prendre possession d'elles. Ils s'abstiennent, comme les Juifs, de manger du sang, & de tous les animaux étouffés ; leur confession est générale, comme dans la primitive église : ils ont l'habitude de se faire souvent des croix sur les bras avec de la poudre. Quand on leur demande s'ils sont Chrétiens, ils montrent ces croix. C'est, en effet, la meilleure preuve qu'ils donnent de leur doctrine. Ils font perfuadés que l'ame va au ciel au bout de quarante jours; cependant ils prient pour les morts, long-tems après ce délai. Ils n'ont point d'images gravées, fi ce n'eft un crucifix; mais ils ont des tableaux devant lefquels ils fe profternent. Ils baptifent, confirment & communient les enfans quarante jours après la naiffance, fi c'eft un garçon, & vingt-quatre, fi c'eft une fille. Pour les communier, le prêtre leur met le bout de fon doigt dans la bouche, après l'avoir trempé dans le calice rempli de vin confacré. On marie les jeunes gens à fept ou huit ans; mais ils n'habitent enfemble qu'à douze. La circoncifion eft en ufage parmi ces Chrétiens, comme parmi les Turcs & les Juifs.

Le dimanche eft ici obfervé avec une attention rigoureufe : il en eft de même des jours d'abftinence & de jeûne. Cette abftinence confifte principalement à ne manger ni œufs, ni lait, ni beurre, pas même de l'huile, & à fe priver de manger jufqu'à midi,

SUITE DE L'EGYPTE. 159
quelquefois plus tard : leurs tems de jeûne font très-longs & très-fréquens. Le jour du vendredi faint, ils s'abstiennent de toute nourriture, pendant vingt-cinq heures. Ils s'y prennent singuliérement pour obtenir du patriarche la permiffion de manger des œufs en carême : ils l'élevent dans une chaire, & le prient de leur accorder cette permiffion; il la refufe; & on ajoûte, s'il veut qu'on le jette par terre. Cette queftion fe répete jufqu'à trois ou quatre fois : enfin le patriarche accorde ce qu'on lui demande, comme s'il craignoit que la menace ne fût effectuée. Les Cophtes ont moins de peine pour obtenir la permiffion de répudier leurs femmes & de fe remarier : on prétend même, qu'en cas de refus du patriarche, un fimple prêtre ne laiffera pas d'adminiftrer ce facrement; & fi les prêtres le refufent, ils ont recours au cady. Cette coutume eft pratiquée par les Chrétiens dans toute la Turquie : auffi rien de plus commun parmi eux, que le divorce public; je dis public, parce qu'en France, où

ce divorce n'est pas connu, il en existe un autre non moins réel, & encore plus souvent pratiqué.

On voit en Egypte la plûpart de nos animaux domestiques, tels que les chevaux, les ânes, les mulets: on y voit aussi des chameaux & des tigres. Les déserts de la Thébaïde offrent encore une autre sorte d'animal sauvage; c'est la gazelle: sa taille est à-peu-près celle d'une chévre: ses jambes sont plus hautes & fort déliées, à proportion de son corps; elle porte sur le front deux petites cornes, aussi noires & aussi luisantes que du jais. On prétend que ces gazelles ne boivent rien autre chose que la rosée qui tombe la nuit sur leur poil; mais l'animal qui fait, dit-on, le plus de ravage en Egypte, est l'hippopotame; il prend naissance dans l'Ethiopie, & descend, le long des bords du Nil, dans la haute Egypte: il défole les campagnes, mange ou détruit les bleds de Turquie; mais surtout il fait la guerre aux hommes: il les foule aux pieds, les étouffe avec les jambes qui sont fort grosses & fort

SUITE DE L'ÉGYPTE. 161
courtes, & boit seulement leur sang. Un homme debout dans le ventre de cet animal, ne pourroit, dit-on, lui toucher le dos avec sa main. Ce qu'il y a de plus fâcheux, c'est qu'il est très-difficile à tuer : il n'a qu'un très-petit endroit au front où il puisse être blessé ; le reste de la peau a deux doigts d'épaisseur & résiste à la balle. On dit que cet animal a la voix terrible & fait trembler la terre, lorsqu'il mugit. Les Nubiens assurent qu'on n'en a jamais pris un en vie.

Le Nil produit à-peu-près les mêmes espèces de poisson qui se rencontrent dans d'autres rivieres. Ce qui le distingue le plus, est le crocodile, animal vorace & particulier à ce fleuve ; ses œufs ressemblent à ceux d'une oie : il les enterre dans le sable à la profondeur d'un pied ; ses petits courent à l'eau, l'instant d'après leur naissance : il en a, dit-on, un soin tout particulier : il n'est moins soigneux de sa conservation; jamais il ne s'éloigne du fleuve, & il le regarde toujours, quand il est à terre : il y rentre au moindre danger, mais assez lentement & en disparoissant peu-à-peu : on dit cependant, qu'il peut courir fort vîte. On le tue, en lui tirant quelques coups de fusil sous le ventre où sa peau est la plus molle. En vain les balles le fraperoient-elles sur le dos; il est garni d'écailles si dures, qu'elles lui tiennent lieu d'un bouclier impénétrable. Il est encore une autre maniere d'en venir à bout : on contrefait les cris de quelque animal, à certaine distance. Le crocodile ne manque pas d'accourir au bruit; alors on lui enfonce dans le corps un crampon auquel est attachée une corde : on laisse l'animal se replonger dans le fleuve où il perd tout son sang; ensuite on le tire sur le rivage; on lui met une perche dans la gueule, & on lie ensemble ses deux mâchoires; ce qui suppose qu'il est encore vivant. On prétend que le crocodile ne peut se saisir d'un homme qui nage : si, au contraire, il le rencontre debout sur le rivage, il s'élance dessus, l'attrape avec ses pates de devant, ou tâche de le renverser d'un coup de sa queue.

Cet animal a la vue très-perçante : il voit même les objets qui font derriere lui, par le moyen d'un canal qui communique depuis le derriere de fa tête, jufqu'à fon œil. Il ne paroît pas que le crocodile puiffe être détruit par le rat de Pharaon : c'eſt le nom d'un petit animal à-peu-près de la taille d'un furet, qui, à ce que certaines gens croient, entre dans le corps du crocodile & lui ronge les entrailles ; mais il y a plus d'apparence qu'il ne s'attache qu'à détruire fes œufs qu'il a foin de déterrer. Il y a des crocodiles de douze, de quinze, de vingt & même de vingt-cinq pieds de long : il eſt rare qu'ils defcendent jufqu'au Caire ; ce que les religieux d'un couvent placé au-deſſus, ne manquent pas d'attribuer à la protection de S. Antoine.

Il y a une autre efpece de crocodile. Celui-ci eſt entiérement terreſtre ; il vit & fe cache dans les grottes & les cavernes des montagnes voifines du Nil. On le nomme *worale* : fa longueur eſt de quatre pieds fur huit pouces de large ; fa langue eſt fourchue & il la darde comme les serpens ; mais il n'est point dangereux : il manque de dents, & ne vit que de mouches & de petits lézards : il dort aussi long-tems que dure l'hiver.

Les médecins, dit-on, font grand cas des viperes de cette contrée. Il y en a de deux sortes ; l'une assez semblable aux viperes qui se trouvent ailleurs ; l'autre qui a des cornes pareilles à celles du limaçon, avec cette différence, qu'elles sont d'une nature de corne. Toutes les deux especes sont jaunâtres, & de la couleur du sable dans lequel vivent ces reptiles : au surplus, leur morsure, ni celle du serpent, ni même celle du scorpion, ne sont pas ici fort dangereuses. Les Arabes les touchent avec la même assurance que si c'étoit des fleurs ; ils les caressent & les portent dans leur chemise : il se trouve même ici des gens qui dévorent le serpent tout crud : ils disent qu'il est beaucoup meilleur en hiver qu'en été. Selon eux, il échauffe trop dans cette derniere saison ; c'est-là le seul défaut qu'ils y trouvent. A l'égard de la salamandre, autre reptile très-commun dans la haute Egypte, sa piquûre est absolument mortelle. Je finirai la liste de ces objets dégoûtans, par les chauve-souris d'Egypte. Celles qu'on y trouve, sur-tout celles qui habitent les vieux bâtimens, sont extrêmement grandes : quelques-unes ont deux pieds de long, depuis le bout d'une aîle, jusqu'à l'extrémité de l'autre.

L'Egypte ne produit point de faisans ; mais on y voit un grand nombre de perdrix différentes des nôtres pour la couleur : on y voit aussi beaucoup de cailles, de beccasses, de beccassines & de becfigues. Les étangs y sont fréquentés par une infinité de canards & d'oies sauvages. Ces dernieres ne ressemblent point à celles qu'on voit en Europe. Quant aux canards, on emploie ici une singuliere méthode pour les attraper. Un homme se couvre la tête avec une citrouille vuidée : il marche dans l'eau, & arrive, par ce moyen, jusqu'à ces oiseaux aquatiques. Ceux-ci ne s'effarouchent point à la vue d'une citrouille ; ils l'attendent, & laiffent ainfi au chaffeur la facilité de les faifir par les pates. L'autruche eft également très-commune en Egypte. Les Arabes en tirent une huile qu'ils regardent comme une drogue très-précieufe : elle eft bonne, dit-on, pour la paralyfie, les rhumatifmes, & même pour toutes les tumeurs froides. Il y a différentes manieres de s'en fervir : tantôt on l'applique comme un onguent; quelquefois on la fait prendre comme une médecine. Les Arabes la vendent fort cher & en vendent beaucoup; chofe qui paroît prouver en fa faveur, & qui ne prouve pas plus que le débit de tant d'autres fpécifiques imaginaires.

Vous fçavez, Madame, que les Egyptiens adoroient plufieurs fortes d'oifeaux. Celui pour qui ils eurent plus de vénération, fut l'ibis, appellé aujourd'hui *belfory*. C'eft un très-bel oifeau ; il eft, de plus, très-utile : on dit qu'il délivre le pays d'un grand nombre de ferpens que la terre produit, quand les eaux fe font retirées. Il y a auffi une efpece de grand faucon brun, ayant l'œil très-brillant & très-beau; il n'eſt ni ſauvage ni oiſeau de proie : on le voit très-ſouvent confondu parmi les pigeons, & vivre paiſiblement avec eux. Les anciens Egyptiens adoroient, dans cet oiſeau, le Soleil ou Oſiris, dont l'éclat & le brillant de ſes yeux leur ſembloit être l'emblême. Ils lui avoient bâti pluſieurs temples magnifiques, un, entr'autres, dans l'iſle de Phile, aujourd'hui Giéziret. Ce temple ſubſiſte encore preſque entier : on dit que les Turcs eux-mêmes ne tuent jamais ces ſortes d'oiſeaux. Ils ont auſſi une eſpece de vénération pour les chats; animaux qui eurent également leur part dans l'ancien culte des Egyptiens. On portoit alors le zéle ſi loin à cet égard, qu'un ſoldat revenant de faire la guerre dans un pays étranger, ſe chargeoit de chats & de vautours, quoiqu'il manquât ſouvent du néceſſaire. En un mot, ſi un pere de famille eût vu ſa maiſon embraſée, il l'eût laiſſé brûler; il eut même oublié ſes enfans, pour s'attacher à ſauver ſon chat.

On trouve même encore aujourd'hui plus d'un hôpital fondé en faveur de ces animaux ; &, par un contraste assez bizarre & assez injuste, le chien, cet animal si fidele, si rempli d'attachement pour son maître, n'éprouve ici que de mauvais traitemens. On trouve un grand nombre de ces animaux dans les rues des villes ; mais jamais ils n'entrent dans les maisons. Ce qu'il y a de singulier, c'est qu'ils sont, en quelque sorte, divisés par peuplades qui ne se mêlent point : chacun reste dans le canton où il est né ; & si quelqu'un d'entr'eux veut transgresser cette loi & passer d'une république à l'autre, il est reçu de maniere à lui ôter l'envie de revenir.

Il est inutile, Madame, de vous rappeller que l'Egypte fut autrefois extrêmement fertile en grains de plusieurs especes ; elle l'est beaucoup moins aujourd'hui, faute de culture. Une des choses qu'on y prise le plus, c'est l'eau du Nil ; &, en effet, elle m'a paru délicieuse à boire, quoique peut-être un peu douce. Pour en boire

SUITE DE L'EGYPTE. 169
boire plus souvent & avec plus de plaisir, les Turcs provoquent leur soif, en mangeant du sel : ils disent que si Mahomet eût bu de cette eau, il eût demandé à Dieu la grace de ne point mourir, afin d'en pouvoir toujours boire. Un Egyptien éloigné de son pays & qui doit y retourner, ne parle que du plaisir qu'il aura de savourer l'eau du Nil. Quand un étranger revient en Egypte, après avoir été long-tems absent, on lui applique ces paroles qui sont passées en proverbe : Quiconque a bu une fois de l'eau du Nil, doit en boire une seconde. Ces eaux sont d'ailleurs la source des plus grandes richesses du pays : c'est leur débordement qui le fertilise. Les habitans assurent qu'elles commencent à s'élever, tous les ans, le même jour, qui est le 18 ou le 19 de Juin. Le Grand Seigneur ne peut exiger aucun tribut, que l'eau ne soit montée jusqu'à une certaine hauteur indiquée par le Mekkias, dont je vous ai parlé : c'est alors un présage d'abondance. Le peuple se livre à de grandes acclamations de

Tome I. H

joie. On fait une figure de terre de la grandeur d'un homme, & on la précipite dans l'eau : on y jettoit autrefois une jeune fille ; & fa mort étoit un tribut de reconnoiffance qu'on payoit au fleuve. L'ufage moderne eft moins barbare, quoique peut-être auffi ridicule. En voici un autre qui n'eft que fingulier ; c'eft celui que les Egyptiens emploient pour traverfer le Nil. Deux hommes font affis fur une botte de paille, tandis qu'une vache les précede à la nage. L'un d'eux tient d'une main la queue de la vache ; de l'autre, il dirige une corde attachée aux cornes de l'animal : en même tems, l'autre homme, placé derriere le premier, gouverne avec une petite rame. Il eft encore, pour traverfer ce fleuve, quelques autres moyens auffi bizarres & auffi efficaces que le premier. Mais, dit avec raifon un de nos grands poëtes,

Le fecret d'ennuyer eft celui de tout dire.

M. de Voltaire, tout grand qu'il eft, n'efpéroit pas, fans doute, voir citer fes ouvrages au bord du Nil. Ce pays, qui n'a peut-être jamais produit aucun poëte, ne me paroît pas devoir jamais être à portée de goûter les nôtres. Nous nous difposons à le quitter inceffamment, pour aller en Barbarie. Ainfi, Madame, je vais me rapprocher de vous; mais ce fera pour m'en éloigner encore; car, des côtes d'Afrique, nous comptons nous embarquer pour les ifles de l'Archipel. Ce font toujours les occafions qui nous déterminent; & nous en trouvons une très-favorable, qui nous conduit à Tripoli. Quand on voyage par curiofité, on eft indifférent fur la route qu'on doit fuivre, pourvu qu'on arrive toujours à fon but.

Du grand Caire, ce 10 *Juillet* 1736.

VIII. LETTRE.

Les Etats Barbaresques.

IL s'agit, Madame, de faire actuellement un tour en Barbarie. J'ai promis de vous épargner les détails peu intéressans ou qui se supposent d'eux-mêmes. Il faut mettre de ce nombre certains préparatifs indispensables, certains arrangemens domestiques, beaucoup plus essentiels pour ceux qui voyagent, que pour ceux qui lisent. Notre société étoit toujours la même; & il y avoit été résolu, tout d'une voix, de parcourir les côtes d'Afrique, c'est-à-dire, les royaumes de Tripoli, de Tunis, d'Alger, de Maroc, &c. en un mot, les Etats barbaresques.

Les Romains, à l'exemple des Grecs, traitoient de Barbares toutes les nations étrangeres; aussi, quand ils eurent entiérement subjugué cette partie de l'Afrique, appellée *la Mauritanie*, le nom en fut changé en celui de *Barbarie ;* nom que conserve encore parmi nous cette patrie d'Annibal.

L'Etat de Tripoli tient de l'Egypte : il est peu considérable, & ne figurera, dans cette lettre, que comme un lieu de passage, pour arriver à Tunis.

Tripoli, capitale du royaume de ce nom, est située sur la côte de la Méditerranée ; elle se divise en vieille & en nouvelle ville. Celle-ci est très-peuplée, quoique d'une grandeur médiocre. Les murs qui l'entourent, sont flanqués de tours pyramidales & munis de gros canons. La vieille ville est presque entièrement ruinée : cependant elle conserve encore certaines marques de son ancienne splendeur. J'admirai sur-tout un certain arc de triomphe, dont malheureusement près de la moitié est enterrée dans le sable. Tout l'édifice est de marbre blanc : le ciment ni la chaux ne sont entrés pour rien dans sa construction. Les marbres qui le composent, sont assis sur des platines de plomb, & liés avec des crampons de fer; ils ont environ cinq à six pieds d'épaisseur en quarré. Il y a encore un autre motif pour présumer que ce monument ne sera pas si-tôt détruit; c'est la superstition des habitans. Ils disent qu'un prince ayant voulu en ôter quelques pierres, il se fit un tremblement de terre épouvantable, & qu'il survint ensuite une pluie de sable qui ensevelit les ouvriers. C'est-à-peu-près ce qu'on raconte de ceux qui ont voulu rebâtir le temple de Jérusalem.

Les religieux Franciscains ont, à Tripoli, une très-belle église, & ils en jouissent paisiblement : leur maison renferme aussi un hôpital où l'on reçoit les esclaves Chrétiens, lorsqu'ils sont malades. Un hôpital est d'un grand secours à Tripoli, la peste y étant plus fréquente qu'ailleurs, & y faisant, pour l'ordinaire, de très-grands ravages. Tout cet Etat est gouverné par un dey, sous la protection du Grand Seigneur, auquel il paye un tribut annuel. C'est en partie par le commerce d'étoffes de soie, & par celui du safran, que subsiste cette république. Le safran se tire de la montagne de Garion, située au midi de la ville: c'est-là qu'il croît plus beau & meilleur qu'en aucun autre lieu; mais la principale richesse des habitans vient de leurs pirateries. En 1681, M. du Quesne fut chargé par Louis XIV, de châtier ces corsaires. Le Grand Seigneur ménagea, en faveur de cette nation, un Traité qu'elle rompit bientôt après: elle en fut punie par le maréchal d'Estrées, qui bombarda & désola la ville.

Les principales villes du royaume de Tripoli sont, Capez & Elhama. La premiere est grande & bien fortifiée, mais presque déserte: elle fit grande figure, du tems des Romains; son nom étoit alors Tacape, & celui du fleuve qui la traverse, Triton: il prend sa source dans un désert sablonneux, & se jette dans la Méditerranée, au-dessous de cette ville; ses eaux sont si chaudes, que, pour les boire, il faut les laisser reposer pendant une heure. La chaleur de l'eau dont s'abreuvent les habitans d'Elhama, eſt encore plus exceſſive. Il faut l'expoſer vingt-quatre heures à l'air, pour la rendre potable. Toute la marine de Tripoli conſiſte en un vaiſſeau & cinq ou ſix petites galiotes. On dit que, de tous les Etats barbareſques, celui de Tripoli eſt le plus exact obſervateur des Traités; ſans doute, parce qu'il eſt le plus foible.

Nous continuâmes notre route, mais toujours ſans nous éloigner des bords de la mer. Peut-être, Madame, eſt-il à propos de vous retracer l'image de notre petite caravane; elle n'étoit compoſée que de gens à nous, & d'un guide pour la diriger. Ainſi figurez-vous cet homme devançant nos pas, huit domeſtiques les ſuivant, & occupés à conduire quelques mulets & deux chameaux chargés de bagage & de proviſions; M. de S..... diſputant avec le Docteur; moi cauſant amicalement avec le marquis, & ce même Docteur jettant ſur nous, de moment à autre, un regard pour demander notre approbation ; vous aurez alors une idée complette de notre façon de voyager.

Il faut, pour arriver aux frontieres de Tunis, traverser un désert affreux ; on n'y trouve ni bois ni eau. Le canton qui suit, n'est guères plus facile à parcourir : les villages sont séparés par un lac ou par des sables mouvans. Les caravanes risqueroient d'être englouties dans ces sables, sans quelques troncs de palmiers plantés de distance en distance, pour diriger leur marche. On voit dans ce lac, beaucoup d'especes d'isles, une, entr'autres, qui est assez grande & couverte de dattiers. On dit qu'ils furent plantés par une armée d'Egyptiens, qui se nourrit ensuite du fruit de ces arbres.

Nous parvînmes, non sans peine, à Gaffa, ville bâtie dans un lieu solitaire, au milieu des montagnes. Le passage des environs est très-agréable : il est arrosé par trois fontaines qui se réunissent & forment un ruisseau que les habitans se partagent entr'eux, pour arroser leurs plantations.

H v

Les murs des maifons de la citadelle ont été conftruits des débris de l'ancienne magnificence de cette ville : on y voit beaucoup d'autels & des colonnes de marbre granite : c'étoit une des principales villes du royaume de Jugurtha.

Je me borne, Madame, à jetter un coup d'œil fur les lieux les plus célebres qui s'offrent fur mon paffage. On trouve à Jemme un grand nombre d'antiquités, entr'autres, un vafte amphithéatre. C'eft dans cette ville que Gordien fut élu empereur; & nos deux fçavans parurent s'accorder à dire que cet amphithéatre étoit fon ouvrage. Il en eft digne par fa magnificence : les dehors fubfiftent en leur entier; l'intérieur eft un peu endommagé. Depuis cette ville jufqu'à dix à douze heues en avant, on ne voit que ruines magnifiques : tel eft, en particulier, un bel arc de triomphe, d'ordre corinthien : il eft compofé d'une grande arcade & de deux autres plus petites à côté. Pour y arriver, on paffe fous un vafte portique d'ordre corinthien, auprès duquel se trouvent trois temples ruinés, mais qui laissent encore appercevoir des restes de magnificence. Médée, petit port de mer, en offre un très-grand nombre. Je ne vous en parle toutefois, que parce qu'il y avoit aux environs, la tour ou maison de campagne d'où Annibal s'embarqua, après s'être sauvé de Carthage. Avant que d'arriver à Tunis, nous visitâmes encore plusieurs villes qui toutes méritent l'attention des curieux antiquaires, mais dont le détail pourroit à la fin fatiguer la vôtre.

Nous voici donc à Tunis, autre capitale qui donne son nom à un royaume ; elle est ancienne & fut tour-à-tour possédée par les Carthaginois, les Romains & les Vandales. Ces derniers la saccagerent; les Arabes l'inonderent ensuite, &, après eux, les Maures chassés d'Espagne par Ferdinand & Isabelle. Un des princes de cette race, détrôné par l'audacieux Barberousse, fut rétabli par l'empereur Charles-Quint. Dès-lors, cet État devint tributaire des Espagnols, sur qui Sélim II l'enleva. Depuis ce tems, il est resté sous la protection du Grand Seigneur & le gouvernement d'un dey. Ce royaume a quatre-vingt-dix lieues de long sur environ soixante-dix de large : il est divisé en huit provinces qui toutes ensemble forment deux districts, celui d'été & celui d'hiver. On les nomme ainsi, parce que le dey assigne chacune de ces saisons, pour faire sa visite dans le district qui en porte le nom. C'est le circuit d'hiver que nous avions à-peu-près parcouru, en allant à Tunis. Nous nous proposâmes de visiter également celui d'été ; mais auparavant nous voulûmes connoître la capitale.

Tunis est située dans une belle plaine, & forme un quarré long d'environ une lieue de tour : elle a trois fauxbourgs qui, avec la ville, forment, dit-on, plus de vingt mille maisons habitées. On voit au milieu de la ville une grande place environnée de boutiques : celles des parfumeurs restent ouvertes jusqu'à minuit. Il est rare que les maisons aient plus d'un étage, & plus rare encore, qu'elles soient bien meublées : on n'y voit ni chaises ni tapisseries ; on y remarque seulement quelques peintures à la mosaïque & certains chiffres Arabes. Quant à la forme extérieure des maisons, tous les toits sont plats & en terrasse, selon la coutume des Orientaux ; coutume bien préférable à celle que le climat ou une vieille routine nous fait encore suivre en France.

Les murailles de Tunis ont soixante pieds de hauteur & sont flanquées de plusieurs tourelles. Un des principaux ornemens de cette ville est une superbe mosquée avec une tour fort élevée & d'une belle architecture. La citadelle est très-vaste & bâtie sur une éminence, à l'ouest de la ville. C'est un ouvrage de Charles-Quint, &, après lui, de dom Juan d'Autriche, son fils naturel; mais cet édifice menace ruine. On voit aussi dans Tunis une place qui a conservé le nom de Charles-

Quint. Ce fut-là que campa cet empereur, lorsqu'il prit la ville.

Tunis a plusieurs petites écoles, & même plusieurs grands colléges. L'Alcoran y tient lieu de tous les livres, & la religion Musulmane, de toutes les sciences. La plûpart des mosquées y jouissent de revenus considérables ; elles renferment des dignités qui répondent à celles de nos chapitres, avec la différence qu'il est raisonnable d'y mettre. Il n'y a ni dans la ville, ni aux environs, aucun moulin, soit à vent, soit à eau, point de fontaines, point de puits, aucun ruisseau : on n'y boit que de l'eau de citerne ou de celle d'un puits qu'il faut aller chercher fort loin. En récompense, les vergers qui avoisinent la ville, sont très amples, très-bien cultivés & peuplés d'arbres à fruits, de citronniers, d'orangers, &c. On chauffe les fours & les bains de cette capitale avec du mastic, du myrte, du romarin & d'autres plantes aromatiques ; ce qui parfume l'air & corrige l'influence des vapeurs qui s'élevent des marais voisins. Le lac ou le golfe sur lequel Tunis est bâtie, a trois lieues de longueur sur deux de large : il communique à celui de la Goulette, mais par un canal si étroit, qu'une galere ne peut y passer. Le palais du dey est situé à quatre milles de Tunis. On prétend qu'avec les bains & tous les logemens qui en dépendent, ce palais seul a une lieue de tour. Nous n'en visitâmes qu'une foible partie ; encore fallut-il attendre un jour d'audience publique. Les Souverains Orientaux ne laissent pas pénétrer dans leurs palais avec la même facilité que ceux d'Europe.

Après quelques jours de repos, nous reprîmes nos observations : nous allâmes, à quelque distance de Tunis, visiter le sanctuaire de Séydydoude ; c'est le tombeau d'un Saint très révéré des Maures. On y remarque trois morceaux contigus d'un pavé de mosaïque, travaillé avec beaucoup de symmétrie & de proportion : il offre des figures de chevaux, d'arbres, d'oiseaux & de poissons. Le fond en est beau ; les couleurs en sont bien ménagées. Le cheval y eft repréfenté dans une attitude noble & fiere : les oifeaux font des faucons & des perdrix ; les poiffons repréfentent le mulet & la dorade ; les arbres, des palmiers & des oliviers : tous ces objets font imités avec beaucoup de naturel. Eft-ce l'ouvrage des Sarazins, comme l'affuroit le Docteur ? Eft-ce un prétoire romain, comme le foutenoit M. de S ? . . . . C'eft ce que j'ignore & ce dont nos Sçavans ne purent convenir entr'eux ; mais deux fçavans peuvent-ils convenir de rien?

A quelques lieues plus loin, eft l'ancienne Aquilaria. On voit, dans fes environs, une montagne creufée avec beaucoup de foin. Depuis le niveau de la mer jufqu'à la hauteur de trente pieds, elle eft foutenue par des piliers & des arcades qu'on a laiffé fubfifter à deffein. Dans certains endroits, elle eft percée d'outre en outre, & de maniere que l'air y paffe librement : ce font les carrieres qui avoient fervi à bâtir l'ancienne Carthage, & prefque les feules marques vifibles que Carthage ait exifté.

En effet, Madame, à peine apperçoit-on quelques traces de cette ancienne rivale de Rome. Il n'exifte ni arc de triomphe, ni morceaux curieux d'architecture, qui puiffent en rappeller le fouvenir : il faut même avoir préfentes les anciennes defcriptions qu'on en a faites, pour fe rappeller fa fituation. Carthage étoit bâtie fur trois montagnes affez élevées ; elle s'étendoit jufqu'à Sak-Karah où l'on voit encore une fuite de canaux fi ingénieufement pratiqués, que l'eau s'y introduit par filtration. Ces àqueducs la conduifoient dans les réfervoirs de Carthage, à travers une fuite de montagnes & de vallées, & dans une étendue de plus de foixante milles. Tous ces réfervoirs étoient contigus, & communiquoient de l'un à l'autre : leur grandeur étoit d'ailleurs égale ; ils avoient chacun cent pieds de long, vingt de large & trente de profondeur : ce font-là les feuls monumens échappés à la deftruction générale ; c'eft tout ce qu'on peut dire aujourd'hui fur cette ville qui a exercé la plume de tant d'écrivains & mis Rome à deux doigts de sa perte.

Nous recherchâmes aussi les restes d'une autre ville moins considérable que l'ancienne Carthage, mais célebre par le suicide de Caton. Vous devinez bien, Madame, que je veux parler d'Utique; mais ce ne fut que par conjectures que nous nous arrêtâmes à Biserte. Les vestiges d'une foule de bâtimens superbes, de quelques citernes magnifiques & d'un grand aqueduc, nous firent présumer que Biserte étoit autrefois Utique; au surplus, nous fûmes enchantés des paysages qui avoisinent cette ville: ils forment une suite de plantations d'oliviers & de bosquets des plus rians.

Nous visitâmes quelques autres villes dont je vous épargnerai la description; elles font partie du circuit d'été, qui en contient un plus grand nombre que celui d'hiver: le sol y est d'ailleurs plus abondant, le peuple plus affable & plus gai. On prétend que, de tous les Africains, ce sont-là ceux dont le commerce est le plus facile & le plus doux : il en faut dire autant des habitans de Tunis. On peut attribuer cette douceur de caractere à celle du climat. L'air qu'on respire dans celui-ci, est très pur & très-sain : rarement la peste y fait-elle ses ravages, tandis qu'elle désole si souvent les autres Etats de Barbarie : le terroir y est d'ailleurs très-fertile ; mais les Maures sont paresseux, & sur-tout découragés par la tyrannie des Turcs. Ces derniers ne leur permettent point de cultiver au-delà d'une certaine quantité de terres, c'est-à-dire, autant qu'il en faut pour les faire subsister. Les Maures entendent fort peu l'agriculture ; à peine marquent-ils les sillons avec la charrue : ils se servent indifféremment de bœufs, de mulets ou de chameaux pour la conduire ; ils prennent très-peu de soin de leurs bestiaux, les nourrissent mal & ne les mettent jamais à couvert, même dans le tems le plus rude. Il est vrai qu'ils regardent comme un crime énorme de surcharger un chameau : à cela près, ils l'emploient à une infinité d'usages, &

en retirent les plus grands services. Rien de plus docile & de plus doux que ces animaux. Un enfant peut les charger & les conduire en toute sûreté : ils portent le double de la plus forte mule, & sont de très-peu de dépense ; un chameau peut même supporter la faim & la soif durant plus de huit jours de suite.

Les chevaux de Barbarie sont connus dans toute l'Europe : ils sont petits, mais vigoureux, & conservent leur force durant vingt-cinq à trente ans : ils surpassent, à cet égard, les chevaux espagnols ; mais ils n'en ont ni le port ni la vîtesse. Les bestiaux, la volaille & le gibier propres pour la table, ne sont point rares ici ; mais ils n'ont point la même qualité que chez nous. A Tunis, le bœuf n'est bon que six mois de l'année ; le mouton a l'odeur forte. Pour ce qui est du veau, les Maures n'en font aucun usage : ils trouvent surprenant que les Chrétiens tuent cet animal avant son parfait accroissement ; tems, disent-ils, où il fournit une quantité de viande bien plus considérable. Ce raisonnement n'est pas d'un convive délicat : je ne le crois cependant ni barbare ni insensé.

Le pain qu'on mange à Tunis, est blanc & fait de fleur de farine. Il est pour les gens aisés une sorte de mets dont ils font souvent usage ; c'est une confection d'herbes fort cheres, mais si propres à réjouir l'imagination, que quiconque en a mangé une seule once, est gai le reste du jour & ne redoute aucun péril. Quant au peuple, il vit de farine d'orge, pétrie & cuite dans de l'eau & du sel. Pour la manger, il la détrempe ensuite dans de l'huile & du beurre. Les plus pauvres vivent encore plus mal : leur nourriture est un mélange de farine d'orge crue, d'eau & d'huile, qu'on mêle ensemble, & dans lequel on met du jus d'orange & de citron : c'est un manger très-rafraîchissant & très-sain, mais peu agréable : j'en parle d'après l'expérience ; j'ai voulu moi-même goûter de tous ces différens mets.

Les Maures pensent tout autrement que nous, à l'égard des jardins :

les leurs ne font que des enclos d'arbres, fans allées ni compartimens. Ils difent que la peine de planter eſt affez grande, fans y joindre encore celle qu'exige l'élégance & la fymmétrie. Il y a près de Tunis & de Biferte quelques vignes qui produifent de bon raifin blanc. Les Turcs le vendent aux efclaves Chrétiens: ceux-ci en font du vin, & enfuite le revendent fort cher aux Turcs & aux Maures, à qui leur loi défend d'en boire.

Les Tunifiens commercent avec plufieurs nations de l'Europe, & furtout avec la France : ils en tirent des draps, du vermillon, du fucre, du poivre, du girofle, du vin, de l'eau-de-vie, du papier, du fer, de l'acier, des quincailleries, &c. Ils donnent, en échange, du bled, de l'huile, des féves, des lentilles, de la cire, de la laine, des cuirs & du marroquin. Tout bâtiment européen qui entre dans la rade de Tunis, arbore fon pavillon & falue de trois coups de canon le château de la Goulette, s'il n'eſt que vaiſſeau marchand ; mais si c'est un vaisseau de guerre, la Goulette commence par le saluer ; &, sur le champ, on a soin de renfermer tous les esclaves. La raison, c'est que si l'un d'eux trouvoit le moyen de se sauver sur ce vaisseau, on ne seroit point en droit de le réclamer.

Deux des principales branches du commerce des Tunisiens sont les caravanes de Salé & de Gademes. Cette derniere ville n'a que deux rues, mais d'une longueur prodigieuse. La maniere dont ses habitans commercent avec les Négres leurs voisins, est singuliere. Les uns & les autres se rendent à une montagne de la Nigritie, & restent chacun de leur côté. Les Gadémois s'avancent jusqu'au milieu de la montagne, y étalent leur marchandise, & se retirent. Les Négres s'avancent à leur tour, examinent ce qu'on leur apporte, & placent sous chaque chose la quantité de poudre d'or qu'ils sont disposés à en donner ; après quoi, ils retournent à leur poste. Ceux de Gademes reviennent une seconde fois ; & si la poudre d'or laissée par les Négres, leur paroît équivalente au prix qu'ils ont marqué sur leurs marchandises, ils prennent la poudre & laissent ces dernieres : si, au contraire, cette poudre leur paroît insuffisante, ils n'y touchent point, & s'en retournent de nouveau. Les Négres ne manquent pas d'y faire l'addition convenable, & n'emportent les marchandises, que quand la poudre a été elle-même enlevée. Que pensez-vous, Madame, de cette maniere de commercer entre deux nations qu'il nous plaît d'appeller Barbares?

Le royaume de Tunis est peuplé de Turcs, de Maures, de Juifs & de Chrétiens. Les Turcs forment, en quelque sorte, le plus petit nombre, & ne sont même que le rebut de leur nation ; cependant ils tiennent celle des Maures asservie. Ceux-ci habitent les villes, ou vivent sous des tentes. Les Juifs occupent, dans Tunis, un quartier séparé : on fait monter leur nombre à neuf ou dix mille. Il est une autre espece d'habitans qui jouissent des mêmes priviléges

léges que les Turcs ; ce font les renégats Chrétiens : leurs talens les élevent très-souvent aux premiers emplois de l'Etat & jufqu'à la dignité de bey. A l'égard des Chrétiens, ceux qui ne font pas efclaves, habitent un fauxbourg fitué à quelque diftance de la ville : aucun d'eux ne paroît dans les rues, après cinq heures en hiver, &, après huit, en été. S'ils fe montroient plus tard, ils s'expoferoient aux infultes & aux outrages de la canaille. Cette loi parut très-dure au marquis : il réfolut de l'enfreindre, & me fit promettre de l'accompagner. J'y confentis, non fans avoir héfité ; mais je ne voulois ni le laiffer douter de mon courage, ni qu'il s'expofât feul dans un pays où nous n'avions point de connoiffances. Nous fortîmes fans bruit, & accompagnés de quelques domeftiques : nous parcourûmes affez paifiblement une partie de la ville. On nous regardoit avec furprife, mais on fe taifoit. Je m'apperçus cependant, qu'on nous fuivoit déja de loin, & qu'on ne tarderoit point à nous fuivre de près. Le marquis n'en doutoit pas non plus; ce qui parut affez peu l'inquiéter. Nous nous tînmes fur nos gardes & gagnâmes la grande place. J'ai dit qu'elle étoit entourée d'une infinité de boutiques. Nous entrâmes dans plufieurs, avec auffi peu d'intention, que le font fi fouvent à Paris les dames & les petits-maîtres. Nous fîmes, comme eux, quelques emplettes inutiles : nous fongions à regagner notre demeure. Dans l'inftant, nous vîmes nos domeftiques attaqués par plufieurs Maures. Ceux-ci ne vouloient que les balloter ; mais les nôtres les accueillirent d'une maniere très-vigoureufe : ils firent en même tems voir quelques piftolets qui écarterent cette canaille. Nous nous joignîmes à eux, & dans la même attitude ; c'étoit rendre l'affaire encore plus grave. Quelques Turcs accoururent, en nous menaçant par de grands cris. Nous étions réfolus de ne pas les ménager plus que les Maures. J'étois en même tems très-inquiet du péril où le marquis s'alloit jetter : je n'étois pas non plus sans inquiétude pour moi-même. Il y avoit déja quelque tems que cette scène étoit commencée, lorsqu'un tumulte encore plus grand me fit juger que la catastrophe approchoit : je frémis, je l'avoue. Quant au marquis, il menaçoit de casser la tête à quiconque s'opposeroit à son passage : il tenoit alors un pistolet d'une main & son épée de l'autre. Je fis ce que je lui voyois faire. Au même instant, une troupe de Turcs bien armés, s'avance en ordre, avec un Aga à la tête. Le peuple se dissipe, & nous nous trouvons délivrés par ceux que nous avions cru voir venir fondre sur nous. C'étoient M. de S..... & le Docteur qui, nous voyant absens, & instruits des périls où nous allions nous exposer, avoient été solliciter ce secours : ils l'avoient obtenu, à la recommandation du consul de France. Le marquis récompensa les soldats & même l'officier ; car un Turc, de quelque

I ij

rang qu'il foit, ne refufe jamais un préfent; fouvent même il l'exige.

Au refte, Madame, nous n'avions eu à faire qu'à la populace de Tunis. Ceux qu'on peut y appeller *les honnêtes gens*, y font très-polis & très-doux. Les femmes y font belles & bien parées; elles fe couvrent le vifage, quand elles fortent. Ces peuples, comme les Mahométans d'Egypte, tiennent pour faints les foux qui courent les rues: ils ont auffi une extrême vénération pour les longues barbes. Ceux qui en ont peu, leur paroiffent des cerveaux foibles, abfolument incapables de régir & d'entendre les grandes affaires. J'aurai fujet de m'étendre encore plus par la fuite, fur les mœurs générales de Barbarie: Alger & Maroc vont m'en fournir l'occafion. J'efpere que ces deux Etats donneront auffi matiere à quelques détails particuliers, même fur cet objet. Nous n'envifageons tous ces peuples, que comme autant de pirates; nous les jugeons tous les uns d'après les autres; mais plusieurs nations peuvent avoir le même but, & différer cependant beaucoup entr'elles, soit dans leurs vertus, soit dans leurs vices. L'Europe en fourniroit plus d'un exemple.

Je suis, &c.

A Tunis, ce 5 Août 1736.

IX. LETTRE.

SUITE DES ETATS Barbaresques.

L'ETAT d'Alger touche à celui de Tunis ; & nous ne fortîmes de l'un, que pour entrer dans l'autre. Je perfifte, Madame, dans la méthode que je me fuis prefcrite, de n'offrir à vos yeux que ce qui peut fixer votre attention.

Je vais donc vous conduire d'une feule traite jufqu'à Bonne, fituée à plus de vingt lieues de Tunis. C'eft, dit-on, l'ancienne Hyppone : on voit du moins, dans fes environs, les ruines d'un édifice qu'on dit être celles de la cathédrale de S. Auguftin, avec une fontaine & des figuiers qui portent fon nom. Il faut y joindre encore une statue de marbre mutilée, devant laquelle les matelots François & Italiens ne manquent jamais de fe profterner, en invoquant le faint évêque : ce font-là les feules preuves que

Bonne soit sa ville natale & épiscopale.

De-là nous passâmes à Constantine, qui donnoit autrefois son nom à toute une province. C'étoit la résidence des rois Arabes : ses magnifiques restes nous donnent une haute idée de son ancienne splendeur. On prétend qu'elle en dut la plus grande partie à une fille de l'empereur Constantin, qui la fit rétablir & embellir; de-là aussi le nom qu'elle porte, & qui a survécu à ses monumens. Le district de Constantine est très-étendu & peuplé par un grand nombre de tribus arabes, parmi lesquelles il y en a une, dont le commerce, dit-on, consiste à prostituer ses femmes & ses filles au premier venu.

Après bien des fatigues, nous arrivâmes à Alger. Cette ville donne son nom à tout le royaume qui en dépend; mais on ignore d'où ce nom lui vient à elle-même. Ce royaume fut possédé successivement par les Romains, qui le garderent environ quatre cens ans; par les Vandales, qui en chasserent les Romains, &

qui, à leur tour, en furent chassés par les Grecs. Ceux-ci conserverent cette conquête un peu plus d'un siécle, & se virent contraints de l'abandonner aux Arabes qui la garderent encore moins de tems. Les Africains secouerent le joug, & obéirent ensuite successivement à différentes familles nées parmi eux ; mais ils furent de nouveau soumis par les descendans de ces mêmes princes Arabes, à qui ils l'avoient été autrefois. Ces derniers, pour empêcher que l'Afrique ne sortît désormais des mains de leur race, partagerent ce pays en plusieurs royaumes, subdivisés en provinces, sous le gouvernement de différens chefs. Le royaume d'Alger fut divisé en quatre parties, & soumis à un pareil nombre de princes. Ils se soutinrent tant qu'ils vécurent en paix; & ce qui doit vous surprendre, Madame, c'est qu'ils y vécurent durant plusieurs siécles : ils s'en lasserent à la fin, s'attaquerent, s'entre-détruisirent. Quelques-uns se virent contraints d'appeller à leurs secours les

Espagnols, qui, de leurs libérateurs, se firent bientôt leurs maîtres: ils le devinrent également d'Alger. Cette ville eut recours au fameux corsaire Barberousse qui la délivra du joug espagnol, mais pour lui en imposer un plus tyrannique, un plus sanguinaire: ce fut lui qui, à force de perfidies & de meurtres, après s'être fait roi d'Alger, établit la forme de gouvernement qui subsiste encore. La maniere dont périt cet usurpateur, mérite d'être rapportée. Poursuivi par les troupes que Charles-Quint avoit envoyées en Afrique contre lui, & qui étoient bien supérieures aux siennes, il crut pouvoir arrêter les Espagnols, par un stratagême digne d'un corsaire opulent. Il joncha le chemin d'or, d'argent, de bijoux & de vaisselle précieuse: il espéroit gagner assez de tems pour mettre la riviere d'Huexda entre lui & ceux qui le poursuivoient. Des Africains & des Turcs n'eussent pas, sans doute, résisté à cette amorce: elle ne put ralentir la course des Espagnols; ils foulerent aux pieds le tréfor qui s'offroit à eux, atteignirent l'arriere garde de l'ennemi & la taillerent en piéces. Barberouffe qui étoit déja de l'autre côté de la riviere, la repaffe avec ce qu'il avoit de troupes, & combat en défefpéré : il eft tué avec tous fes foldats.

La mort de Barberouffe ne délivra point Alger de la tyrannie des Turcs : ils élurent à fa place Chérédin fon frere. Celui-ci s'apperçut bientôt, que fon gouvernement étoit odieux aux Algériens : il mit fes Etats fous la protection de Sélim I, empereur de Conftantinople. Ce prince ne laiffa à Chérédin que la dignité de vice-roi, & lui envoya deux mille janiffaires bien armés. Une foule de mal-faiteurs ou d'autres Turcs, fans reffource chez eux, pafferent du Levant à Alger. Ils formerent enfin un corps affez nombreux, pour fubjuguer entiérement les Maures & les Arabes. Les Turcs feuls & les renégats Chrétiens peuvent être admis dans l'armée. On appelle de ce nom un corps d'environ douze mille hommes, en quoi confifte la force du foutien & la défense de ce royaume. Le dey, ou souverain, les beys, ou gouverneurs des provinces, les commandans des armées, les secrétaires d'Etat, les capitaines de vaisseaux, en un mot, tous les officiers, tant civils que militaires, sont compris dans ce nombre. Le dey n'est plus, comme les premiers successeurs de Barberousse, un simple vice-roi; c'est un Souverain très-absolu, qui distribue les récompenses & les châtimens, ordonne les armemens & les expéditions militaires, nomme à toutes les charges, régit toutes les affaires du royaume, se fait rendre compte, & n'en rend à personne. Il doit être élu par la voix unanime de l'armée; & le moindre soldat peut aspirer au titre de Souverain. L'empereur Turc est cependant toujours réputé le protecteur des Algériens; mais il se mêle fort peu de leurs affaires; à peu-près comme le roi de France protege la république de Geneve, & la laisse se gouverner selon ses usages & ses loix.

Il n'y a aucune auberge ni dans la

ville d'Alger, ni dans tout le royaume. Nous logeâmes chez le conful, qui nous prodigua les diſtinctions & les offres de ſervice. Il nous fut très-utile, à bien des égards : il nous accompagna dans toutes nos recherches, & nous épargna plus d'une inſulte dans un pays où tout ce qui n'eſt pas Turc, eſt expoſé aux mépris & aux outrages d'une ſoldateſque effrénée.

Alger eſt bâtie ſur la pente d'une montagne, & s'étend, vers le port, en forme d'amphithéatre : ſes murailles ſont conſtruites, en partie, de pierres de taille, & en partie, de briques ; elles ſont environnées d'un foſſé large & profond : ſes rues vont preſque toutes en penchant, ſuivant l'aſſiette de la ville ; elles ſont ſi étroites, qu'à peine deux hommes peuvent y paſſer de front. C'eſt, dit-on, pour garantir les paſſans de l'extrême ardeur du ſoleil. Au ſurplus, les maiſons d'Alger ſont bâties de briques & de pierres : leur forme, en général, eſt quarrée ; preſque toutes ont une grande cour, autour de laquelle régnent quatre galeries soutenues de colonnes. Sur ces galeries est une terrasse qui sert à différens usages, même à former un petit jardin : on peut s'y promener, &, qui plus est, parcourir, de terrasse en terrasse, toute la ville, sans être obligé de mettre une seule fois pied à terre : les cheminées sont construites de maniere qu'elles ressemblent à de petits dômes placés à chaque angle des terrasses ; elles font ornement, tandis que, chez nous, elles dégradent l'extérieur des plus beaux édifices. Celui qui l'emporte sur tous les autres, est le palais du bacha : il est situé au milieu de la ville & entouré de deux belles galeries placées au-dessous l'une de l'autre ; elles sont soutenues par deux rangs de colonnes de marbre. Après ce palais, est celui du dey : on peut citer aussi les bâtimens qui servent de casernes aux soldats Turcs non mariés ; car ceux qui le sont, n'y peuvent être admis ; ils logent ailleurs, à leurs propres frais : au contraire, les premiers y sont servis avec grand soin, par des esclaves, aux dépens du gouvernement. Les esclaves ont aussi leurs casernes ; c'est ce qu'on nomme *bagnes* : ce sont de grands bâtimens sous la direction d'un gouverneur & de plusieurs officiers subalternes, qui ont chacun leurs fonctions particulieres. Ils sont obligés de rendre au dey un compte fréquent du nombre des esclaves & des dépenses faites pour leur entretien.

J'aurois déja dû vous parler des mosquées : on en compte dix grandes & environ cinquante petites ; les unes & les autres offrent peu de magnificence : il y a de plus, à Alger, un très-grand nombre d'écoles publiques pour les enfans, & trois colléges pour les jeunes gens qui veulent s'instruire dans les sciences qu'on peut enseigner en Barbarie. Je n'ai pu vérifier ni la nature des leçons, ni les progrès des éleves.

La ville n'est pourvue d'aucune source d'eau fraîche ; & la sécheresse rend très-souvent les citernes inutiles ; mais on y a suppléé par le moyen d'un aqueduc élevé à quelque distance de la ville, qui sert à remplir un vaste réservoir, &, en même tems, fournit de l'eau à plus de cent fontaines ou tuyaux, à chacun desquels est attachée une cuilliere pour l'usage public. Il est permis à tout particulier, libre ou esclave, d'y boire: il régne même alors, entre les uns & les autres, une sorte d'égalité: chacun est obligé d'attendre son tour, sans donner aucune marque d'impatience. Il faut en excepter les Turcs: ceux-ci boivent, dès l'instant de leur arrivée. Il faut aussi en excepter les Juifs, mais dans le sens opposé: un Juif ne peut boire ni en présence d'un Maure, ni en présence d'un esclave Chrétien. Les tombeaux des deys & des bachas sont en dehors & proche d'une des portes de la ville: ils ont dix à onze pieds de haut, & s'élevent en forme de dôme. Six d'entr'eux se touchent circulairement: ce sont les tombeaux d'autant de deys qui furent tous successivement élus & massacrés le même jour.

J'oubliois de vous parler des bains chauds qui se trouvent à Alger. Il y font en grand nombre, & à un prix très-modique : cependant rien de plus propre & de mieux entretenu, j'ajoûterois même, de mieux orné que ces fortes d'endroits ; rien auffi de plus fouvent fréquenté. La loi des Turcs les oblige à des ablutions réitérées ; & la nature du climat impofe la même néceffité à ceux qui ne font point Mahométans.

Nous fîmes, c'eft-à-dire, toute notre fociété, différens voyages dans quelques villes qui dépendent d'Alger. Ce royaume eft divifé en trois gouvernemens que les Turcs nomment celui du Levant, celui de l'Oueft, celui du Midi. Chaque gouvernement eft foumis à un bey, qui l'eft lui-même au dey d'Alger. Il y a peu de villes murées, & d'édifices d'une certaine importance dans tout le royaume. Les nombreufes tribus de la campagne menent une vie errante : on les diftingue par *Adouars* ou campemens. On nomme ainfi un certain nombre de familles qui fe réüniffent & logent fous des tentes. Ces campemens changent de lieu & de situation, suivant les saisons & la commodité de l'agriculture & du pâturage.

Je vais, Madame, vous parler tout de suite du voyage que nous fîmes à Fez & à Maroc. Ces deux villes sont situées à environ douze lieues l'une de l'autre : chacune d'elles est capitale d'un royaume, & soumise au même Souverain. Fez est distinguée en vieille & en nouvelle ville : c'est le vieux Fez qui mérite le plus d'attention : il a neuf milles de circonférence : la forme des maisons est à-peu-près la même qu'à Alger. Chez les plus riches habitans, les cours sont ornées de fontaines, de grands bassins de marbre entourés d'orangers & de citroniers qui, d'un bout de l'année à l'autre, fournissent du fruit. La riviere se divise en six branches, fournit de l'eau à toutes les maisons de la ville, à trois cens soixante-six bains, fait tourner un pareil nombre de moulins à la fois, tandis qu'un égal nombre de fours est journellement occupé à cuire du pain. J'admirai la structure de la grande mosquée; elle est très-noble & très-majestueuse : on en doit dire autant de celle du collége ; & ce qu'il est sur-tout essentiel de ne pas oublier, c'est que ce collége barbare possede une très-grande & très-précieuse bibliothéque.

Maroc est presque deux fois aussi étendu que Fez ; mais il est plus vaste que peuplé : son château qui est en même tems le serrail du Souverain, a, dit-on, une lieue de tour: il passe pour être le plus beau de toute l'Afrique : on a pratiqué, dans quelques-unes de ses chambres, de grands viviers, &, au-dessus, des plafonds couverts de glaces ; de sorte qu'on croit voir nager dans ces glaces les poissons qui nagent en effet dans le vivier ; mais des ouvrages plus étonnans, sont des aqueducs qui conduisent l'eau à Maroc, durant l'espace de plus de quarante milles.

Je consultai nos sçavans sur l'ancienne histoire de Fez & de Maroc. Ils m'apprirent que ces deux royaumes étoient compris dans l'ancienne Mauritanie, qui tenoit ce nom des

Maures, ses premiers habitans. Ce pays fut presque toujours soumis à un despotisme absolu. Cela étoit, dès le tems que les Romains y porterent leurs armes ; cela est encore plus positif de nos jours. On nourrit ces peuples dans l'opinion que tous ceux qui meurent, ou par ordre, ou par la propre main du monarque, peuvent compter sur une place distinguée dans le paradis : au surplus, cette partie de l'Afrique éprouva à-peu-près les mêmes révolutions que les autres, c'est à-dire, qu'elle fut subjuguée successivement par les Romains, les Goths, les Sarazins, les Arabes, &c. La race des princes qui la gouverne encore de nos jours, offre les plus grands exemples de tyrannie & de cruauté. Abdala, un d'entr'eux, immola dix de ses freres à ses soupçons & à ses craintes. Muley Ismaël, un de ses successeurs, se piquoit de rendre justice ; mais il le faisoit d'une maniere aussi bizarre que cruelle. Plusieurs de ses Négres ayant volé à un fermier une couple de bœufs qui faisoient toute sa fortune, celui-ci s'en plaignit au Souverain. Ismaël fit passer tous les Négres devant le fermier, & tua sur le champ tous ceux que ce dernier reconnut & accusa; mais ensuite il le tua lui-même, pour le punir de la perte qu'il venoit de lui causer. Un autre Abdala, non moins cruel que le premier, avoit formé le projet de faire punir le Général des Négres. Celui-ci abandonné des siens, se refugie dans une mosquée, y prend les habits du prétendu saint qu'on y révere, &, sous cette enveloppe, se laisse tranquillement conduire devant Abdala. Ce prince baise respectueusement l'habit qui le couvre; ensuite il ordonne qu'on l'en dépouille, lui plonge sa lance dans le sein, & demande une coupe, pour boire de son sang; mais son premier ministre, bien digne d'un tel maître, s'y oppose: il lui représente combien cette action est au-dessous de sa dignité; en même tems il le prie de lui laisser avaler ce sang qui ne deshonoroit pas un sujet. Atrée ne fut certainement pas plus cruel qu'Abdala, & ne trouva point, pour le seconder, de pareils ministres.

L'empire de Maroc est très-étendu; le pays est agréablement mêlé de plaines & de montagnes; sa fertilité est extrême: il donne trois récoltes tous les ans, & peut, dit-on, produire cent fois plus que les habitans ne peuvent consumer; mais la meilleure partie des terres reste sans culture. On ne permet point l'exportation du bled au-dehors; & l'on en conserve, sous terre, de quoi nourrir tout le pays, durant cinq ans. Ce climat est d'ailleurs fertile en quantité de productions naturelles, ou denrées précieuses; en vin, en miel, en cire, en soie, en laine, en coton, en gingembre, en sucre, en indigo, &c. Les vallées produisent d'excellens fruits; & les montagnes abondent en mines de cuivre: c'est une des principales branches du commerce de Maroc avec les Européens. Les Juifs sont les facteurs de ce commerce. Le profit qu'ils y font, est immense. Vous n'en douterez point, Madame, quand vous sçaurez qu'ici, les Juifs font aussi industrieux, & encore plus fripons qu'en tout autre lieu de la terre.

Ces Juifs descendent de ceux qui furent obligés de fuir de l'Espagne & du Portugal : ils retiennent encore la langue de ces deux royaumes. Les autres habitans font les Béréberes ou Barbares, les Arabes, les Maures, les Négres, les Renégats. On regarde les Béréberes comme les anciens habitans du pays. Ils vivent, dans des huttes, sur les montagnes, & n'ont jamais été entiérement subjugués : ils n'ont varié ni dans leurs coutumes ni dans leur langue. On dit que cette langue est celle des anciens Carthaginois. Les Arabes ont également conservé leur langage & leurs anciennes coutumes durant l'espace de près de deux mille ans. Ils descendent des conquérans de l'Espagne, les mêmes qui la soumirent en trois ans, & la garderent durant sept siécles. Ces Arabes vivent sous des tentes & errent d'un canton à l'autre. Les Maures descendent, comme les Arabes & les Juifs, de ceux qui furent chaffés d'Espagne: ils habitent les côtes maritimes. Les Négres font une très-grande figure dans cette contrée, depuis le régne de Muley Ismaël, prince qui les favorisoit beaucoup. Quant aux Renégats, ils font en petit nombre, mais peut-être les plus scélérats de tous: leur apostasie les fait méprifer des Maures qui regardent tout changement de religion comme une tache, même dans quiconque renonce à la sienne, pour prendre la leur.

C'est à Maroc & à Fez que les esclaves Chrétiens font les plus maltraités: ils feroient dans le cas d'envier le fort de ceux de Tunis & d'Alger: leurs travaux font énormes: à peine ont-ils le tems de manger leur pain, & en ont-ils suffisamment pour se soutenir. Il n'est point rare de les voir accouplés à des charrettes avec des ânes & des mulets. La nuit, on les descend dans des cachots souterreins que l'on recouvre ensuite d'une trape de fer. Plus l'esclave paroît être en état de payer une grosse rançon, plus le traitement qu'il éprouve, devient rude. Cette rançon ne consiste pas toutefois en argent : les rois de Maroc n'en reçoivent plus des étrangers, depuis que les Espagnols tromperent un d'entr'eux avec des piéces faites de cuivre.

Les Maures qui forment la plus grande partie des habitans de ces deux royaumes, sont communément vifs, spirituels, ingénieux ; mais ce n'est guères que jusqu'à l'âge de vingt ans. Ce qu'on nomme, parmi nous, l'âge mûr, est pour eux un tems de décrépitude : ils deviennent alors stupides & nonchalans. Une qualité essentielle dans une femme Mauresque, est l'extrême embonpoint ; c'est à quoi l'homme qui les recherche, fait le plus d'attention ; & c'est pour se procurer cette espece de mérite, qu'elles usent, avec excès, des viandes les plus succulentes : on a même vu de petites filles y suppléer, en se nourrissant de la chair de jeunes chiens & de jeunes chats.

Cette nation a quelques proverbes qui décelent assez bien son caractere : tel est, en particulier, celui-ci

lui-ci qui exprime l'avarice des Maures : Vinaigre donné est meilleur que miel acheté. Ils disent, Un cheval, une femme, un livre, pour exprimer les objets qui leur paroissent les plus nécessaires.

Voilà, Madame, ce qui m'a le plus frappé dans les mœurs & les usages des Maroquins, qui d'ailleurs ressemblent assez aux autres habitans de l'Afrique. Mais je reviens aux Algériens, sur lesquels vous trouverez sans doute que j'ai glissé un peu trop legérement. Ils sont, en général, très économes, & amis de la tempérance : le roi en donne lui-même l'exemple. Une des principales fonctions de ce prince est de rendre la justice à ses sujets ; cela se fait sans écritures, sans frais & sans appel. On ne voit ici ni avocats, ni procureurs, ni même aucune espéce de solliciteurs ; il n'y a non plus aucuns dépens à rembourser ou à payer. Si le plaignant est convaincu d'avoir porté une accusation fausse, ou fait une demande illégitime, il est puni de cinq cents coups de bâton ; moyen plus sûr que les dommages & intérêts, pour prévenir d'injustes chicanes.

Les loix criminelles ne sont pas moins expéditives que les loix civiles. Un voleur, ou un meurtrier, pris sur le fait, est conduit devant le dey, &, sur le champ, livré au supplice. Les banqueroutes frauduleuses sont ici punies de mort ; ce qui se pratique rarement chez certaines nations policées : c'est aussi l'usage, à Alger, d'emprisonner les débiteurs après l'expiration du terme qui leur a été accordé ; mais en même tems le dey exhorte les créanciers à user d'indulgence. Il leur rappelle plusieurs passages de l'alcoran, qui portent que lorsqu'un débiteur est pauvre & insolvable, la dette doit être remise ; qu'il faut même le soulager par des aumônes. Il faut l'avouer, Madame, de telles pratiques font honneur à cette nation barbare, & en feroient à celles qui la qualifient de ce nom.

Ce n'est pas non plus l'usage de quitter ses occupations, & de louer des places pour voir donner la mort à un de ses semblables. Un criminel qui a reçu sa sentence, marche, sans fers & sans menottes, vers le lieu de l'exécution. Il est suivi d'un seul officier, & à peine remarqué par le peuple. Il y a aussi quelque différence entre le guet d'Alger, & celui de nos villes. Cette garde est responsable des vols qui se commettent, & paye sur le champ ; ceux même qui avoient leurs portes devant les magasins ou la maison qui a été volée, sont mis à mort. En un mot, les Algériens ont l'avantage, assez rare par-tout ailleurs, d'être bien gardés dans leur maison, & promptement secourus, s'ils sont attaqués au-dehors.

Les marabous, ou prêtres de ce pays, y sont très-respectés : ils n'ont cependant aucune jurisdiction ecclésiastique ; ils influent encore moins sur les affaires d'Etat. Les Turcs Algériens les observent de près, parce qu'autrefois ils usurperent la souveraineté & la rendirent héréditaire dans leur corps. Au surplus, ce royaume est, comme celui de Maroc, habité par différentes nations, par les Naturels du pays, par les Maures, par les Arabes, par les Juifs, par des Turcs, & enfin par des Chrétiens. Les Maures de la campagne ont quelque rapport avec les Arabes : comme eux, ils errent en familles & forment des tribus séparées. Ils sont si experts à découvrir la nature d'un terroir, qu'ils choisissent toujours les plus propres aux productions de chaque saison : une seule tente renferme souvent deux ou trois branches de la même famille. Un moulin portatif, composé de deux pierres, quelques vaisseaux de terre, forment une partie des ameublemens de ces cabanes. Une autre tente, & quelquefois la même, renferme tout à la fois les chevaux, les ânes, les vaches, les chévres, les chiens, les chats & la volaille. Tout l'habillement des hommes consiste dans une piéce de drap blanc fort grossier ; elle est d'environ quatre à cinq aunes, & sert à les envelopper depuis la tête jusqu'aux talons : quelques-uns plus aisés, portent un manteau ;

ils le conservent pour l'ordinaire toute leur vie. Ils ont pour méthode, quand la pluie les surprend, de plier avec soin ce précieux manteau, de le poser sur une pierre, & de s'asseoir nuds par-dessus; de sorte que leur corps garantit le manteau de la pluie, au lieu d'en être eux-mêmes garantis par le manteau. Les Maures marient leurs enfans très-jeunes; il n'est pas rare d'y voir des filles être meres avant onze ans, quelquefois beaucoup plutôt. Celui qui recherche une fille en mariage, doit, en quelque sorte, l'acheter; aussi est-il d'usage de lui demander : Combien vous coûte la mariée? Ce sont les parens de la femme, qu'il lui font cette question, à quoi il a coutume de répondre : Toute femme sage & vertueuse n'a point de prix. Arrivée devant sa tente, les compagnes de la jeune future lui présentent un bâton; elle le prend, & l'enfonce dans la terre aussi avant qu'elle peut, en disant, que comme ce bâton ne pourra être arraché que par force, rien aussi que la force, ne pourra la féparer de fon époux.

Les Arabes qui habitent le mont Atlas & les plaines voifines, vivent, dit-on, avec plus d'élégance que les Maures. Ils font redevables de cette efpece d'opulence à leur commerce avec les villes de Tunis & de Fez : beaucoup d'entr'eux s'occupent auffi de l'agriculture & de la chaffe des bêtes fauvages ; d'autres cultivent l'aftronomie & la poëfie : ils chantent leurs amours, leurs chaffes ou leurs combats. Un poëte célebre eft afluré d'une récompenfe honorable de la part du Cheque. On nomme ainfi le chef de chaque tribu. Les cheques s'occupent eux-mêmes à compofer des vers & à garder leurs troupeaux : ils comparent leur maniere de vivre à celle des anciens patriarches ; ce qui eft vrai. Leurs meilleures piéces de vers font raffemblées en un corps ; & on les fait apprendre par cœur aux enfans ; c'eft-là une des parties effentielles de leur éducation.

A l'égard des Juifs, ils font très-nombreux, & sur-tout extrêmement méprisés dans ce royaume : il ne leur est pas permis d'habiter parmi les Mahométans, quoiqu'on accorde ce privilége à toutes les autres nations. Leurs femmes sont obligées d'aller le visage découvert, pour les distinguer des Mahométanes, qui ne sortent jamais que voilées.

Je vous ai déja parlé des Turcs; ils sont tous soldats, & regardés comme nobles : ils succedent, selon leur rang, aux emplois & aux dignités de ce royaume. Les renégats chrétiens jouissent des mêmes priviléges : dès l'instant qu'ils professent ouvertement le Mahométisme, ils entrent en paye, & y peuvent aspirer aux plus hauts emplois, même à la dignité de dey. Pour ce qui est des esclaves, ils ne sont toujours ici que trop nombreux ; ceux qui en possédent une trop grande quantité, les louent, soit aux Turs, pour aller en mer, soit aux étrangers qui viennent s'établir dans les villes. On a tort de croire, en Europe, que les Algériens aient recours aux promesses, aux menaces, aux mauvais traitemens pour déterminer leurs esclaves à embrasser le Mahométisme. Ils redoutent, au contraire, leur apostasie : elle mettroit leurs esclaves hors d'état d'être rachetés par les peres de la Merci, ou leur ôteroit l'envie de se racheter eux-mêmes. Au reste, Madame, toutes les religions sont ici tolérées: tous les étrangers, tant esclaves que libres, y ont leurs prêtres & leurs églises; mais, quant aux femmes Turques, très-peu d'entr'elles ont quelque idée de religion. On regarde comme une chose très-indifférente, qu'elles prient ou ne prient pas, qu'elles aillent à la mosquée, ou qu'elles restent chez elles. On leur persuade qu'elles ne sont faites que pour contribuer aux plaisirs des hommes, & elles se le persuadent très-facilement d'elles-mêmes.

Les Algériens n'ont ni concert, ni jeu, ni aucun spectacle public ou particulier : ils ne connoissent point les jeux de hazard ; il ne leur est pas même permis de jouer de l'argent aux jeux de combinaison, tels que les échecs & les dames : ils n'ont que peu ou point de vaisselle d'argent. Leurs cuillers sont de bois, & on ne s'y sert point de fourchettes; on ne s'y sert pas même de table. Les mets sont placés sur une natte qui s'enleve après le repas : les autres ameublemens sont très-simples, même parmi les gens les plus riches. La plus belle chambre n'est ornée que d'un tapis, souvent même que de nattes de jonc ou de feuilles de palmier. Les tapisseries, les chaises, les glaces, les bureaux, les buffets, les tableaux, toutes ces inventions du luxe en sont proscrites. Les femmes ne se peignent point le visage, comme nos dames Françoises ; mais elles se noirciffent les cheveux & les sourcils, & se teignent le bout des doigts d'un assez beau bleu. Tout cela est affaire de fantaisie, & peut-être ne gagnerions-nous pas à comparer les nôtres avec celles des femmes Africaines.

Voilà, Madame, tout ce que j'ai à vous dire sur cette contrée. Notre caravane s'occupe à délibérer sur la route que nous devons suivre : peu m'importe, pourvu qu'elle me mette à portée de voir & de vous apprendre des choses nouvelles. Il y en a une qui vous intéressera peu sans doute, mais qui nous touche vivement le Docteur & moi. Nous allons nous séparer du marquis & de M. de S. *** Ce dernier n'est point en état de soutenir une plus longue route : sa santé qui s'affoiblit chaque jour, l'oblige à prendre, avec son éleve, le chemin de Marseille.

Je suis, &c.

A Maroc, ce 28 Août 1736.

X. LETTRE.

LA GRECE.

Nous étions incertains sur la route que nous devions tenir en quittant les côtes d'Afrique. Nous voulions voir la Gréce, & les isles principales de l'Archipel : mais pour ne point faire plusieurs fois le même chemin, je souhaitois de commencer par les côtes d'Albanie, dans le golfe même de Venise, & de voir de suite les différentes isles qui bordent les rivages de Macédoine, de l'Epire & de la Morée, autrefois le Péloponnese. On nous avertit que trois vaisseaux Turcs, qui devoient charger dans différens ports, alloient jusqu'à Dulcegno, ville commerçante dans la haute Albanie. Nous fimes prix avec celui des capitaines qui nous parut le plus honnête homme : il promit de se prêter, autant qu'il seroit possible, à notre curiosité.

Nous partîmes avec un vent favorable, laissant à notre droite l'isle de Candie, que les anciens appelloient l'*isle de Crete*, célébre dans l'histoire par les cent villes superbes qu'on dit qu'elle renfermoit, &, dans la fable, par la naissance de Jupiter. Nous voguâmes, avec assez de bonheur, dans la mer de Sapience; mais quand nous fûmes à la hauteur de Corfou, à quelque distance du golfe de Venise, il s'éleva un vent nord-est, qui nous retint plusieurs jours à l'ancre: il ne commença à s'appaiser que vers la fin du quatrieme jour ; & nous arrivâmes heureusement à Dulcegno. Cette ville, appellée autrefois *Ulcinium*, est petite, mais riche & commerçante : les vaisseaux Italiens viennent y charger quantité de grains, de bois & de cuirs. A quelques milles de-là est le golfe de Drin, plus connu sous le nom de *Golphe d'Apollonie*, où cette ville, fondée par les Corinthiens en l'honneur d'Apollon, étoit située; c'est-là que César & Pompée débarquerent; le premier, pour opprimer sa patrie; l'autre, pour la défendre. J'allai à Durazzo ou Dyrrachium, qui n'est aujourd'hui qu'un village ruiné & couvert de marécages : il doit sa célébrité à Ciceron qui s'y retira pendant son exil.

Nos vaisseaux mirent bientôt à la voile, & nous mouillâmes à Sazeno, d'où l'on découvre les monts Acrocérauniens, appellés *de la chimere*. Ces montagnes, si souvent frappées de la foudre dans les écrits des poëtes, divisent la mer Adriatique de la mer Ionique : elles sont situées dans l'Epire, ce royaume fameux d'où sortit le plus vaillant des Grecs. Pyrrhus, fils & successeur d'Achilles, y donna aussi des loix ; & sa couronne passa à Helenus, fils de Priam, à qui il avoit fait épouser la veuve d'Hector. Ce pays fut dans la suite gouverné par un autre Pyrrhus, qui porta la guerre en Italie, & fit craindre aux Romains le sort des Troyens, leurs ancêtres. Nous débarquâmes dans l'isle de Corfou, appellée par les anciens *Corcyre* & *Phæacie*. C'est ici, disois-je, en y abordant, qu'Ulisse fut jetté par la tempête que Neptune excita pour plaire à Calypso, dont ce roi d'Ithaque avoit méprisé les faveurs, & qu'il fut si bien reçu par Arsinoüs. La ville de Corfou est la capitale de l'isle qui, des Romains & des Grecs, passa sous la domination des Vénitiens, & enfin sous celle des Turcs: elle est assez grande & bien fortifiée. Le quartier appellé *Palæopoli*, ou *la vieille ville*, est couvert de ruines de marbre, qui attestent la magnificence de l'ancienne Corcyre. Près de-là est une petite plaine riante & fertile, entre-coupée de plusieurs ruisseaux. Un Caloyer, ou moine Grec, avec qui je m'entretenois de l'antiquité de cette ville, & qui, contre la coutume de ces sortes de religieux, étoit passablement instruit, me dit qu'il croyoit que les fameux jardins d'Arsinoüs, si vantés dans Homere, étoient dans ce lieu. Cette conjecture, peut-être bien fondée, me rappella l'aventure de Nausicaë, fille de ce prince, qui, en allant au bain avec ses suivantes, rencontra l'infortuné roi d'Ithaque nouvellement échappé du naufrage. L'isle de Corfou a environ cent vingt milles de circuit ; son terroir est montueux vers le midi : il y vient peu de grains, mais des oranges, des citrons & du vin en abondance ; le miel & l'huile y sont sur-tout estimés, & les habitans en font un grand débit.

Nous laissâmes Sainte-Maure, autrefois Leucade, petite isle où l'on trouve une forteresse & plusieurs villages. J'observai, en passant, les promontoires d'Actium & de Nicopolis, où se donna, entre Auguste & Marc-Antoine, cette bataille navale qui décida de l'Empire du monde. Je me figurois la malheureuse Cléopatre, saisie d'épouvante à la vue des vaisseaux Romains, fuir à force de rames vers les rivages du Nil, suivie de son foible amant qui l'adoroit. Ce fut Auguste qui, en signe de sa victoire, fit bâtir, près de la ville d'Actium, celle de Nicopolis, dont il ne reste plus aujourd'hui que des ruines, non plus que de la ville d'Actium. Il voulut aussi qu'on célébrât, avec plus de magnificence qu'auparavant, les jeux Actiaques, institués en l'honneur d'Apollon.

L'isle, ou plutôt le rocher appellé *Val du compere*, entre Sainte-Maure & Céphalonie, étoit cette célebre Ithaque où régna le sage Ulisse. Il ne falloit rien moins que les ressources d'un prince aussi adroit, pour faire subsister des hommes dans un lieu, à peine aujourd'hui capable de nourrir les chévres qui l'habitent.

Nos marchands chargerent quantité de raisins de Corinthe à Céphalonie, puis à Zanthe qui n'en est pas éloignée. Céphalonie est une isle deux fois plus grande que celle de Corfou, mais bien moins peuplée & plus stérile : il y a quelques villages & une forteresse dont les habitans font un commerce considérable de ces raisins si vantés, qui ne venoient autrefois que dans les environs de Corinthe : on en recueille bien plus à Zanthe qu'à Céphalonie, eu égard à la grandeur de l'isle qui est beaucoup moindre.

Zanthe, autrement dite Zacinthe, peut contenir quarante à cinquante villages habités par les Grecs & par les Turcs ; ceux-ci font les maîtres d'une citadelle bien fortifiée, qui commande à tout le pays. Ce n'est plus cette Zacinthe couverte de forêts, comme parle Homère; avec le tems, on a défriché tout ce terrein ; & le bois est presque la seule chose dont manquent aujourd'hui les habitans. Outre les raisins de Corinthe, Zanthe produit encore quantité de melons, de pêches, de figues, d'olives, en un mot, toute forte d'excellens fruits. Non loin de-là est la petite isle de Dulichium, différente d'Ithaque, dont elle n'est distante que de huit milles ; elle étoit du domaine d'Ulisse, aussi-bien que Céphalonie & Sainte-Maure. Ce prince y avoit un palais dont on montre encore quelques restes.

Nous continuâmes notre route le long des isles Strophades, où les harpies poursuivies par Zethès & Calaïs, fils de Borée, se refugierent autrefois. J'interrogeai quelques Turcs qui avoient été dans ces isles, pour sçavoir ce qu'on disoit des harpies:

mais je n'en pus tirer aucun éclaircissement; l'un d'eux me dit que je voulois peut-être parler des moines Grecs qui en font les seuls habitans. Je souris de sa bonne foi, & ne pris point la peine de visiter ces isles.

Le lendemain, nous laissâmes à gauche Sphacterie, où les Athéniens remporterent une victoire sur les Spartiates, puis le Cap de Sapience, dont nous n'osâmes approcher de crainte des corsaires, & enfin le promontoire de Ténare, où sont plusieurs gouffres que les poëtes prenoient pour les portes de l'enfer; c'est par-là qu'ils firent descendre Hercule pour en tirer le chien Cerbere.

La vue de Cerigo, ou l'isle de Cythere, cet agréable pays de Vénus, dissipa les idées sombres que nous avoit données le Ténare. Helene, cette beauté qui mit en feu une partie de l'Asie, naquit aussi dans cette isle. Vous vous attendez sans doute, Madame, de voir ici quelque riante description d'un pays que vous vous figurez le plus beau de la terre. J'ai cru, comme vous, que la nature l'avoit enrichi de ses dons les plus rares ; cependant Cythere n'est qu'un amas de montagnes stériles & désertes : la terre n'y produit aucuns fruits ; &, à l'exception de quelques tourterelles, les animaux même y sont en petit nombre.

Depuis Zanthe nous avions eu plusieurs fois occasion de faire une descente dans la Morée qui est l'ancien Péloponnese. Je me déterminai enfin à y descendre avec le Docteur ; & le capitaine du vaisseau nous fit débarquer à l'extrémité du golfe Laconique, autrement dit de la Colochine, à l'endroit le plus proche de Misitra. Nous avions pris un Grec à Durazzo pour nous servir de guide. Nous marchâmes la premiere journée par une plaine fertile & bien cultivée. Nous avions à notre droite l'Eurotas, ce fleuve fameux, sur les rivages duquel les anciens Spartiates s'endurcissoient aux travaux. Le Docteur m'apprit que Lacédémone, où est aujourd'hui la ville de Misitra, fut fondée par Lacédémon, fils de

Jupiter & de Taigete. Vous fçavez que Lycurgue, un de fes rois, fe rendit recommandable par la fageffe des loix qu'il y établit : il vivoit à-peu-près dans le tems que Romulus & Remus fondoient l'empire de Rome. Sparte fut redevable de fa grandeur à ce légiflateur habile : elle devint bientôt la rivale d'Athènes, & commanda long-tems à toute la Gréce. Mifitra contient près de quinze mille ames, dont il n'y a que peu de Turcs : elle eft défendue par un château bâti fur le haut du rocher où étoit la citadelle de Sparte. Le peu de veftiges qui reftent des monumens qui décoroient cette ancienne ville, font des colonnes brifées, des corniches, des chapiteaux épars dans la campagne : on reconnoît cependant encore la forme du théatre & du Dromos. Le premier avoit deux cents cinquante pas dans fa plus grande ouverture ; les murs étoient de belles pierres de taille, & les gradins de marbre. En face du théatre, font plufieurs débris de colonnes & de murailles de briques qu'on nous dit être les restes du tombeau de Pausanias ; là, étoit aussi la colonne où l'on avoit gravé les noms des trois cens Spartiates qui perdirent la vie à la défense des Thermopiles : on nous fit voir cette colonne dans une église de la ville où elle a été transportée depuis : le Dromos étoit un cirque où la jeunesse s'exerçoit à la course & à manier les chevaux ; c'étoit peut-être là aussi que les jeunes filles dansoient nues, & s'exerçoient à la lutte en présence des jeunes garçons.

Nous partîmes de Misitra pour aller à Napoli, qu'on nous dit être l'ancienne Argos. Je vis, chemin faisant, la petite plaine où combattirent les trois cens Spartiates commandés par Léonidas. En arrivant à Napoli par la route de Sparte, on voit à droite une élévation couverte de ruines : ce sont les anciens restes d'Argos, capitale des états d'Agamemnon. Nous poursuivîmes notre route vers Mycènes qui eut pour son fondateur Persée, le libérateur d'Andromede : on l'appelle aujourd'hui *Agios-Adrianos*. Entre cette ville & Argos, étoit la ville & la forêt de Némée, où Hercule tua un lion furieux. Les Argiens alloient tous les ans célébrer des jeux & des combats appellés *Néméens*, en l'honneur de ce héros. Mycènes paſſa depuis ſous la domination des rois d'Argos, & enſuite ſous celle des Lacédémoniens. La nouvelle ville qui la remplace, n'a rien qui ſoit capable d'attirer les curieux : je ne fus guères plus content de Corinthe.

Cette ville, autrefois l'ornement de la Gréce & la capitale de l'Achaïe, n'eſt plus qu'un gros village ſitué entre la mer Ionique & la mer Egée. L'ancienne Corinthe avoit environ onze milles de circuit : on croit qu'elle fut fondée par le brigand Syfiphe, fils d'Eole : ayant été ruinée depuis, elle fut rebâtie par un certain Corinthus, fils de Pélops. Les Romains la ſaccagerent & la réduiſirent en cendres : grand nombre de ſtatues d'or, d'argent, d'airain, furent fondues dans l'embraſement ; ces différens métaux mêlés enſemble formerent une espece de cuivre très-précieux, qu'on appella depuis *métal de Corinthe* : des tas de maisons construites sans proportion & sans ordre, ont pris la place des édifices somptueux qui embellissoient cette ville superbe. Les habitans, au nombre de quatorze à quinze cens, ont presque tous de grands jardins plantés d'orangers & de citroniers : ils tirent un gros revenu de leur territoire qui produit de l'orge, du froment, des olives & du vin. Nous vîmes, sur une éminence, une douzaine de colonnes qu'on nous dit être les ruines d'un ancien temple. La citadelle appellée anciennement *Acrocorinthe*, est à une petite lieue de la ville ; elle est située sur un rocher élevé d'où l'on a la plus belle vue du monde : il y a deux petits forts à droite & à gauche de la citadelle ; chacun a sa garnison & son Aga, ou commandant particulier. La fontaine de Pyrène est vers l'endroit le plus haut du rocher ; ses eaux sont claires & abondantes : on dit que le cheval Pegase se rafraîchiffoit fur fes bords, lorfqu'il fut pris par Bellérophon, qui s'en fervit pour combattre la Chimere. Le village de Sicyon, à trois lieues de Corinthe, ne produit plus cet excellent raifin que les Latins avoient en fi grande eftime ; c'eft un miférable hameau où l'on recueille encore quelques olives.

Nous paffâmes, en allant à Mégare, par un chemin étroit qui a, d'un côté, les monts Scyroniens, de l'autre un précipice profond que la mer couvre de fes eaux. Ce paffage eft le lieu où fe tenoit le fameux brigand Scyron qui fut tué par Théfée. Mégare qui fe vante d'avoir eu pour fondateur un fils d'Apollon, nommé *Mégarée*, n'eft pas en meilleur état que Corinthe : elle a du moins cet avantage, qu'elle n'a pas changé de nom, comme la plûpart des autres villes ; & le célebre Euclides qui y prit naiffance, fuffiroit feul pour l'immortalifer. Je ne vis rien dans fes ruines, qui piquât ma curiofite, quoique cette ville fût autrefois une des plus floriffantes de la Gréce.

On

On compte quatorze milles de Mégare à Lepsina, autrefois Eleusis, du nom d'un de ses rois, nommé *Eléusine*. Le Docteur qui ne laissoit échapper aucune occasion de citer des traits de la fable, me dit que c'étoit dans cette ville qu'aborda la déesse Cérès, lorsqu'elle cherchoit sa fille Proserpine que Pluton lui avoit enlevée. Le prince lui fit un accueil favorable; & la déesse, par reconnoissance, facilita les couches de sa femme, & servit elle-même de nourrice à l'enfant nommé *Triptoleme*. Lorsqu'il fut devenu grand, elle lui apprit l'art d'ensemencer les terres, & lui aida à perfectionner le labourage. Les Eleusiens éleverent un temple magnifique à Cérès, & instituerent en son honneur des fêtes appellées *Thesmophores*, où de jeunes vierges portoient sur leurs têtes des corbeilles pleines d'épis: il n'y a plus d'habitans à Lepsina; la crainte des corsaires les a fait déserter: cela ne m'empêcha pas d'aller voir les belles ruines de marbre, dont la campagne est couverte. L'endroit où il y en a un plus grand nombre & des plus curieuses, est l'emplacement du temple de Cérès ; les frises, les corniches de marbre font entassées les unes sur les autres : l'ordre dorique est confondu avec l'ionique ; des bras, des jambes de statues sont mêlés avec des chapiteaux & des bases de colonnes. Je remarquai un buste de marbre blanc qui faisoit probablement partie de la statue de la déesse ; elle portoit sur la tête un panier autour duquel sont gravés plusieurs épis de bled. Le visage est entiérement défiguré : une longue chevelure attachée avec un ruban couvre l'épaule gauche. On distingue sur la poitrine une tête de Méduse entre deux rubans. Le tout est parfaitement bien travaillé, & digne du fameux Praxitele, qu'on croit en être l'auteur.

Nous nous hatâmes d'avancer à Athènes qui piquoit le plus notre curiosité, & qui étoit à proprement parler, l'objet de mon voyage : nous allâmes saluer le consul François qui nous parut l'homme du monde le plus gracieux, & nous fit toujours compagnie; c'eſt-là que le Docteur eut occaſion d'étaler toute ſon érudition. L'antiquité de la ville d'Athénes eſt des plus authentiques. La fable en attribue l'origine à Pallas: l'hiſtoire lui donne pour fondateur Cécrops. Théſée & Codrus, ſes ſucceſſeurs, la rendirent une des villes les plus floriſſantes de la Gréce; elle fut gouvernée enſuite par des Archontes, auxquels ſuccéda le gouvernement populaire: cette république conſerva long-tems, ſur toutes les autres, une ſupériorité marquée; & l'on vit ſortir de ſon ſein preſqu'autant de héros que de ſçavans. Depuis les conquêtes des Romains, ſes habitans dégénererent peu-à-peu des vertus de leurs ancêtres: la perte de la liberté entraîna celle des arts & des ſciences; & ſon ſort a ſuivi celui de tant de grandes villes que la fureur des Turcs a entiérement détruites. On trouve néanmoins encore quelques veſtiges de ce qu'elle fut autrefois; & le peu de ruines qui en reſtent, ſont autant de marques de ſa gloire & de la barbarie de ſes vainqueurs.

La nouvelle Athènes est située aux mêmes lieux que l'ancienne, mais elle occupe un bien moindre espace. La citadelle est bâtie sur un roc escarpé, au haut d'une colline qui peut avoir douze cens pas de circonférence : on y montoit, il y a quelques années, par trois superbes portiques sur lesquels on remarquoit plusieurs grouppes de figures en bas-reliefs. Je ne doute point que ce ne fussent ces beaux propilées ou vestibules, dont la construction coûta plus de vingt mille talens. En montant quelques pas, on trouvoit un temple de la Victoire, à droite du chemin qui mene au temple de Minerve ; il servoit d'arsenal aux Turcs, aussi-bien qu'un autre grand édifice qui étoit vis-à-vis : les colonnes de l'un & de l'autre qui subsistent encore, sont d'ordre ionique, cannelées, & ornées de-bas reliefs fort délicats.

Nous arrivâmes au temple de Minerve, ou plutôt à l'endroit où ce temple étoit bâti : cet édifice magnifique, un des plus beaux monumens anciens en ce genre, avoit été conservé par les Turcs qui en avoient fait leur principale mosquée ; mais il fut ruiné par une bombe, en 1677; & nous n'eumes pas le bonheur de le voir en son entier, comme plusieurs voyageurs avant nous. Il étoit de marbre blanc, assez semblable à un parallélograme ; sa longueur, d'orient en occident, étoit de deux cents vingt pieds, sur près de cent de largeur ; quarante-huit colonnes doriques, hautes de quarante-deux pieds, formoient tout autour une galerie superbe : le fronton du portail étoit orné de belles figures qui représentoient l'entrée de Minerve dans Athènes : on y remarquoit le char de la déesse, traîné par des chevaux d'une beauté & d'une délicatesse dignes des Praxiteles & des Myrons. L'intérieur du temple présentoit un double rang de colonnes de marbre, qui formoient une espece de galerie : les murailles étoient construites du plus beau marbre, & enrichies de peintures & de mosaïque. On avoit gravé sur la frise le fameux combat contre les

Centaures, des sacrifices, des processions, des pompes triomphales. Le dais de l'autel qui servoit aux Chrétiens, étoit soutenu sur quatre colonnes de porphyre bien travaillées. Ce temple étoit fort obscur; mais il devoit l'être bien davantage avant que les Grecs eussent pratiqué dans le chœur une ouverture par où la lumiere entroit dans le corps de l'édifice. J'ai observé la même chose dans tous les temples des payens, que le tems nous a conservés: sans doute que cette obscurité étoit requise pour la célébration de leurs mysteres.

Mon empressement & ma curiosité étant, pour ainsi dire, en balance parmi tant d'objets qui me restoient à parcourir, je demandai à la fois à voir ces lieux célebres où avoient paru jadis, avec tant d'éclat, les Sophocles, les Euripides, les Socrates & les Platons. Nous descendîmes à travers quantité de ruines précieuses & de colonnes de marbre, au milieu desquelles les Turcs ont construit des baraques & des corps-de-garde. Le théatre de Bacchus joint les murailles de la citadelle, & eft appuyé sur la pente de la colline. La nature & l'art avoient fait de ce lieu une fcène brillante & majeftueufe, large de près de deux cens cinquante pieds; le lieu de l'orcheftre en a plus de cent; les gradins occupent le refte. On en voit encore quelques-uns vers le haut; & dans le milieu font deux niches creufées dans le roc, à droite & à gauche.

Deux monumens plus beaux & plus entiers, font ceux que l'on appelle *la lanterne de Démofthene* & *la tour des vents*; celle-là eft une petite tour de marbre où l'on dit que ce grand orateur s'exerçoit à l'étude de l'éloquence; elle n'a guères que feize pieds & demi de circuit, & eft couverte d'un dôme taillé en écailles. Six colonnes cannelées de dix pieds & demi de haut, avec leurs chapiteaux, foutiennent cette belle guérite: les figures qui font fur la frife m'ont paru avoir bien du rapport avec les travaux d'Hercule; l'autre tour, auffi de marbre, eft de figure octogone où font gravés les huit vents principaux, un fur chaque face, du côté précifément qu'il fouffle. Schiron, ou le nord-oueft, eft repréfenté couvert d'un manteau, avec des bottines aux jambes: il tient à la main une urne renverfée. Zéphyre a la figure d'un jeune homme: il a les jambes & l'eftomac nuds, & porte des fleurs dans le devant de fa robe. Borée a les traits d'un vieillard farouche; il fe cache le vifage d'un pan de fon manteau: ces vents & les cinq autres font de grandeur naturelle; & quand leurs noms ne feroient point écrits fur la frife, il feroit aifé de les reconnoître aux attributs différens que leur a donnés la main de l'artifte. L'intérieur de la tour eft fombre & miférable. Une douzaine de religieux vont y célébrer leur office qui eft fort plaifant: ils fe rangent tous autour de leur fupérieur, & fe mettent à tourner chacun fur leurs pieds à une égale diftance du centre qui tourne pareillement. Ils difent que cette cérémonie leur vient des anciens Athéniens qui vouloient repréfenter par-là le systême du monde. La couverture de la tour est composée de vingt-quatre morceaux de marbre égaux qui se réunissent en pointe. Ne seroit-ce point pour indiquer les vingt-quatre vents ? Au reste cet ouvrage étoit digne d'un peuple aussi éclairé que les Athéniens ; & il eut suffi seul pour transmettre à la postérité la gloire de la premiere ville de la Gréce.

Du côté de la porte d'Eleusis sont les restes d'un vestibule superbe qui faisoit partie du temple de Jupiter Olympien : il avoit cent vingt-cinq pas de long, c'est-à-dire, environ une stade ; son circuit étoit de cinq cens pas. La plus apparente de ces ruines est un pan de murailles orné par-devant de colonnes de marbre. Non loin de-là, hors des enceintes de la ville moderne, étoit le temple que les Athéniens éleverent en l'honneur de Thésée, après qu'il eût défait le taureau de Marathon ; c'est maintenant une église de S. George, où les Grecs vont quelquefois dire l'office. Autour de l'édifice régne un

L v

beau portique, soutenu sur des colonnes de marbre, d'ordre dorique. La voûte est faite de grandes piéces de marbre, en forme de poutres, ornées de sculpture. Des deux côtés de la façade du vestibule, en dedans & en dehors, sont représentés les principaux exploits de Thésée. Ici, ce héros précipite dans la mer le brigand Scyron; là il courbe avec effort un arbre auquel il attache Scynnis, autre brigand fameux, qui faisoit souffrir ce supplice aux passans: on le voit d'un autre côté victorieux des Amazones, enlevant leur reine Hyppolite; & à quelque distance il paroît accompagné des filles de Minos; il donne la main à Ariadne, & jette sur sa sœur les plus tendres regards. Le combat des Centaures & des Lapithes, l'expédition des Argonautes, son voyage aux enfers avec Pirithoüs ne sont point oubliés. Ces gravures sont toutes de main de maître; & le tems ne leur a presque rien fait perdre de leur beauté & de leur finesse.

Les sçavans ont bien ici à regretter,

Madame, l'Académie, le Musée, l'Odéum ; ces augustes sanctuaires des Muses ne sont plus que des amas de ruines dont la vue imprime encore une sorte de vénération. M. le Consul nous mena au Stadium où se célébroient les jeux de toute l'Attique : on ne voit plus que la place de ce cirque, qui est de cent vingt-cinq pas de long, sur vingt-six de large. Le mont Hymette est encore renommé pour ses abeilles : le miel qu'elles composent est d'un goût délicieux ; sa couleur est jaune comme de l'or.

Nous ne voulûmes point quitter Athènes, sans avoir vu le Pirée : le chemin qui y conduit conserve des fondemens de la muraille qui joignoit le port à la ville. Le bassin pourroit bien contenir cinquante de nos vaisseaux, s'il n'étoit en partie comblé de décombres : il s'appelle à présent *Porto-Lione ;* nom que les mariniers Italiens lui ont donné, à cause d'un beau lion de marbre qu'on apperçoit de loin, au fond du port. On compte à Athènes huit à neuf mille habitans presque tous Grecs. Ce peuple, tout ignorant qu'il est, est plus civilisé & plus poli que les autres peuples de la Gréce : on trouve même dans les gens de la campagne une affabilité qui est inconnue dans nos villages de France. A l'égard de la finesse & de l'habileté, les Athéniens ont peu dégénéré de leurs ancêtres. Les Juifs qui tiennent presque tout le commerce dans les autres villes, ne font pas fortune dans celle-ci. L'habillement des Grecs d'Athènes diffère peu de celui des Turcs : ils ne portent, pour la plûpart, sur la tête, qu'une calotte rouge; leurs vestes sont courtes & étroites, & ils n'ont point d'autre chauffure que des bottines ordinairement de couleur brune ou noire : les femmes sont grandes & ont la peau fort blanche ; elles sortent rarement en public ; & quand on en rencontre quelqu'une, on est obligé de lui laisser libre le côté de la rue où elle est, & de lui tourner le dos. Le principal commerce de cette ville se fait en huile, cuirs, savon, poix résine

& en vin qui eſt fort eſtimé.

Je ne pouvois, Madame, me réſoudre à quitter un pays qu'avoient habité autrefois tant de perſonnages fameux, qui, ſoit par leurs exploits mémorables, ſoit par leurs ouvrages immortels, ont mérité l'eſtime & la vénération de toute la terre. Après environ trois ſemaines de ſéjour à Athènes, j'en partis également ſatisfait, & des monumens que j'y avois vus, & des manieres gracieuſes de notre Conſul. Nous reſolûmes d'aller d'abord à Salamine, puis à Thèbes, & enfin de nous en retourner à Zanthe. Nous prîmes la droite du chemin d'Eleuſis par une plaine couverte d'oliviers; & après deux heures & demie de marche, nous arrivâmes au canal qui ſépare Salamine du pays d'Athènes. Cette iſle fut longtems un ſujet de conteſtation entre les Athéniens & ceux de Mégare, qui s'en diſputoient à l'envi la poſſeſſion. Mais enfin les derniers furent contraints de céder & de ſonger à la défenſe de leur propre ville. En approchant de Salamine, nous vîmes à droite le fameux rocher Keras, sur lequel Xerxès fit placer un trône d'argent pour faire la revue de son armée navale. Ce prince se flattoit d'emmener captifs tous les peuples de la Gréce, mais Thémistocle rabatit son orgueil; & le combat de Salamine apprit aux Perses ce qu'ils avoient à craindre d'une nation victorieuse des forces réunies de l'Asie. Le principal village de l'isle, & l'isle entiere, s'appelle actuellement *Coulouri*: des mazures, des hameaux, des bourgades, sont les restes de ce fameux royaume de Télamon, pere d'Ajax & de Teucer.

Non loin de Salamine, est l'isle d'Ægina, ainsi appellée du nom d'*Ægine*, maîtresse de Jupiter, qui en eut Æaque, roi de cette isle, & depuis l'un des juges des enfers. Le golfe où sont situées ces deux isles, & quelques autres plus petites s'appelle *golfe d'Ægine*. Sur l'un des deux promontoires qui forment son embouchure, on voit dix-neuf colonnes fort élevées qui sont les débris d'un temple de Minerve: c'est de-là qu'eſt venu le nom de *Cap-Colomne* qu'on donne à ce promontoire ; l'autre qui eſt du côté de la Morée, s'appelle le *Cap-Schilli*. Nous retournâmes ſur nos pas, & nous avançâmes vers la capitale de la Béotie, qui n'eſt qu'à une journée & demie d'Athênes. Thèbes eut pour fondateur Cadmus, fils d'Agenor, roi des Phéniciens ; elle fut aggrandie par Amphion qui, ſelon les poëtes, en bâtit les murailles aux ſeuls ſons de ſa lyre. Alexandre le Grand la détruiſit de fond en comble ; & excepté les deſcendans du poëte Pindare qui étoit né dans cette ville, & dont ce prince eſtimoit les ouvrages, tous les Thébains furent paſſés au fil de l'épée. Thèbes fut auſſi la patrie d'Hercule, de Bacchus, & de deux fameux capitaines Pélopidas & Epaminondas. La ville eſt aujourd'hui réduite à l'ancienne fortereſſe appellée *Cadmeïa*, où nous vîmes encore de vieilles tours & quelques reſtes de murailles, une, entr'autres, que les gens du Cap nous dirent avoir été laiſſée par Alexandre, lorſqu'il fit démolir tout le reste. Thèbes, autrefois si grande, ne contient plus que trois ou quatre mille ames, & n'a de remarquable qu'une belle fontaine qui pouvoit être la Dircé des anciens, célébrée dans les écrits de Pindare. Je quittai à regret cette illustre patrie d'Amphion & d'Epaminondas.

Nous arrivâmes le lendemain à Livadia, petite ville qui fait un commerce considérable de riz, de bled, & d'étoffes de laine. Le jour suivant, nous laissâmes sur la gauche l'Hélicon, & à quelques milles de-là, nous nous trouvâmes au pied du Parnasse, où j'eus la curiosité de monter : le chemin en est raboteux & escarpé. Je parvins cependant jusqu'au sommet des deux croupes ; & quoique le terrein soit par tout assez sec, on y trouve de petites plaines plantées de pins qui rendent ce séjour agréable & solitaire. La célebre fontaine de Castalie est dans l'enfoncement que forment les deux croupes : l'eau en est fraîche & délicieuse. Je me reposai quelque tems sur ses bords, réfléchissant en moi-même à cette foule prodigieuse de malheureux auteurs qui profanent, sur-tout à présent, ces lieux augustes qu'ont habités les Homeres, les Anacréons, les Virgiles, &, dans le dernier siécle, les Corneilles, les Miltons, les Racines. Je continuai ma marche jusqu'au village de Castri, où étoit située la fameuse Delphes; elle fut fondée par un fils de Neptune, nommé *Delphus*. Les Grecs l'appelloient *le nombril de la terre*; & Pindare dit que Jupiter ayant lâché deux aigles de même vîtesse, &, en même tems, l'un à l'orient, l'autre à l'occident, ils se rencontrerent tous deux à Delphes. Les oracles qu'y rendoit Apollon, par la bouche d'une prophétesse, en firent une des villes les plus riches du monde. On y accouroit de tous les pays ; & ceux qui consultoient la prêtresse, faisoient au temple des présens considérables. Parmi les ruines qui sont en petit nombre autour de Castri, je vis quelques tas de marbre, qui ne purent me donner aucune idée des beaux édifices qui étoient autrefois dans ce lieu.

Nous nous rendîmes de-là à Salona, & ensuite à Lépanthe ; cette ville, anciennement appellée *Naupactus*, étoit une des plus fortes places de l'Ætolie. En effet sa situation est fort avantageuse, étant bâtie autour d'une petite montagne, au sommet de laquelle est la forteresse : il y a à Lépanthe plusieurs beaux jardins de cédres, de citronniers & d'orangers. Hors de la ville, est une fontaine délicieuse qui ne le céde point à la source de Castalie ; il ne lui manque que d'avoir été célébrée par les poëtes. Le commerce de Lépanthe se fait en bled, en riz, en huile & en tabac, qui sont les principales productions du pays. Le jour même de notre départ de cette ville, nous arrivâmes à Patras, après avoir passé le golfe de Lépanthe dans une barque.

Patras ou Aroë étoit une ville considérable avant les conquêtes des Mahométans : elle étoit embellie de plusieurs temples fameux, tels que ceux de Minerve, d'Atys & de Cybele, de Vénus, de Diane & de

Bacchus Calydonien. Je n'y trouvai de curieux que les jardins où croissent les plus beaux citrons du monde, & quantité de grenadiers, d'orangers & de cédres. Le village de Calata, à quelques lieues de Patras, étoit cette Calydon des anciens, près de laquelle on raconte que Méléagre tua le sanglier furieux qui défoloit le pays, & dont il donna la hure à la belle Athalante. Cette préférence, comme vous sçavez, irrita tellement les oncles de Méléagre, qu'ils enleverent cette hure à sa maîtresse. Le jeune vainqueur punit cet affront par la mort de ses oncles; mais ils furent vengés par leur sœur, mere de Méléagre, qui jetta au feu le tison auquel étoit attachée la vie de son fils.

La même barque qui nous avoit amenés de Lépanthe à Patras, nous conduisit à Zanthe, où nous nous reposons depuis quelques jours, & d'où nous ne tarderons pas à partir pour visiter d'autres lieux.

Je suis, &c.

A Zanthe, ce 5 Octobre 1736.

XI. LETTRE.

SUITE DE LA GRECE.

DEPUIS notre départ de Zanthe, j'ai déja parcouru tant de pays, Madame, qu'il n'est pas possible d'en voir un plus grand nombre en si peu de tems. Je suis actuellement à Négrepont, capitale de l'Eubée, & j'en partirai bientôt pour voir encore d'autres isles de la Grèce. Sans vous ennuyer par un détail circonstancié de ce qui s'est passé chaque jour de mon voyage, je vais vous exposer, en peu de mots, ce que j'ai trouvé de plus remarquable.

L'isle de Rhodes est la premiere où nous débarquâmes ; elle est à vingt milles de la terre-ferme d'Asie, & peut avoir cent quarante milles de circuit ; elle changea plusieurs fois de nom & de maîtres ; elle fut d'abord appellée par les Grecs *Ophiuse*, pour exprimer la quantité prodigieuse de serpens dont elle étoit infestée : on la nomma ensuite *Astérie*, *Corimbie*, *Macarie* & *Rhodes*. On dit même que ce fameux colosse qui passoit pour une des sept merveilles du monde, lui fit donner le nom de *Colosse*. Vous sçavez, Madame, qu'elle étoit cette statue énorme : elle avoit soixante & dix coudées de haut, & étoit si prodigieuse, qu'un homme eût eu peine à embrasser un de ses pouces. Charès, excellent sculpteur, employa douze années à la faire, & elle coûta des sommes immenses : elle étoit posée sur la mer, ayant les jambes sur chacun des côtés du port; ensorte qu'un navire pouvoit passer dessous à voiles déployées ; mais elle ne dura que cinquante-six ans debout : un tremblement de terre la renversa & la fracassa. Vers le milieu du septieme siécle, un soudan d'Egypte étant venu contre les Rhodiens, fit emporter ce qu'il trouva des débris de ce colosse, & en chargea neuf cents chameaux : nous ne vîmes donc plus que la place qu'il occupoit.

La ville de Rhodes eſt la capitale de l'iſle. Phoronée, roi d'Argos, en fut le fondateur plus de ſept cents ans avant Jeſus-Chriſt. Les Saraſins la poſſéderent juſqu'à ce que les chevaliers de S. Jean de Jéruſalem s'y établirent au quatorzieme ſiécle, & prirent le nom de *chevaliers de Rhodes*. L'hiſtoire eſt pleine des exploits de ces religieux militaires ; & vous n'ignorez pas, Madame, les ſiéges fameux qu'ils ſoutinrent contre les Turcs : ils repouſſerent Ottoman qui vint les aſſiéger avec cent mille hommes; mais ils ne purent réſiſter à la fortune de Soliman II, qui les ayant attaqués avec une fois plus de monde & quatre cens vaiſſeaux, les força enfin, après ſix mois d'un ſiége le plus opiniâtre & le plus mémorable dont l'hiſtoire faſſe mention.

Rhodes eſt ſituée ſur un côteau près du rivage de la mer, & environnée d'une double enceinte de murailles défendues par pluſieurs tours & baſtions qui la rendent preſqu'imprenable. Les Turcs n'ont rien changé aux fortifications ; & ils n'ont fait que convertir les principales églises en mosquées. Je ne vis rien, dans la capitale & dans les environs, qui méritât une attention particuliere. Je conjecturai seulement qu'à la place d'une bourgade de l'isle, avoit été autrefois la ville de Lindes, patrie d'Aristophane. Mon goût pour ce poëte comique me fit trouver du plaisir à considérer les lieux où je me persuadois qu'il avoit pris naissance. C'est, Madame, un sentiment que j'éprouvois fréquemment dans les isles de la Gréce. En me voyant sous le même ciel, je croyois respirer le même air, & me sentois presqu'inspiré du même génie que ceux dont j'avois admiré les écrits. Le terroir de Rhodes est très-fertile & abondant en paturages : il produit quantité d'orangers, d'oliviers, & autres arbres toujours verds ; l'air y est temperé, & n'est sujet à aucun nuage ; c'est ce qui faisoit croire aux anciens que cette isle étoit consacrée au soleil.

En passant de Rhodes à Candie nous vîmes l'isle de Scarpanto, appellée anciennement *Carpathus*, d'où est venu le nom de *Carpathienne* à cette partie de la Méditerranée, qui tire vers l'Egypte. Cette isle contenoit autrefois quatre villes qui ne sont plus que des villages. On y voit encore des carrieres de marbre, & le pays est assez fertile.

L'isle de Candie qui fut autrefois un des plus florissans royaumes de la Gréce, sous le nom de *l'isle de Créte*, est peu de chose aujourd'hui; c'est-là que régna d'abord le vieux Saturne, pere de Jupiter, & ensuite Jupiter lui-même, dont la fable a fait un Dieu. Vous sçavez, Madame, ce que les poëtes, pour embellir cette histoire, ont raconté sur la naissance & l'education de ce jeune prince. Les habitans de Créte étoient encore grossiers & sauvages; mais Rhadamante & Minos, fils & successeurs de Jupiter, sçurent les civiliser, & méri-terent, par la sagesse de leurs loix, de présider, après leur mort, au tribunal des enfers. Ce furent ces mêmes loix qu'emprunterent des Crétois Sparte & les autres villes de la Gréce. Les Romains les prirent

des

des Grecs, & les autres peuples des Romains; ainsi la Crète peut se glorifier d'avoir donné des loix à toute la terre. Metellus fut le premier qui la soumit à la puissance Romaine : elle passa depuis sous la domination des empereurs de Constantinople, qui la donnerent au marquis de Montferrat; celui-ci la vendit aux Véniiiens, sur qui les Turcs s'en sont emparés. Des cent villes qu'il y avoit jadis dans cette isle fameuse, à peine en trouve-t-on trois aujourd'hui; encore sont-elles délabrées, & dans un pitoyable état. Rhetimo & Damasta sont, après la capitale, les plus considérables.

Candie fût bâtie sur les ruines d'une ancienne ville appellée *Héraclée*. Son port étoit de quelqu'importance avant l'invasion des Turcs; mais à présent il est comblé à un point, que les petits bâtimens ont peine à y entrer. L'intérieur de la ville est un objet de deuil & de tristesse : on ne voit par-tout que des édifices ruinés, des murailles nues, & prêtes à s'écouler. Il semble que les

Turcs se plaisent à voir les ravages qu'ils ont causés eux-mêmes pendant plusieurs années d'un siége sanglant & opiniâtre : ils n'ont reparé que les brèches des fortifications, sans s'embarrasser que le reste tombe en ruine. Les campagnes d'alentour sont fertiles & abondantes ; leurs richesses principales consistent en froment, en oliviers, & en vins excellens.

Rhetimo est plus petite que Candie, mais plus agréable. Sa situation est fort avantageuse, étant bâtie sur une bordure de rochers qui s'avance fort loin dans la mer. Elle est entourée de murs ; mais sa principale fortification est le rocher même sur lequel elle est posée. Une seule source fournit abondamment de l'eau à toute la ville. Le pays où est située Rhetimo, est en partie couvert de rochers, & en partie, planté de jardins délicieux où croissent, sans ordre, des orangers, des limoniers, des cerisiers & des cannes de sucre. Les vignobles y étoient autrefois en grande réputation ; ils ont dégéneré depuis que les Turcs en sont les maîtres.

Damasta n'a rien de plus remarquable que Rhetimo : elle est de même environnée, d'un côté, de plantations qui produisent beaucoup d'huile & de sucre, & de l'autre, de rochers arides & stériles. N'ayant encore rien vu dans l'isle de Crète, dont j'eusse lieu d'être satisfait, je voulus visiter ce fameux mont Ida, dont les poëtes ont tant parlé. Nous marchâmes long-tems par un chemin difficile & montueux, tantôt sur des collines escarpées, tantôt dans des creux & des précipices où nous courions, à chaque pas, risque de perdre la vie. Nous n'étions pas encore à moitié de nos fatigues : un vallon spacieux s'offrit à notre vue ; mais quelqu'agréable que fût le coup d'œil des côteaux d'alentour qui forment un amphithéatre naturel, quand on m'apprit que ce que nous voyions n'étoit que des prolongemens du mont Ida, & que nous étions bien éloignés du terme, je faillis à laisser là mon entreprise : mais l'ardente curiosité du Docteur me fit reprendre courage ; & après avoir traversé la vallée, nous grimpames à travers les rochers & les neiges, à l'exemple des chévres sauvages dont ces montagnes sont remplies. Je les voyois suspendues au-dessus de nos têtes ; & j'avois peine à croire qu'elles pussent non seulement se soutenir, mais courir encore avec une agilité surprenante. Nous nous reposâmes quelque tems dans un couvent, dont la structure gothique est assez réguliere. Les Caloyers, ou moines qui l'habitent, sont gras & des mieux nourris. Nous marchâmes encore une journée entiere, & nous nous trouvâmes enfin au pied du mont Ida. Tout ce que nous avions vu jusqu'alors de précipices étoit peu de chose, en comparaison de ceux que nous avions devant nous. Il nous restoit près de trois lieues de marche, pendant lesquelles il nous falloit gravir le plus souvent sur des sables & des rochers nuds. Je ne sçais trop comment je pus venir à bout de surmonter tant d'obstacles. Je fus moi-même surpris de me trouver au sommet ; &, pour les choses du monde les plus curieuses, je n'eusse pas voulu recommencer. Jugez, Madame, si j'eus lieu de regretter mes peines, quand, après avoir porté par-tout mes pas & mes regards, je ne vis ni grotte ni fontaine, ni rien de ce qui peut récréer l'imagination. De quelque côté que je me tournasse, je n'appercevois que des neiges, des sables, des rochers, & des chévres d'une maigreur extraordinaire. C'est donc là, disois-je, cette fameuse montagne où Jupiter demeura si long-tems caché. Une pareille retraite étoit digne du maître des dieux, & je ne pense pas qu'aucun mortel eût entrepris de le découvrir. Nous oubliâmes bientôt ce que nous avions souffert lorsque nous fûmes près de descendre ; cette effrayante route nous eût absolument rebutés, sans la nécessité où nous nous trouvions de la faire. Nos conducteurs nous firent voir de loin, comme pour nous encourager, les ruines de l'ancienne Gortyne, à quelques milles du mont Ida; c'en fut assez pour nous faire surmonter les difficultés d'un voyage si pénible. Nous arrivâmes dans la plaine où étoit située cette ancienne ville, la plus riche & la plus grande de l'isle. On en attribue la fondation à Taurus qui, sous le nom de Jupiter, enleva Europe, fille d'Agenor, roi de Phénicie. Je croirois plus volontiers qu'elle fut fondée par Gortyne, fils de Rhadamante, roi de Crète. Quoi qu'il en soit, elle étoit bien fortifiée; & lorsqu'Annibal, après la défaite d'Antiochus par les Romains, la choisit pour son asyle, il n'eut point lieu de s'en répentir. Les ruines de cette ville sont les plus belles que j'aie encore vues; ce ne sont pas seulement des corniches, des bases, des chapiteaux de colonnes de marbre; on voit encore quantité de morceaux de jaspe, de porphyre & d'autre matiere précieuse, revêtus d'ornemens & de reliefs d'un goût exquis. Je remarquai, entr'autres fragmens, deux colonnes de marbre granite, longues de plus de dix-huit pieds, & taillées chacune d'une seule pierre. Près de-là est le reste d'une arcade qu'on juge, à sa beauté, avoir été l'entrée de quelque somptueux édifice: il n'eſt pas poſſible de dire la quantité de morceaux de ſtatues & de colonnes dont toute la plaine eſt couverte. Tous ces ouvrages étoient parfaitement travaillés ; & ce qui en reſte, ſuffit pour faire connoître la délicateſſe & le génie des artiſtes qui s'y ſont employés.

Après avoir admiré long-tems ces auguſtes débris, j'allai voir le labyrinthe. Ne croyez pas, Madame, que je veuille parler ici du fameux ouvrage que Dédale conſtruiſit avec tant d'habileté, qu'il eut peine lui-même à en ſortir, & où, ſans l'invention merveilleuſe par laquelle il ſe fraya un chemin dans les airs, il eût été la premiere victime de ſon art. La plûpart des hiſtoriens qui ont parlé du labyrinthe de Crète nous le repréſentent comme un édifice merveilleux, bâti ſur le modele du labyrinthe d'Egypte, où l'art ſeul de l'ouvrier ſe faiſoit admirer. Le tems l'a entiérement détruit ; & il y a déja pluſieurs ſiécles, au rapport des habitans, qu'il n'en reſte aucune trace,

Le labyrinthe qu'on voit aujourd'hui à Candie, n'est donc pas celui où Théfée, conduit par le fil d'Ariadne, tua le fruit monstrueux des amours de Pasiphaë. Vous en jugerez vous-même, Madame, d'après ce que je vais vous dire.

Nous descendîmes avec des flambeaux dans le creux d'une montagne remplie d'une infinité de souterreins obscurs & étroits. L'ouverture est basse & raboteuse; c'est l'ouvrage de la nature; & l'art ne paroît pas y avoir contribué. Ce pouvoit être anciennement une simple grotte qui parut propre à creuser plusieurs routes. En avançant quelques pas, on arrive dans une espece de salon dont les murailles, taillées dans le roc, présentent une agréable variété de pierres & de marbres de diverses couleurs. Le plafond est garni d'une grande quantité de petits glaçons pétrifiés, qui font un effet merveilleux. Ce salon qui est fort étendu, conduit, par une pente aisée, dans une multitude d'allées & de rues qui s'entre-coupent les unes les autres. Si je n'avois pas eu avec moi des guides, j'avoue que je n'aurois jamais fçu quelle route je devois prendre : elles fe croifent en tant de manieres, & forment un fi grand nombre de tours & de détours, qu'après avoir fait beaucoup de chemin, on eft furpris de fe trouver au même lieu d'où l'on eft parti. Je ne pouvois me laffer d'admirer les différentes couches ou veines de terre qui femblent avoir été pofées en certains endroits pour le plaifir de la vue. Dans les allées où le fol étoit apparemment trop tendre, on a fait des murailles avec les pierres qu'on avoit tirées des parties plus dures & plus folides de la montagne. Nous parvîmmes, à l'extrémité du labyrinthe, dans deux grandes fales où nous nous repofâmes. Je vis, fur les murs, quantité de noms qu'on y a gravés avec la pointe d'un couteau, ou de quelqu'autre inftrument. Je n'en fus cependant certain qu'en les examinant de près; car plufieurs de ces noms excédoient le rocher, & paroiffoient avoir été relevés en boffe ; mais j'en vis quelques-uns qui étoient creux; & c'étoient ceux dont la date étoit plus récente; les autres étoient remplis, & plus ou moins faillans, à proportion de leur ancienneté. Je compris alors que cet effet étoit produit par une espece de minéral que nous nommons *spar*, & qui flotte dans toute eau. Cette matiere pénetre avec les gouttes d'eau, s'en sépare ensuite imperceptiblement, & s'attache aux murailles & aux voutes, où elles forment, avec le tems, une croûte dont les incisions faites sur le rocher facilitent l'accroissement.

Pour revenir, Madame, à l'ancien labyrinthe dont l'histoire fait si souvent mention, il est certain qu'il devoit être bien différent de cette multiplicité de caveaux ténébreux, où l'art paroît n'avoir eu presqu'aucune part. J'aime mieux croire que les Crétois ayant trouvé dans ces souterreins quelque ressemblance avec un monument qui avoit fait autrefois l'honneur de leur pays, ont un peu aidé à la nature, pour conserver le nom & l'image du fameux labyrinthe.

L'isle de Crête a plus de deux cens mille pas dans sa plus grande étendue d'Orient en Occident, & près de cinquante mille de largeur. Elle est arrosée d'une infinité de fontaines & de rivieres qui la rendent d'un grand rapport, sur-tout en vins excellens, que ceux du pays appellent *malvoisie*. Il y a aussi beaucoup de sucre, de miel, de cire ; & il y croît les plus beaux cyprès du monde. On n'y voit aucune espece d'animaux nuisibles ni venimeux ; les femmes seules y sont à craindre : on prétend que si elles blessent un homme avec les dents, la plaie est sans remede. Cette anecdote jointe à quelques autres de ce genre, me persuade que les armes du sexe dans ce pays, ne sont ni les prieres, ni les soupirs ni les larmes.

De l'isle de Candie nous partîmes sur un petit bâtiment que nous avions loué à dessein, pour avoir la commodité de débarquer où bon nous sembleroit, & faire le tour des Cyclades. On leur a donné ce nom, qui veut dire *circulaires*, parce qu'elles sont, pour ainsi dire, rangées autour d'un centre, qui est Délos. Les isles qui sont hors de cette espece de cercle du côté de Candie, & vers les côtes d'Asie, sont aussi comprises sous ce nom, quoique les anciens les aient appellées *Sporades*, qui signifie éparses çà & là.

Je m'arretai d'abord à Santarini ou Santorin, grande isle de l'Archipel, qui ne me donna pas une bien haute idée des autres. Au rapport d'Hérodote, cette isle étoit autrefois un pays délicieux, & se nommoit *Calliste*, à cause de son extrême beauté. Elle est étrangement déchue aujourd'hui de cet état : au lieu d'un terrein gras & fertile, on ne trouve qu'un vaste rocher qui produit à regret de quoi nourrir à peine ses habitans. Aux riantes prairies, aux paysages agréables, ont succédé des sables arides, & d'affreux précipices. L'entrée de cette isle a la forme d'un croissant, qui seroit le plus grand & le plus beau port du monde, si les vaisseaux pouvoient y trouver encrage. Entre les deux promontoires qui font les cornes du croissant, sont quatre petites isles formées par des volcans, au commencement de ce siécle: l'une d'entr'elles naquit d'une éruption subite dans un lieu où la mer étoit auparavant si profonde, qu'on n'en pouvoit trouver le fond. Après des mugissemens horribles & des agitations violentes qui répandoient au loin la terreur & l'effroi, la mer lança de son sein des tourbillons de flamme & de bitume, qui déroberent aux yeux la clarté du jour. On vit ensuite, avec étonnement, sur la surface de l'eau, une montagne solide, qui s'accrut insensiblement par quantité d'éruptions semblables. Cette isle nouvelle n'étoit d'abord qu'un amas de pierre-ponce, inégal & raboteux; mais le soleil l'anima, pour ainsi dire; & le limon de la terre s'étant joint aux minéraux calcinés dont elle étoit composée, elle devint capable de culture: c'est ce que nous raconta un vieillard qui, en 1707, avoit été témoin oculaire de ce que je vous écris. Je serois tenté de croire que Santorin elle-même s'est ressentie sous vent de ces éruptions de la mer; & c'eft peut-être là ce qui a produit en elle de fi grands changemens. Cette terre, toute ingrate quelle eft, a près de huit mille habitans, tous Grecs, qui vivent miférablement. La montagne de S. Etienne me parut mériter, par les ruines dont elle eft couverte, une attention particuliere. Je ne fçais point le nom de la ville qui y étoit fituée ; mais elle doit avoir été riche & magnifique, à en juger par quantité de morceaux de colonnes de granite, & par leur emplacement.

J'allai de-là à Policando, ifle prefqu'auffi grande, & plus agréable que Santorin : elle eft, comme celle-ci, formée d'un feul rocher ; mais ce rocher là même eft fertile. En certains endroits il eft couvert de quelques pouces de terre où croiffent d'abondantes moiffons ; en d'autres, où il y a moins de terre, les vignes viennent à l'envi, & produifent d'excellens raifins. On nous parla d'une grotte que les curieux ont coutume de vifiter ; je m'y rendis à travers des précipices & des roches pendantes,

SUITE DE LA GRECE. 279
toutes prêtes à nous écraser. Cette caverne est tapissée de congélations en forme de crystaux, les unes de figure pyramidale, les autres cylindriques; & quelques-unes sont couvertes d'une espece de dorure qui éblouit les yeux. La plûpart cependant sont d'un noir luisant, dont l'aspect est agréable.

Je ne fus pas aussi content de l'isle d'Argentiere. Ce nom lui fut donné, il y a quelques siécles, à cause de quelques mines d'argent qu'on y découvrit; mais son véritable nom étoit *Cimolus*, qui veut dire *craie*, parce que cette matiere fait le sol de cette isle. Je n'y trouvai que des montagnes brûlées, un terrein pierreux, & un seul village dont les habitans meurent de faim. Melos, à présent Milo, est un vaste amas de pierre-ponce & de minéraux pétris en quelque sorte par l'eau de la mer qui s'engouffre dessous, en plusieurs endroits, & la rend propre à être cultivée. Je ne doute pas que, du tems que les Phéniciens la possédoient, elle ne fût très-fertile; & si son sol est devenu si aride, on doit l'attribuer aux matieres calcinées dont la mer a couvert la surface de l'isle ; malgré cela, elle produit du coton, du bled & du vin. La capitale qui porte le nom de l'isle, est bâtie toute en pierres de ponce qui, quoique spongieuses & fort legeres, sont pourtant de bon usage. Les rues y sont d'une malpropreté & d'une puanteur insupportables. Cette ville est célebre dans l'antiquité pour son alun & pour son soufre ; l'un & l'autre y sont encore très-communs. Le soufre se voit en bloc sur les montagnes, & paroît de loin, comme autant de gros diamans qui jettent de l'éclat. Il y a aussi dans cette isle, des sources d'eau chaude très-salutaires. Je trouve dans les auteurs anciens que je porte avec moi, & qui me servent comme de boussole dans mes courses, que Milo fut appellée *Mellida*, à cause de l'abondance de miel qu'elle produit. Cette isle se glorifie d'avoir donné la naissance au plus sage des Grecs, à Socrate qui ne reconnoissoit qu'un seul Dieu, & au philosophe Diagoras qui n'en reconnoissoit point.

Après avoir quitté Milo, je m'approchai de l'Attique, & fis voile vers Cranaë, ou l'isle d'Helene, quoique le patron de notre bateau m'assurât qu'il n'y avoit rien de curieux à y voir ; mais le Docteur & moi ne voulions nous en rapporter qu'à nous-même, & mon dessein étoit de visiter jusqu'aux rochers les plus déserts. Pour vous, Madame, je me flatte que vous vous accoutumerez insensiblement à ces idées de stérilité & de solitude : je tâcherai cependant de vous épargner, le plus qu'il me sera possible, des dégoûts & des ennuis que j'ai éprouvés dans ce voyage. L'isle de Cranaë n'a aucuns vestiges qu'elle ait jamais été habitée ; peut-être est-ce ce qui la fit choisir par Pâris, lorsqu'il s'enfuit de la Grèce, avec Helene qu'il avoit enlevée. Ce prince, dit-on, s'y arrêta, & y jouit, pour la premiere fois, de sa conquête.

En face de Cranaë, est l'isle appellée par les anciens *Cythnos*, & par les modernes *Thermia*, à cause de ses bains chauds. Elle est encore aussi fertile qu'elle l'étoit autrefois. Le sol n'est ni pierreux ni sec, comme celui des isles voisines. Les campagnes sont couvertes de moissons, & les côteaux de vignobles moins estimés, à la vérité, que ceux des terreins plus arides. Il y vient quantité de meuriers dont les habitans tirent un profit considérable, par le grand nombre de vers à soie qu'ils nourrissent. Mais le principal commerce se fait en miel & en cire. On nous fit voir les ruines d'une ancienne ville qu'on nomme *Hebreo Castro*: elles sont d'une beauté & d'une magnificence singuliere. Parmi les marbres dont la terre est couverte, nous vîmes quantité de bas-reliefs & de tronçons de statues qui me parurent avoir été fort précieuses. Il semble que les barbares auteurs de ces ravages, craignant qu'on ne voulût rejoindre un jour les parties éparses de ces statues, aient pris la précaution de les mutiler. Thermia, capitale de l'isle, est passablement grande, & presque toute peuplée de Grecs.

Syra n'eſt guères moins fertile que Thermia : elle a vingt-cinq milles de longueur ; & quoique couverte de rochers, on y trouve néanmoins des campagnes qui fourniſſent de riches récoltes. Ces rochers ont cela de ſingulier, qu'ils ſemblent toujours prêts à s'écrouler, tant ils ſont eſcarpés & perpendiculaires. La capitale qui donne ſon nom à toute l'iſle, eſt ſituée à un mille de la mer, ſur le ſommet d'une petite montagne : on diroit de loin qu'elle eſt ſuſpendue ſur les flots. Entre la ville & le port, qui eſt d'une grande étendue, ſont les ruines de Sciros, ancienne capitale de l'iſle : elles ſont preſque toutes de marbre blanc de Paros ou de Naxia.

Tiné, autrefois Tenos, au nord de Syra, eſt une iſle fort grande, qui a environ ſoixante milles de circuit. Elle fut d'abord appellée *Ophiuſe*, pour ſignifier la quantité de ſerpens dont elle étoit remplie, & qui y ſont encore en grand nombre. Le pays eſt très-fertile : les mûriers, les grenadiers, les vignes y croiſſent à plaiſir, & ſont d'un bon rapport aux habitans qui aiment le travail & la fatigue. Il y vient aussi du bled & d'autres grains en abondance. La ville de Tiné étoit située sur le bord d'une baie qui lui servoit de port ; il ne reste aujourd'hui que la forteresse & un bourg qui porte le nom de *San-Nicolo*. Cette forteresse est sur le lieu le plus élevé de l'isle ; & sa situation avantageuse fait toute sa force. Il y a plusieurs années, ma-t-on dit, qu'en creusant près de la ville, on trouva un temple de Neptune ; mais je n'ai rien vu qui pût vérifier cette découverte.

Quelqu'agréable qu'eût été à mes yeux le séjour de Tiné, je ne fus point maître de ma surprise, en approchant d'Andros. Cette isle présente l'aspect le plus enchanteur. Figurez-vous une vaste & large baie séparée en deux par un promontoire qui s'avance dans la mer. Ce promontoire qui fait partie de la ville, est couvert de bâtimens & de jardins, dont le coup d'œil champêtre & riant invite les passagers à s'arrêter. De l'autre côté de la ville, est une vallée délicieuse & fertile. Tout le terrein de l'isle, en général, abonde en fruits de toute espece. Les grenadiers, entr'autres, & les limoniers y croissent en abondance; ce ne sont par-tout que des jardins & des vergers que mille petits ruisseaux fertilisent. Le plus bel endroit est derriere une haute montagne, au village d'Arne. Plusieurs hameaux environnés de palmiers le composent, & semblent autant de solitudes enchantées. La soie qu'on y travaille est des plus estimées & des plus fines. Andros n'est pas moins remarquable par ses antiquités, que par la beauté de son territoire. Les plus curieuses sont celles de Baléopolis, ville grande & magnifique autrefois. La quantité de colonnes, de bases, de chapiteaux qu'on trouve à l'endroit où étoit la citadelle, jointe à la tradition des habitans, nous fit croire que ce pouvoient être les vestiges d'un temple de Bacchus. On nous montra près de-là une source dont on dit que l'eau a le goût de vin, pendant le mois de Janvier,

L'imagination a ici, je crois, beaucoup de force. Une source d'eau auprès d'un temple du dieu du vin ne flattoit point ses adorateurs : ils lui ont attribué une propriété dont ils n'ont probablement point fait l'expérience.

Lia est la Cée ou Céos des Anciens. De quatre villes puissantes qu'elle contenoit autrefois, on ne voit plus que les ruines de Certhéa sur lesquelles est bâtie Zia, capitale de l'isle. A juger de l'étendue de Certhéa par celle de ses vestiges, elle devoit être considérable ; car outre les colonnes de marbre & plusieurs morceaux d'architecture qui se voient dans les maisons des particuliers & dans les rues de la ville, on en trouve encore quantité dans la campagne, & principalement sur une montagne éloignée d'une lieue du port. En avançant du côté de la mer, j'en vis un plus grand nombre près d'une enceinte de murailles demi-ruinées, qui appartenoient à quelqu'ancienne citadelle. Les habitans nous montrerent le tronc d'une statue

SUITE DE LA GRECE. 287
pour laquelle ils ont encore une frayeur respectueuse, parce qu'ils croient que c'est celle de Néméfis, déesse de la vengeance : on voit autour plusieurs blocs de marbre & quelques morceaux de colonnes & de chapiteaux. L'isle peut avoir trente lieues de circuit ; elle est fort renommée pour ses soies, dont les premieres fabriques sont attribuées à Pamphile, princesse du pays. Cette partie du commerce n'est presque rien aujourd'hui. Les habitans font plus d'étoffes de coton que de soie : ils s'appliquent encore particuliérement à faire des vins qui sont d'une qualité & d'un goût admirables.

Je ne sçais que vous dire, Madame, de l'isle de Macronisi, qui est assez grande, mais tellement déserte & stérile, qu'on n'y rencontre que des lézards & des sauterelles. Macris est plus petite, mais pareillement déserte : on ne trouve dans l'une & dans l'autre aucuns vestiges d'antiquité. Guara ou Joura a de plus que ces deux isles une espece de rats d'une grosseur peu commune ;

ce sont probablement les ancêtres de ces rats, qui obligerent les habitans de Guara à quitter le pays.

Le voisinage de l'Eubée, près de laquelle sont ces isles, me fit retarder de quelque tems l'exécution du projet que j'avois formé de faire le tour des Cyclades. Je débarquai à Châteauroux, forteresse considérable, sous le canon de laquelle les galeres Turques se retirent souvent. Il y avoit autrefois une ville bâtie en ce même lieu. Homère l'appelle *Caristos*. Les Titans, fils de la Terre, y donnerent des loix, entr'autres Briarée, à qui les Insulaires sacrifierent dans la suite comme à un Dieu. Le marbre marqueté de Caristos étoit fort estimé, & on l'appelloit *Caristien*. Je passai au bourg d'Eretria, autrefois la capitale de l'isle ; elle étoit renommée pour cette terre médicinale qu'on appelloit *Eretrienne*. Enfin j'arrivai à Négrepont qui est le lieu d'où je vous écris, me réservant à faire partir ma lettre, quand j'en trouverai l'occasion. Il peut arriver que vous en receviez quelquefois plusieurs le même jour ;

jour; car vous jugez bien qu'elles ne partent pas réguliérement, comme en France, à mesure qu'on les écrit; j'en ai eu jusqu'à trois dans mon porte-feuille, qui sont parties par le même vaisseau.

Négrepont, qui est actuellement la capitale de l'Eubée, n'a que deux milles de circuit; mais elle est accompagnée de fauxbourgs considérables, où il n'y a que des Grecs. Le nombre des habitans peut monter à quinze mille. Un des beaux édifices de cette ville est le serrail du capitan bacha ou chef des galeres. Ce palais est bâti sur l'Euripe, & présente le point de vue le plus agréable qu'on puisse imaginer: il est orné de galeries & de portiques de bois rouge vernissé. Je fus surpris du concours prodigieux des gens de la campagne, qui se rendent à Négrepont les jours de marché: ils viennent, de toutes les parties de l'isle, apporter leurs denrées; ce qui les rend si communes, qu'on les a presque pour rien. Je n'ai jamais vu tant de villages que dans ce pays; c'eſt ce qui fait que la terre y eſt ſi bien cultivée : elle abonde en fruits de toute eſpece, & principalement en bled, en vin & en huile. L'iſle a de circuit trois cens cinquante milles; ſa largeur n'eſt guères que de vingt. Elle eſt célebre par le fameux promontoire de Caphanée, au haut duquel Nauplius, roi de cette iſle, alluma des feux, pour attirer la flotte des Grecs, qui revenoit de Troye. La ruſe réuſſit : les vaiſſeaux donnerent dans les écueils, & furent preſque tous fracaſſés; mais Nauplius ayant ſçu que Diomede & Uliſſe, les principaux auteurs de la mort de ſon fils Palamedes, avoient échappé au naufrage, ſe précipita de dépit dans la mer.

Je dois dire ici deux mots de l'Euripe, fameux détroit de la mer Egée, qui ſépare l'Aulide & la Béotie de l'Eubée. Ce détroit ſe reſſerre tellement à l'endroit où eſt bâtie la forterreſſe de Négrepont, qu'une galere à peine à y paſſer. C'eſt ſur-tout vers cette partie qu'on remarque les effets surprenans que les anciens & les modernes ont tâché vainement d'approfondir. Pendant dix-huit ou dix-neuf jours de chaque lune, l'Euripe est réglé, comme disent les habitans, c'est-à-dire, qu'en vingt-quatre ou vingt-cinq heures, il a deux fois son flux & reflux, ainsi que l'Océan; mais, pendant les autres jours, il est déréglé; & alors, dans l'espace de vingt-quatre ou vingt-cinq heures, il a onze, douze, treize, & même quatorze fois son flux & reflux. Je voulus être témoin moi-même de ces changemens merveilleux; & étant allé à un moulin qui est au bas du château, je vis, en moins d'une heure & demie, la roue changer jusqu'à trois fois, selon le différent cours de l'eau. Il y a des tems où le détroit est si rapide, qu'il entraîne les vaisseaux les plus forts, malgré les vents & les efforts des matelots. Je ne veux point essayer ici d'expliquer cette merveille de la nature : je n'ai pas oublié, Madame, qu'Aristote lui-même n'en put connoître la cause; mais plus sage que lui, je n'ai eu garde de me précipiter dans l'Euripe, pour être compris, comme disoit ce philosophe, dans ce que je ne pouvois comprendre.

Le froid de la saison, joint à un assez gros rhume qui tourmente le Docteur, nous obligera à faire à Négrepont un plus long séjour que nous ne nous y étions attendus; mais ce pays-ci est agréable même en hiver; & je ne suis pas fâché de me reposer des longues & fréquentes courses que je viens de faire, pour me préparer à en entreprendre de nouvelles.

Je suis, &c.

De Négrepont, ce 17 Décemb. 1736.

XII. LETTRE.

SUITE DE LA GRECE.

Dans un pays tel que la Gréce, tous les lieux que parcourt un voyageur, sont autant d'objets consacrés à l'immortalité. Un simple ruisseau, un rocher, une grotte ont acquis de la célébrité dans les écrits des poëtes, ou par quelque événement mémorable. Ne vous plaignez donc pas, Madame, des détails de ma derniere lettre; & suivez-moi je vous prie, avec la même complaisance, dans les lieux qui me restent à parcourir.

La premiere isle où j'abordai, en quittant Négrepont, est Scio que les Tucrs appellent *Saches*. Elle est située entre les isles de Mételin & de Samos, & peut avoir cent vingt milles de circuit. Les insulaires ont été jadis fort puissans sur mer; mais ils furent subjugués par les Athéniens, ensuite par les Lacédémoniens, & enfin par les Romains. Ceux-ci pofféderent cette ifle jufqu'aux empereurs Grecs, qui la céderent aux Génois, auxquels les Turcs l'enleverent fous le régne de Sélim. Elle devoit être bien floriffante, puifqu'elle contenoit trente-fix villes qui font à préfent converties en autant de villages. La capitale eft grande & bien conftruite : fes édifices font réguliérement bâtis & à plufieurs étages, comme les nôtres : fon port eft fûr, & fon château bien fortifié ; il commande la ville & toute la côte. La grande églife eft d'une architecture gothique fort agréable ; mais le dedans eft orné de peintures à la grecque, fi ridicules & fi mauvaifes, qu'il n'y a pas de Barbouilleur en France, qui n'en fît de plus belles. Ce font des figures de faints, comme je l'ai remarqué par les noms qui font écrits au bas ; car il n'eft pas poffible d'en juger autrement. Nous ne vîmes d'antiquités remarquables dans toute l'ifle, que les ruines d'un ancien bâtiment fitué dans un vallon obfcur, à vingt milles de la capitale. Neptune avoit été amoureux d'une nymphe de Scio; & ce lieu favorable, plus qu'aucun autre, à ſes amours, pouvoit bien avoir été choiſi dans la ſuite, pour lui élever un temple. Je vis près de-là une ſource dont on nous dit que l'eau rendoit inſenſés ceux qui en buvoient. Le Docteur oſa tenter l'expérience, & je ne remarquai en lui aucun changement.

Scio eſt une des villes de la Gréce, qui ſe diſputent l'honneur d'avoir donné naiſſance au divin Homere. On me fit voir ici un lieu où l'on veut que ce grand poëte ait reçu les premieres leçons de ſon art : c'eſt une eſpece de baſſin d'environ vingt pieds de diametre. On montre auſſi la maiſon où l'on dit qu'habitoit cet auteur de l'Iliade, lorſqu'il compoſa ſes admirables poëſies. La vénération ſinguliere de ces bonnes gens pour tout ce qui a quelque rapport à ce génie ſublime, m'en inſpira à moi-même pour cette reſpectable chaumiere, où j'aimois à croire qu'avoit demeuré un ſi grand homme.

J'ai vu peu d'isles aussi fertiles que Scio. Les montagnes même dont elle est couverte dans la partie du Nord, sont toutes cultivées. Je ne m'étonne plus, qu'elle fut appellée *un des greniers du peuple Romain.* Les oliviers & les orangers y sont en grande quantité : ses vins célebres depuis long-tems, sont délicieux & forts. On laisse sécher les raisins deux ou trois jours après les avoir coupés, & on les porte ensuite au pressoir. Le lentisque, cet arbre qui produit le mastic, est commun en ce pays. Pendant les grandes chaleurs, on le coupe transversalement, & on facilite, par ce moyen, la distillation de la résine qui coule goutte-à-goutte, & se durcit à l'air en peu de tems. Cette drogue est, dit-on, stomachale: on s'en sert, dans l'Orient, pour pétrir du pain. Ce pain prend, avec le goût de mastic, une blancheur agréable à la vue. Les femmes & les filles ont un grand plaisir à mâcher du mastic ; elles le pétrissent avec la langue, le soufflent comme des bouteilles qu'elles font crever ensuite dans la bouche, avec grand bruit. Une des grandes richesses de cette isle, étoient les belles carrieres de jaspe qu'on dit qui y étoient autrefois. Nous n'y vîmes que des carrieres de marbre; mais ce marbre nous parut d'une grande beauté.

Samos, dont la ville de Cora est la capitale, n'est ni aussi grande ni aussi fertile que Scio : elle abonde cependant en arbres fruitiers, & principalement en oliviers; mais les vignes y sont très-rares, quoique les pays voisins en soient, pour ainsi dire, tout couverts. Cette isle s'étend du levant au couchant, & n'a pas plus de quatre-vingt milles de circuit. La commune opinion est que Junon, à qui Samos étoit consacrée, étoit née dans cette isle & qu'elle y fut mariée à Jupiter; aussi nous dit-on qu'elle y avoit un temple magnifique, où l'on célébroit, tous les ans, une fête en guise de nôces. Ce récit me fit croire que je découvrirois quelques restes d'antiquités. Je me fis conduire dans l'endroit où avoit été l'ancienne Samos. Les ruines de cette ville font si apparentes & si étendues, qu'il n'eſt pas poſſible de s'y tromper : elles font poſées fur une montagne aux environs de laquelle je trouvai quantité de pierres de tombeaux, éparſes çà & là. Le Grec qui nous conduiſoit, me fit remarquer, dans un monceau de ruines, plus élevé, les anciens reſtes du temple de Junon. Je voulus bien le croire, parce qu'en effet, c'eſt le feul endroit où l'on trouve des baſes & des morceaux de colonnes de marbre. J'eus plus de plaiſir à fuivre les traces d'un ancien aqueduc, bâti de briques fi fortes & fi dures, que, depuis deux mille ans, elles font encore auſſi entieres que fi elles fortoient des mains de l'ouvrier. Je ne vis aucun autre monument qui pût piquer ma curioſité ; mais une choſe qui frappe les étrangers, & fur-tout un François accoutumé à l'élégante parure des femmes de fon pays, c'eſt la mal-propreté & l'extrême négligence des Samiennes : le fexe y eſt fur ce point d'une indifférence &

d'une paresse insoutenables. Samos est recommandable dans l'histoire, par la naissance d'un philosophe, d'une sybille & d'un tyran. L'un est le sçavant Pythagore, ce zélé partisan du systême de la métempsicose; la seconde est une de ces femmes célebres qui ont annoncé la venue de Jesus-Christ; le troisieme est ce fameux tyran Policrate qui, après une vie toute de prospérités, fit enfin la funeste expérience, que nul ne doit être estimé heureux avant sa mort.

L'isle de Nicaria près de Samos, aussi bien que la mer qui l'environne, doit son nom au téméraire fils de Dédale, qui, s'étant trop approché du soleil, fondit la cire de ses aîles; & le malheureux Icare tomba dans la mer, à côté de l'isle d'Ictieuse qui fut depuis appellée *Icaria* ou *Nicaria*. Cette isle qui a environ trente milles de circuit, est belle & fertile; mais les habitans en sont si paresseux, que presque toutes les terres restent en friche.

Il n'est pas que vous n'ayez entendu parler, Madame, de Pathmos, cette isle célebre, où S. Jean a composé l'Apocalipse : on l'appelle actuellement *Palmosa*. C'est un vrai pays de méditation, par la solitude & le vaste silence qui y régne. Quoiqu'elle ait vingt à trente milles de circuit, elle ne contient guères que trois cens habitans. Les arbres, les paysages, la verdure y sont presqu'entiérement inconnus : tout y inspire une mélancolie triste & de sombres rêveries. Les montagnes sont nues & dépouillées; les vallons même sont arides & stériles. L'église de S. Jean est bien bâtie & passablement grande; mais elle excita moins notre curiosité, que l'endroit de l'isle où l'on prétend que demeuroit ce saint Apôtre. Le chemin qui y conduit, est entre des rochers escarpés & difficiles. On arrive à un pauvre hermitage bâti sur la côte d'une montagne, à quelque distance d'un couvent de moines Grecs. La chapelle est petite & ornée de peintures qu'on nous dit être l'histoire de S. Jean. A quelques pas de-là est un grand trou creusé dans le roc, dont la voûte est soutenue sur un pilier. C'est-là, dit-on, la grotte du Saint & le lieu où il écrivit son Apocalipse. Je ne pus m'empêcher de rire de la simplicité des bonnes gens qui nous accompagnoient : ils nous montrerent, avec grand respect, plusieurs crevasses que le tems a pratiquées dans le rocher, & nous raconterent sérieusement comment le saint Esprit entroit par ces fentes, pour dicter à S. Jean son livre mystérieux

Vis-à-vis de Palmosa est une petite isle appellée *Saint-Minos*, qui a cela de singulier, qu'elle est comme coupée par le milieu. Un chemin creusé par la nature, dans la partie la plus élevée de l'isle, forme cette séparation. Une des deux moitiés est fertile & produit plusieurs sortes de fruits ; l'autre est entiérement stérile & pierreuse. La roche de cette partie est de marbre brun, mêlé de coralloïdes d'une blancheur éclatante.

J'eus lieu d'être satisfait de mon séjour à Naxia, qui est une des plus grandes des Cyclades & des plus riches : elle fut appellée autrefois *Dionyſia*, du nom de Denys ou Bacchus qui y tenoit ſa cour. Depuis on la nomma *Callipolis* & *petite Sicile*, à cauſe de ſa fertilité. En abordant dans cette terre, je m'attendris ſur les malheurs d'Ariadne abandonnée par le perfide Théſée. Je m'imaginois entendre les plaintes de cette amante déſolée, qui faiſoit retentir les rochers & les rivages de Naxia de ſes gémiſſemens, lorſque Bacchus touché de compaſſion, vint lui offrir ſa main & ſa couronne. La ville appellée *Naxia*, eſt bâtie ſur les ruines de l'ancienne. C'eſt une des plus belles que j'aie encore vues dans l'Archipel : ſes murailles ſont épaiſſes & flanquées de tours. La citadelle eſt ſituée dans la partie la plus éminente, & m'a paru d'une conſtruction réguliere. Les égliſes y ſont en grand nombre ; & la cathédrale ſur-tout eſt belle & ſpacieuſe. Le ſexe eſt ici bien différent de ce que je l'ai vu à Samos. L'orgueil & la vanité ſont portés à l'excès parmi les femmes ; & aucune ne marche dans les rues ou à la campagne, qu'avec un étalage ridicule de ſes ajuſtemens, & même de ſes meubles. J'allai voir, près du château, des reſtes de la plus haute antiquité. Ce ſont des ruines d'un temple de Bacchus; elles couvrent tout un rocher qui eſt environné des eaux de la mer. La richeſſe des matériaux prouve la magnificence & la beauté de cet édifice. Les morceaux de jaſpe & de porphyre ſont mêlés avec le granite & le marbre le plus riche. Le cadre de la porte qui conduiſoit au temple, eſt encore dans ſon entier: il eſt de trois piéces de marbre fort uni, chacune de dix-huit pieds de longueur ſur onze d'épaiſſeur. Je n'ai rien vu de ſi noble ni de ſi majeſtueux. Naxia eſt fort commerçante, quoiqu'elle manque de port; mais la richeſſe & la fertilité de ſon terroir ſupplée à ce défaut. On a peine à comprendre la quantité prodigieuſe de fruits que produit cette iſle. Tous les côteaux ſont couverts d'orangers, de limoniers & de vignes: les plaines ſont ombragées de mûriers, de figuiers, de grenadiers; & les récoltes des grains y font très-abondantes. L'industrie des Naxiens ne fe borne pas à la culture des terres. Ils font une grande quantité de fel qu'ils vendent à fort bon compte, & ils s'occupent encore à travailler la foie & le coton qu'ils recueillent dans toutes les parties de leur ifle.

J'eus de la peine à quitter un auffi beau pays; mais j'en fus confolé, en arrivant à Paros. Cette ifle, quoiqu'elle n'ait qu'environ cinquante milles de circuit, étoit autrefois une des plus confidérables des Cyclades: elle étoit l'alliée des Perfes contre les Grecs; & le fameux Miltiades ayant eu ordre des Athéniens de s'en emparer, ne put en venir à bout. Les rares antiquités dont elle eft encore à préfent remplie, la rendent très-curieufe. Les murs du château de Parecchia, qui eft le nom actuel de la ville, les rues, les édifices publics & particuliers ont été conftruits avec les ruines de l'ancienne ville. On trouve, à chaque pas, incruftés dans les murailles, des corniches, des frifes, des chapiteaux de colonne; &

des colonnes même toutes entieres, couchées horizontalement, en guise d'un rang de pierres. Ici, les plus beaux bas-reliefs mêlés avec des corps de statues, soutiennent l'entrée d'une maison; là, une belle colonne cannelée compose le linteau d'une porte. C'est un spectacle digne de compassion & de larmes, de voir des ouvrages qui ont coûté autrefois tant de soins & de travaux, confondus avec les pierres & le ciment. Les colonnes & les statues de marbre devoient naturellement être fort communes dans une isle d'où l'on tiroit le plus beau marbre de la Gréce. Paros n'est, à proprement parler, qu'un seul rocher de marbre, couvert de quelques pieds de terre. J'allai voir ces carrieres si vantées, qui fournissoient à presque toute l'Asie de quoi décorer les temples des dieux, & honorer la mémoire des grands hommes. Je vis, dans la plus ancienne de toutes, un bas relief superbe, taillé dans le rocher, dont il n'a pas été séparé. Les sculpteurs de Paros, ou ceux qui y venoient de toute part, avoient de quoi exercer leur génie & leur goût dans ces souterreins précieux. Lorsque l'ouvrage étoit achevé, on coupoit le bloc à une profondeur convenable; & l'on voyoit paroître à la fois les plus beaux chefs-d'œuvres de l'art & de la nature. Celui dont je parle, représente une fête de Bacchus : on voit ce dieu, sous la figure d'un jeune garçon, environné de gens qui dansent & se réjouissent. C'est à Paros, qu'au commencement du dix-septieme siécle, se fit la découverte de ces belles tablettes de marbre, où sont gravés les événemens principaux de l'histoire grecque, depuis la fondation d'Athènes. Thomas, comte d'Arondel, eut soin de les faire transporter en Angleterre, où il les déposa dans la célebre académie d'Oxford. On les appelle indifféremment aujourd'hui *marbres d'Oxford*, *marbres d'Arondel*, & *marbres de Paros*. Cette isle est encore renommée par la naissance d'Archiloque, poëte fameux, qui inventa les vers ïambiques, & qui, par la force & la véhémence de sa poësie, contraignit un certain Lycambe à se pendre.

L'isle d'Antiparos n'est séparée de cette derniere, que d'un mille & demi. C'est aussi un rocher continuel, couvert de quelques pouces de terre, avec cette différence que ce n'est pas un rocher de marbre, comme Paros. On n'y voit qu'un seul village & très-peu d'habitans; mais j'ose dire que le pays mérite plus qu'aucun autre l'attention des curieux. C'est-là qu'est cette fameuse grotte de congelations, si vantée par les anciens & par les modernes. Les choses surprenantes qu'on en raconte, nous firent prendre la résolution d'y descendre, quoique je sçusse à combien de dangers j'allois m'exposer. nous prîmes quatre hommes, pour nous compagner; ensorte qu'avec mon valet & le Grec qui nous servoit de guide, nous formions une petite troupe de huit personnes. Je vous ai décrit, Madame, le labyrinthe de Crète & les souterreins innombrables dont il est composé. A présent que j'ai vu la grotte d'Antiparos, je le regarde comme une promenade aisée & agréable. Figurez-vous un précipice affreux de plus de mille pieds de profondeur, où l'on ne peut descendre qu'avec des cordes ou des échelles. Voilà le premier point de vue, sous lequel je vous prie d'envisager l'entreprise hardie, dont je vais vous rendre compte.

Nous entrâmes d'abord sous une vaste arcade voûtée & soutenue sur plusieurs piliers que la nature a taillés elle-même. A l'extrémité de la caverne est un chemin étroit, que nous suivîmes à la lueur de plusieurs flambeaux, & qui nous conduisit au bord d'un affreux abîme. Je ne m'imaginai point comment nous pourrions aller plus avant; mais un de nos guides saisissant un crampon de fer, qui étoit enfoncé dans le rocher, y attacha une corde; puis prenant son flambeau d'une main, il s'aida de l'autre, à glisser, & disparut aussi-tôt, en nous criant de le suivre. Je laissai passer encore deux de mes gens avant moi, & je me laissai aller avec le Docteur, dans ce gouffre, à l'aide d'une corde.

J'eus beaucoup de plaisir, tandis que les autres descendoient après moi, à entendre leurs voix répétées par une infinité d'échos qui faisoient ensemble un bruit terrible. Notre troupe s'étant réunie, nous marchâmes quelques pas dans des rues fort étroites, & arrivâmes à un autre précipice moins escarpé, à la vérité, que le premier, mais qui présentoit plus de difficultés, parce que nous n'avions ni corde ni échelle. Il nous fallut rouler sur le dos, nous accrochant de notre mieux aux parties du rocher les plus raboteuses. Dans ce second étage, s'il m'est permis de parler ainsi, j'admirai une grande grotte, dont les côtés sont formés d'une espece de porphyre entremêlé de veines rouges d'un éclat merveilleux. Le pavé étoit d'une autre sorte de pierre grise, où je remarquai qu'étoient incrustés grand nombre de coquillages pétrifiés. Nous n'étions encore qu'au milieu de notre expédition; & il nous restoit deux autres précipices à descendre, avant que d'arriver au terme de nos travaux. Le premier, quoique terrible & dangereux, fut franchi en un inſtant, par le moyen d'une échelle qui ſe rencontra là fort à propos ; mais quand ce vint au ſecond, l'échelle ſe trouva trop courte ; & ne ſçachant quelle pouvoit être la profondeur du goufre, le courage nous manqua pour cette fois ; mais comment ſe déterminer à revenir ſur ſes pas, n'ayant rien vu qui pût nous dédommager de nos fatigues ? Nous prîmes le parti d'attacher un bout de corde qui nous reſtoit, à un rocher voiſin, & de nous laiſſer deſcendre juſqu'aux premiers échelons. Enfin j'appris que nous n'avions plus d'abîmes à franchir ; mais quand je faiſois réflexion à l'immenſe intervalle qu'il y avoit du lieu où nous étions au ſéjour de la lumiere, je ne pouvois m'empêcher de m'accuſer de témérité. J'oſe croire, Madame que c'eſt parce que d'autres avoient eu, comme moi, le courage d'y deſcendre, qu'on a imaginé les fables ſi connues, des deſcentes aux enfers.

Nous touchions à la fameuſe grotte

qui faifoit l'objet de ma curiofité. Je fis allumer des flambeaux à tous les coins de la caverne, comme on me l'avoit confeillé à Parecchia. Quelle fut ma furprife en entrant dans cette grotte ! L'éclat éblouiffant qui frappa ma vue, ne me permit pas d'abord de diftinguer aucun objet. Je crus être tranfporté par quelque charme invifible, dans la cour brillante du foleil, ou, au moins, dans les palais enchantés de Circé ou d'Armide. Mon admiration augmenta, lorfque mes yeux fe furent, pour ainfi dire, familiarifés avec cette lumiere éclatante. Je vis les côtés, la voûte & le pavé même de la grotte, formés de cryftaux tranfparens, avec une fi belle variété, que je ne crois pas que l'art puiffe jamais atteindre à cette perfection des ouvrages de la nature. Ce réduit enchanté eft long de trois cens pieds, & large à-peu-près de même. La voûte eft élevée d'environ quatre-vingt pieds. L'eau qui fuinte dans tous les fouterreins & qui dépofe par-tout où elle coule, le minéral appellé *fpar* ou plutôt, le

cryſtal qu'elle renferme, eſt la cauſe & l'origine des merveilles que je vais vous décrire. Le pavé n'eſt pas ſeulement couvert de nappes unies en forme de glace : les gouttes d'eau qui diſtillent de la voûte, ont formé, avec le tems, un boſquet d'arbriſſeaux de cryſtal que la lumiere réfléchie de nos flambeaux peignoit des plus vives couleurs. Ces arbriſſeaux, ou, ſi vous aimez mieux, ces touffes de petites pointes cryſtallines étoient entremêlées de figures ſaillantes de même matiere, les unes pyramidales, les autres arrondies vers leur extrémité. Ailleurs, ces figures unies entr'elles & contiguës, formoient une eſpece de muraille, dont les détours multipliés préſentoient l'image charmante d'un labyrinthe. Je portai enſuite mes regards vers la voûte ; & je la vis ornée d'une quantité prodigieuſe de pyramides renverſées. La maſſe & la grandeur de ces ſtalactites tranſparens étoient variées à l'infini. Les rayons de lumiere briſés & rompus, qui en partoient, imitoient parfaite-
ment

ment les couleurs les plus vives de l'iris. Tout ce que j'avois vu jusqu'alors, n'approchoit pas des beautés que présentoient les côtés de la grotte. Vers le ceintre de la voûte où les eaux n'ont pu facilement suivre la concavité qu'elle forme avec les côtés, le tems a produit plusieurs nappes de crystal, séparées du mur de la grotte. Ce sont comme autant de rideaux ondoyés de dix à douze pieds de largeur, dont quelquesuns pendent depuis la voûte jusqu'à terre : on diroit une suite de petits cabinets transparens, dont la construction inimitable efface tout ce que l'art a jamais produit de plus parfait.

Ne semble-t-il pas, Madame, d'après les merveilles que je vous raconte, qu'on ne puisse se former une plus belle idée de cette grotte admirable ? Je suis pourtant obligé d'avouer que les expressions sont fort au-dessous de la réalité, & que de pareils chefs-d'œuvre ne paroissent tels qu'ils sont, que lorsqu'on les a présens sous les yeux.

Je suis entré dans un assez long détail des fatigues que j'ai essuyées, en descendant dans ces souterreins : vous jugez bien, Madame, que nous en éprouvâmes de plus grandes encore pour en sortir. Je ne les remettrai point sous vos yeux ; ces sortes de détails pourroient enfin vous fatiguer vous-même.

Après avoir quitté Antiparos, on nous mena à Sténosa qui mérite plutôt le nom de rocher que celui d'isle. L'aspect en est désagréable, & n'offre que des sables & des creux, à travers lesquels on voit gravir quantité de chévres sauvages. Niconéria est un autre rocher à peu-près semblable, mais plus petit, n'ayant guères plus de trois milles de circuit. Nous y vîmes aussi des chévres ; & je ne sçais pas trop comment elles peuvent y subsister. Il y a, dans toutes ces isles désertes, des chapelles érigées en l'honneur de la sainte Vierge.

L'isle d'Amorgos est plus considérable que les précédentes : ses habitans passoient autrefois pour être les meilleurs astronomes & géographes de leur tems: ils n'ont à préfent d'autre mérite que d'être de bons laboureurs. C'étoit-là encore que fe faifoit la plus belle couleur d'écarlate; mais ce fecret n'y eft pas plus connu à préfent que l'aftronomie. Si les Amorgiens ne font point fçavans, ils font du moins laborieux: ils fçavent tirer parti du plus petit coin de terre. Les oliviers croiffent très-bien dans leur pays: les moiffons & les vendanges y font abondantes. La principale ville eft fituée fur une hauteur au pied d'un rocher qui préfente de loin, avec la ville, la forme d'un amphithéatre. Il y a, dans l'endroit de l'ifle le plus efcarpé & le plus inacceffible, un monaftere de la fainte Vierge & une églife qui eft en grande vénération dans le pays. Il faut monter la pente la plus rude qu'il y ait au monde, pour y arriver; & le danger de la route fuppofe beaucoup de dévotion dans les pélerins. Une des chofes remarquables dans cette ifle, eft l'habillement des femmes; elles font, en général, affes jolies; mais elles portent de longues robes à manches pendantes, qui les empêchent de paroître auſſi agréables qu'elles le font naturellement.

Je paſſe ſous ſilence Calaïero, Chiéro, Skinoſa, tous rochers déſerts, qui ne méritent pas ſeulement qu'on y aborde. J'avois la conſtance de les viſiter, perſuadé qu'on trouve quelquefois dans les lieux les plus déſerts, des choſes rares & curieuſes. Au reſte, ces iſles produiſent quantité de végétaux, &, entr'autres, cette plante appellé *férule*, dont le Dieu du vin permettoit à ſes ſectateurs de ſe frapper dans leurs fêtes. J'en arrachai quelques tiges, & je m'en donnai pluſieurs coups que je ſentis à peine, mais qui firent aſſez de bruit. Raclia eſt un peu plus habitée, quoiqu'elle ſoit preſqu'auſſi aride que ces iſles. Nous y trouvâmes deux freres laïcs du couvent d'Amorgos, qui menoient paître, à travers les cailloux & les pierres, les brebis & les chévres du monaſtere.

Je m'empreſſai d'arriver à Ino; & je voulus débarquer à l'endroit même où l'on prétend que repoſent les cendres d'Homere. Ce grand poëte passant de Samos à Athènes, tomba malade dans le vaisseau; & s'étant fait descendre à Ino, il y mourut. Ne pouvant rendre d'autres honneurs à sa mémoire, je promenai long-tems mes regards sur une terre qui renferme les restes précieux de ce grand homme. En parcourant la côte, pour découvrir quelque indice de ce que je cherchois, j'apperçus neuf blocs de marbre que je crois avoir été posés en ce lieu, à l'honneur des neuf Muses qui avoient présidé à ses écrits. Je m'avançai ensuite dans l'isle que je trouvai assez bien cultivée. La ville paroît avoir été fondée sur les ruines de l'ancienne Ios, célebre, sans doute, autrefois, par quelqu'une des aventures d'Io, fille d'Inachus, qui, sous la forme d'une génisse, traversa, depuis Argos, sa patrie, jusqu'à l'embouchure du Nil, cette partie de la Méditerranée appellée *Ionienne*.

Je retrouvai à Membliaros, aujourd'hui Namfio, & à Sikino, ce que j'avois vu dans d'autres isles, c'est à-dire, un pays inculte & un peuple fainéant. On nous dit que Namio avoit été découverte par les Argonautes qui y avoient bâti un temple en l'honneur d'Apollon. Je ne vous dirai point, Madame, si les ruines de ce temple subsistent encore ; ce qu'il y a de vrai, c'est que j'ai vu des ruines fort antiques.

Après avoir tourné long-tems autour de Délos qui est le centre des Cyclades, j'arrivai enfin dans cette isle où l'on dit que Latone poursuivie par la jalousie de Junon, mit au monde Apollon & Diane qu'elle avoit eus de Jupiter. Quoique je sçusse bien, Madame, que tout cela n'étoit qu'une fable, je ne laissai pas de rappeller encore à mon imagination cette isle flottante que Neptune rendit stable en faveur de Latone. On eut depuis un si grand respect pour la patrie d'Apollon & de Diane, qu'on ne voulut plus qu'aucun mortel y naquît ou y fût enterré. Les femmes grosses & les morts étoient transportés dans une isle voisine. Jugez, Madame, quelle vénération on devoit avoir pour un pays consacré au Dieu du jour & à la Déesse de la nuit, c'est-à-dire, aux deux divinités que les peuples croyoient avoir continuellement devant leurs yeux. Aussi les villes de la Grèce & les princes de l'Asie ne mirent aucunes bornes à leurs largesses; les uns l'embellirent, à l'envi, des plus beaux édifices; les autres l'enrichirent par de magnifiques présens. On donnoit le nom de *sacré* au vaisseau qui portoit ces offrandes. Le concours des peuples y étoit aussi considérable qu'à Delphes, parce qu'Apollon y rendoit pareillement ses oracles. En approchant de l'endroit où étoit située l'ancienne ville de Délos, nous vîmes quantité de morceaux de marbre, & de colonnes, les uns enfoncés en terre, les autres étendus sur la plaine. Plusieurs sont encore dans leur entier, entr'autres, deux de granite, d'un ouvrage fort délicat. Au-delà de ces colonnes, nous apperçûmes toute une colline couverte d'architraves, de corniches, de piedestaux de marbre, qui faisoient autrefois partie de quelque bâtiment magnifique. Je distinguai même, en examinant plus attentivement, l'emplacement & les fondemens d'un temple d'Apollon. La grandeur & la beauté des piéces de marbre qui s'y voient encore, étoit digne de la majesté du Dieu qu'on y adoroit. La nouvelle ville, bâtie par Adrien, ne se distingue pas aujourd'hui de l'ancienne ; elle n'offre, non plus que l'autre, que des ruines & des fragmens de colonnes.

J'allai ensuite à l'endroit où l'on nous dit qu'étoit le *gymnasium*. Je vis un grand emplacement quarré, rempli de morceaux de granite & de colonnes couchées à terre : il y en a six encore debout, qui me parurent avoir dix-huit à vingt pieds de hauteur. Vous avez pu entendre parler, Madame, du fameux temple qu'Erisicton, fils de Cécrops, premier roi d'Athènes, fit bâtir en l'honneur d'Apollon, & à l'embellissement duquel toutes les puissances de la Gréce concoururent. Jugez de la grandeur de l'édifice par celle de la statue du

Dieu, dont nous remarquâmes quelques fragmens. L'une des cuisses que je pris soin de mesurer, avoit dix pieds de longueur. Ce devoit être un colosse prodigieux, qu'on nous dit avoir été taillé d'un seul morceau de marbre noir. On rapporte que Nicias, capitaine Athénien, fit élever, dans ce même lieu, un palmier de bronze, dont la chute renversa & brisa la statue d'Apollon. On trouve, hors de l'enceinte de ce temple, quantité de petits autels de deux pieds de haut sur trois de diametre. Il n'y a presque pas de lieu dans l'isle, qui ne soit couvert de quelques ruines superbes. Ici étoit le fameux portique que Philippe, roi de Macédoine, fit élever, & dont on lit encore le nom sur des marbres qui se sont conservés ; plus loin, sont les restes d'un théatre tout de marbre, de deux cens cinquante pieds d'étendue ; il étoit assis sur la pente d'une montagne. Ce que nous vîmes de plus apparent, est une vieille tour de neuf pieds d'épaisseur, qui servoit à soutenir l'édifice. En allant au mont Cin-

O v

thus, nous apperçûmes plusieurs morceaux de mosaïque, mêlés avec des colonnes très-bien travaillées. Cette montagne, d'où Apollon a pris le nom de *Cinthien*, est d'un aspect fort désagréable, comme tout le reste de l'isle : elle a cela de particulier, que le marbre dont elle est formée, est tout entier de granite, que le vulgaire appelle *marbre fondu* ou *fusible*, à cause des taches brillantes qui s'y trouvent. Outre les blocs & les morceaux de granite du pays, nous en vîmes quantité de celui d'Egypte. Il ne sera pas inutile d'observer, une fois pour toutes, que la couleur du granite d'Egypte est rouge, parsemée de grains brillans comme du talc, au lieu que celui de Délos est grisâtre.

Tant de magnificence & de richesses qui rendoient Délos un des plus beaux endroits du monde, n'ont pu la garantir des injures du tems. Cette isle n'est plus qu'un rocher désert, inculte, stérile & abandonné. Le trajet qui sépare Délos de Rhénia, est fort court. Cette isle s'appelle communément *la grande Dé-*

les, parce qu'elle a plus d'étendue que la précédente ; elle est aussi beaucoup plus fertile : ses plaines sont couvertes d'une terre grasse & propre au labourage ; mais la crainte des corsaires empêche qu'elle ne soit habitée. Le peuple de Mycone, isle voisine, y envoie ses troupeaux, pour les engraisser : peut-être feroit-il mieux de laisser ses troupeaux à Mycone, & de venir s'établir à Rhénia. Mycone est, à la vérité, assez considérable, puisqu'elle a quarante à cinquante milles de circuit; mais elle n'est pas des plus fertiles. De tous les grains, il n'y a guères que l'orge qui y vienne bien. Sur les parties pierreuses de l'isle il croît une telle quantité de figuiers, que les habitans en font une des principales branches de leur commerce. La ville est mal bâtie, mal située, & les rues fort mal-propres. Les femmes sont jolies, mais sales dans tout leur extérieur & paresseuses à l'excès. Mycone est riche en bétail, & en envoie une partie, comme j'ai dit, à Rhénia, une autre à Tragonisi & à Stapodia, petites isles voisines, qui ne sont guères propres qu'à nourrir des chévres.

Je suis fâché, Madame, de ne pouvoir vous rien apprendre de curieux de Skiros, cette isle jadis si célebre, qui fut à la fois & le théatre des exploits de Théfée & le lieu de sa sépulture. C'est-là aussi que régna Lycomede. C'est à la cour de ce prince que fut envoyé le fils de Thétis, déguisé en fille, & qu'il devint amoureux de Déïdamie, de laquelle il eut Pyrrhus, héritier de la bravoure & des Etats de son pere. Le grand Saint, le patron spécial de l'isle est à présent le bienheureux saint George. Il y a, entre lui & ces héros de l'antiquité, tant d'analogie, que c'est, sans doute, la raison qui a fait choisir ce pieux guerrier pour le protecteur de cette isle.

Metelin, autrefois la fameuse Lesbos, est une des plus grandes isles de l'Archipel, & des plus abondantes en fruits, & spécialement en froment. Ses montagnes, du côté de l'Orient, sont chargées de cyprès, de hêtres

& d'autres arbres propres à la construction des navires. Elle a cent cinquante milles de circuit ; & Castro qui en est la capitale, occupe la place de l'ancienne Mytilene, dont elle conserve quantité de vestiges. On trouve, dans plusieurs quartiers de la ville, des morceaux de marbre antiques, & un plus grand nombre encore dans la campagne. Ce sont des fragmens de colonnes cannelées, des chapiteaux, des frises & des bas-reliefs que le tems & les Barbares ont défigurés. On nous fit voir aussi le lieu où l'on dit que venoit se plaindre sur le bord de la mer la tendre & trop malheureuse Sapho rebutée des rigueurs de l'insensible Phaon. Je me rappellai quelques-uns des vers, dont cette infortunée Lesbienne faisoit retentir le rivage, & que les filles de Mytilene mêloient aux fêtes lugubres qu'elles célébroient en sa mémoire. Cette idée, Madame, toute romanesque qu'elle doit vous paroître, m'attendrit jusqu'aux larmes.

Ténédos, très-petite isle en comparaison de Metelin, n'est éloignée que de cinq milles de la terre-ferme d'Asie ; elle est couverte de hautes montagnes couronnées de verdure. Sa figure presque ronde ; & les diverses échancrures sur lesquelles la ville principale est bâtie, présente de loin un coup d'œil agréable. Avant la guerre de Troye, cette isle étoit florissante. Vous sçavez, Madame, combien elle fut fatale à cette capitale de l'Asie mineure, lorsque les Grecs ennuyés d'un siége de dix ans, se retirerent derriere Ténédos, attendant le signal qui devoit annoncer le sac de cette ville.

La vue d'un pays où s'étoient passés tant d'événemens mémorables, me fit mettre pied à terre. Je voulus voir de près la patrie d'Hector & les champs où Troye avoit existé ; mais quel fut mon étonnement, lorsque cherchant le Xanthe & le Ximoïs, on me montra deux ruisseaux presqu'à sec ! Achilles perdit un peu de sa gloire dans mon esprit : je cessai d'avoir une si haute idée de son combat contre le Ximoïs, & des efforts de Vulcain pour dessécher

SUITE DE LA GRECE. 327
cette petite riviere. Nous vîmes, parmi des broſſailles & des maſures, quelques piéces de marbre, & un reſte d'arcade qu'on nous dit avoir ſervi au palais de Priam. Il y a quelques années qu'on voyoit dans le même lieu une aſſez grande quantité de marbre & de fragmens de colonnes; mais le grand-Seigneur les a preſque tous fait enlever; & bientôt il ne reſtera aucun veſtige de cette ville fameuſe, qui a partagé tout l'Olympe.

De toutes les iſles conſidérables de la Gréce, nous n'avions plus à voir que Stalimene, autrefois Lemnos. Nous fîmes donc voile vers cette iſle où les poëtes feignent que Vulcain, précipité du haut des cieux par Jupiter, établit une de ſes principales forges. Le ſoufre & l'alun dont elle eſt remplie, pourroient bien avoir donné lieu à cette fable. Lemnos eſt trèsfertile, ſpécialement en vins. On y trouve une ſorte de terre qu'on nomme *ſigillée*, qui eſt bonne contre la peſte & les fluxions : on en fait de petites maſſes qui ſont marquées de caracteres Turcs ; & le grand-Seigneur en fait des préfens à nos ambaffadeurs. Cette ifle a trente à quarante villages, dont les habitans, prefque tous Grécs, font fort à leur aife. Les deux villes principales font Myrine & Cochine. Myrine eft bâtie fur les ruines de l'ancienne Lemnos ; Cochine, fur celles d'Héphestria ; mais cette derniere eft prefqu'entiérement ruinée.

N'ayant plus rien de curieux à voir dans les ifles de l'Archipel, nous nous fîmes encore conduire à Metelin, où l'on nous dit que nous ferions plus à portée de trouver un vaiffeau pour Constantinople. On nous fait efpérer que nous n'y refterons pas long-tems.

Mon deffein n'étant point de m'étendre fur les ufages des Grecs, parce qu'ils font aujourd'hui à-peu-près les mêmes que ceux des Turcs, je me contenterai, Madame, de vous faire obferver, avant que de terminer cette lettre, quelques particularités des plus intéreffantes. La maniere dont ces deux peuples vivent entr'eux, eft assez cordiale. En plusieurs endroits les Grecs ne font point de difficulté de marier leurs filles avec des Turcs, quand ils y trouvent leur avantage. Ils ne sont pas moins sujets au tribut que tout Chrétien, suivant l'ordre de Mahomet, est obligé de payer pour le rachat de son ame. Ce tribut est proportionné à la fortune de ceux sur qui on le leve. Il y a trois différentes taxes : la taxe pour les plus riches est de trente-trois livres, & de huit livres cinq sols pour le plus bas peuple.

J'ai vu peu de différence dans les habillemens des hommes : il y en a quelqu'une dans ceux des femmes. Les Gréques ont d'ordinaire un corps de brocard rouge ou de drap d'or, qui est tout d'une piéce avec le jupon. Ce corps est si étroit & si serré, qu'elles en paroissent souvent contrefaites. Leur jupe ne descend guères plus bas que le genou ; elles ont dessous, un cotillon de deux pouces seulement plus long, qui laisse les jambes à découvert. Leur chemise & leur caleçon sont d'étoffe très-fine, rayée, & de diverses couleurs. Elles font de leurs cheveux de longues cadenettes qu'elles laissent pendre sur leurs épaules, & chargent leur tête de fleurs de toute espece. Cet ornement ajoûte beaucoup de grace à leur coëffure qui consiste en une coëffe de toile de coton, sur laquelle elles étendent, avec art, plusieurs aunes de mousseline blanche & gommée, qui forme un grand turban plat, d'une aune & demie de circonférence. Les ajustemens des femmes Juives sont les mêmes, excepté la coëffure, sur laquelle elles attachent une grande plaque d'étain ou de cuivre qu'elles couvrent d'un satin blanc brodé d'or ou d'argent. Leurs cheveux sont enfermés dans une bourse de soie. Elles ont, comme les Gréques, une grande quantité de perles au col, aux oreilles & aux bras.

Je ne dois pas oublier un article aussi important que celui de l'abstinence chez les Grecs. Le peuple, comme les ecclésiastiques, observe à la rigueur le précepte qui leur interdit l'usage des viandes. Ils regardent l'homicide, la fornication, l'adultere comme de legeres fautes, en comparaison de la violation de l'abstinence. Il est vrai qu'elle est fort rigoureuse & presque continuelle: ils ne mangent pas même de poisson, & ne vivent, pendant une grande partie de l'année, que d'herbes & de légumes. Ils ont quatre carêmes par an; celui de Pâques, celui des Apôtres, avant la S. Pierre; celui de l'Assomption, & celui de la Toussaint. Le bas peuple sur-tout se ressent de ces austérités: sa maigreur comparée avec l'embonpoint des Turcs, annonce assez que la nourriture n'est pas la même.

J'apprends, dans ce moment, que deux vaisseaux partiront d'ici dans quinze jours; l'un pour Marseille, & il se chargera de cette lettre; l'autre, pour Constantinople qui fait actuellement l'objet de notre curiosité.

Je suis, &c.

A Metelin, ce 14 Février 1737.

XIII. LETTRE.

LA TURQUIE.

MON premier soin, Madame, lorsque j'eus appris que nous allions nous embarquer, fut de m'informer si, parmi les passagers, il y avoit dans le vaisseau quelque personne que la curiosité conduisît à Constantinople. J'appris qu'un François, nouvellement sorti des prisons de Tunis, avoit dessein de voir la Turquie avant que de retourner dans son pays : je ne balançai point à l'aborder; & croyant qu'il eût besoin de quelque argent, je lui fis offre des services qui dépendoient de moi. Il me remercia dans les termes les plus polis ; & il me dit qu'outre l'argent de sa rançon, il avoit reçu de sa famille de quoi se consoler de sa captivité. Je sçus depuis, de lui-même, qu'il étoit chevalier de l'ordre de Malthe; mais il n'avoit eu garde de se faire connoître. L'importance du secret qu'il venoit de me découvrir, me l'attacha d'une amitié étroite; & je n'oubliai rien dans la suite, de ce qui pouvoit me rendre de plus en plus digne de sa confiance. Notre navigation fut heureuse; & le vent continuant toujours à nous favoriser, nous apperçûmes les châteaux des Dardanelles, qui semblent de loin commander à l'Europe & à l'Asie. Nous entrâmes dans le port de Constantinople à travers un nombre prodigieux de vaisseaux de toutes les parties du monde. Je conduisis le chevalier chez un vieux négociant Génois, avec qui mon pere avoit eu un commerce particulier. Vous verrez, Madame, de quelle utilité nous fut cette connoissance, & combien elle contribua à nous instruire des coutumes & des loix du pays.

Les Turcs, cette nation aujourd'hui si puissante, dont la domination embrasse tant de royaumes, eurent, comme les Romains dont ils détruisirent l'empire, les plus foibles commencemens. Ils se prétendent descendus d'une colonie de Huns, qui s'établit, vers le quatrieme siécle, dans un canton de la Scythie, voisine du mont Caucase, aujourd'hui la petite Tartarie. Toxandre fut le premier de leurs rois qui les tira de l'oubli & sçut les rendre redoutables aux Persans & aux Grecs. Vers la fin du neuvieme siécle, cette nation féroce & belliqueuse se répandit dans l'Afrique & dans l'Asie sous le nom de *Sarasins* & de *Turcomans*. Ils se rendirent les maîtres de ces vastes contrées; & leurs capitaines partagerent entr'eux les provinces conquises. Un de leurs plus célebres successeurs fut Otman, fondateur du nom & de la puissance Ottomane. S'étant emparé d'une partie de la Bithynie, il établit le siége de son empire à Burse, capitale de cette province. Amurat & Bajazet, ses descendans, aggrandirent leur royaume par les conquêtes de la Macédoine, de la Phrygie, de la Carie & de l'Archipel. Bajazet, fier de ses heureux succès, menaçoit Constantinople & toute l'Europe d'une prochaine invasion, lorsqu'il tomba lui-même sous la

LA TURQUIE. 335

puissance du fameux Tamerlan. Moïse, son fils, hérita d'une partie de ses Etats. Mahomet II, un des princes de son sang, porta la gloire de ses armes plus loin qu'aucun de ses prédécesseurs. Il détrôna l'empereur d'Orient, prit Constantinople où il transféra sa cour, & joignit à cette conquête une infinité d'autres pays. Depuis ce fameux conquérant, la puissance des Turcs s'est toujours maintenue; & l'Europe a souvent tremblé sous l'effort de leurs armes.

Voilà, Madame, ce que j'ai appris de plus certain sur l'origine & les conquêtes des Turcs. A l'égard de Constantinople, capitale de leur empire, & qui l'étoit déja de l'empire d'Orient, on croit qu'elle fut bâtie six ou sept cens ans avant la naissance de Jesus-Christ, par Bizas, chef des Mégariens, & que c'est de-là qu'elle prit d'abord le nom de *Bizance*. Lorsque les Romains eurent étendu leurs conquêtes dans l'Asie, elle conserva le titre & les priviléges de ville libre. L'empereur Severe la détruisit;

mais Constantin qui avoit résolu de l'égaler à Rome, la rebâtit plus belle & plus grande qu'auparavant. Sa situation avantageuse entre l'Asie & l'Europe, le détermina à y transporter le siége de son empire & à en faire le centre du commerce de l'univers. Le croissant a pris la place des aigles Romaines; & le fier Musulman occupe, depuis près de quatre cens ans, le trône des Césars.

Les Etats du Sultan comprennent tant de nations différentes, que chaque pays demande une description particuliere non-seulement des lieux & des curiosités naturelles, mais encore des usages & des mœurs. Cependant, comme la religion & le gouvernement sont les mêmes dans toute l'étendue de l'empire, je ferai ensorte, Madame, en parlant de la capitale, de réunir, sous un même point de vue, tout ce qu'elle a de commun avec les diverses provinces soumises à la domination Ottomane.

Les premiers jours de notre arrivée à Constantinople se passerent en fêtes & en divertissemens. Le bon vieillard,

vieillard, chez qui nous étions logés, charmé de voir en moi le fils de son ancien ami, nous faisoit mille caresses & cherchoit tous les moyens de nous procurer de nouveaux plaisirs. Son grand âge ne lui permettant pas de nous accompagner dans les différens quartiers de la ville, il nous donna son fils qui nous présenta aux plus distinguées de ses connoissances, & ne parut occupé qu'à satisfaire notre curiosité.

Nous commençâmes par visiter le port, dont nous n'étions pas éloignés, & que sa situation avantageuse rend un des plus florissans & des plus fréquentés de l'univers. Les richesses des Indes & de la Chine y arrivent par la mer Noire; celles de l'Ethiopie, de l'Egypte & de l'Europe, par la mer Blanche. Il forme un bassin large d'environ six cens pas, profond & sûr dans toute son étendue : il est défendu, du côté du nord, par Péra ou Galata, ancienne ville de Thrace, qui fait aujourd'hui un des fauxbourgs de Constantinople, principalement habité par les Chrétiens, de l'autre côté, la ville le met à couvert des vents du midi; mais, au levant, vers son ouverture qui est fort large, il est exposé aux vents d'est, dont la violence cause souvent de grands ravages. Nous restâmes long-tems sur le bassin, après même en avoir considéré la grandeur & la magnificence. Le coup d'œil majestueux qu'offre de loin Constantinople, attiroit toute notre attention. Je ne puis mieux vous représenter cette ville immense, que sous la figure d'un triangle: elle est battue, à droite & à gauche, par les flots; & sa grande étendue est du côté de la terre. La pointe du triangle se termine, par les jardins du serrail, au bosphore de Thrace, qui joint la Propontide avec le Pont-Euxin; les deux autres angles font, l'un au midi, à quelque distance du château des sept Tours, & l'autre à l'occident, au fond du port, près de l'endroit où étoit le palais des Blaquernes. Sept collines embellies chacune d'une mosquée superbe & de plusieurs beaux édifices, forment, du levant au couchant, un vaste amphithéatre qui annonce de loin la capitale d'un grand empire. La ville est environnée d'une double enceinte de murailles fort hautes & flanquées de deux cens cinquante tours : sa circonférence est bien de quatre lieues & demie ; & malgré les désastres qu'y causent, tous les ans, les ouragans & les incendies, le nombre de ses maisons égale celui des plus grandes villes du monde.

L'intérieur de Constantinople ne répond point à ses dehors brillans : les rues sont étroites, fort sales & mal pavées ; les maisons sont bâties de terre & de bois ; ce qui rend les incendies si fréquens, qu'il y a lieu de s'étonner que cette ville n'ait pas été déja plusieurs fois consumée par le feu. Il n'y a guères d'édifices solides & remarquables que les deux serrails & les mosquées ; encore l'architecture en est-elle massive & grossiere. Il faut cependant excepter quelques monumens assez beaux du tems des empereurs Grecs ; presque tous les autres se ressentent de l'ignorance &

de la barbarie de ceux qui les ont conſtruits.

Nous n'avions pas encore viſité les endroits les plus curieux de Conſtantinople, lorſque nous fûmes témoins d'une fête qui s'y célebre toutes les années. C'eſt l'ouverture du ramazan ou carême des Turcs. Mahomet qui avoit deſſein de rendre ſa religion la plus univerſelle, s'attacha ſurtout à conſerver ce qui lui parut le plus généralement ſuivi dans les trois religions, Payenne, Chrétienne & Judaïque, dont il compoſa la ſienne. Il emprunta des Payens leurs cérémonies funèbres, des Juifs leurs purifications, & des Chrétiens leur carême & leur carnaval. Quoique nous ne duſſions point obſerver le ramazan, nous ne crûmes pas devoir nous priver des plaiſirs qui en étoient comme les avant-coureurs. Le ſignal de ces divertiſſemens eſt l'apparition de la nouvelle lune du neuvieme mois de l'année Mahométane. Des crieurs publics l'annoncent au peuple, du haut des moſquées, au ſon

des inſtrumens de muſique. Auſſi-
tôt on allume une infinité de lampes
aux minarets des moſquées. Ces minarets ſont de petites tourelles, en
forme de clochers, qui ont chacune
deux ou trois galeries. Les rues &
les bazards, ou marchés, ſont pareillement illuminés; & le peuple ſe livre
aux tranſports de la joie la plus vive.
Les tambours & les trompettes re-
tentiſſent de toutes parts. L'air paroît enflammé par la quantité des
feux d'artifice : les chants & les acclamations inſpirent par-tout l'allé-
greſſe. Toutes les boutiques ſont ouvertes, mais principalement les cafés, les bains, les cabarets. C'eſt-là
que les fideles Muſulmans vont jurer
l'obſervance du jeûne ; & que, par
leur yvreſſe, ils tâchent d'imiter les
accès épileptiques de leur prophete.
La religion Mahométane autoriſe
ces excès, & les gens d'égliſe en
donnent eux-mêmes l'exemple au
peuple. Ne pouvant boire de vin,
au moins publiquement, ils prennent
des breuvages d'opium, qui operent
ſur eux ces aſſoupiſſemens étranges

qu'ils appellent *extafes*. Quelques Turcs, de la connoiffance de notre Génois, voulurent nous faire boire avec eux : nous nous excusâmes poliment; mais nous ne pûmes réfifter à l'invitation d'un officier des janiffaires, intime ami de notre hôte, qui nous pria à fouper avec plufieurs de fes camarades. Il donna ordre qu'on apportât du vin. En moins d'une heure, tous nos Turcs furent yvres. Nous les laiffâmes étendus fur le plancher, & ils ne s'apperçurent pas que nous étions difparus. Nous paffâmes le refte de la nuit à voir les extravagances de la populace qui buvoit & mangeoit dans les bazards & dans les places, en attendant le jour.

De tous les édifices qui embelliffent Conftantinople, Sainte-Sophie eft celui qui me parut le plus régulier, & que l'on vante le plus. Sous la domination des empereurs Grecs, c'étoit l'églife métropolitaine ; les Turcs en ont fait la principale de leurs mofquées. Elle eft fituée fur la colline, au bas de laquelle eft le ferrail du Grand-Seigneur. Sa longueur est de deux cens cinquante pieds sur deux cens vingt de largeur. Quatre arcs-boutans d'une grosseur énorme, défigurent ce bel édifice. Ils furent construits par les Turcs, pour soutenir le dôme & le garantir des tremblemens de terre. Nous entrâmes sous un portique large de trente-six pieds, & percé par neuf portes magnifiques, dont les battans de bronze sont délicatement travaillés. La nef est formée par un dôme superbe, qui reçoit la lumiere par vingt-quatre grandes fenêtres. Autour de la corniche régne une belle balustrade enrichie de marbre & de peintures ; mais ce que j'ai trouvé de plus beau & de plus curieux, c'est la colonnade qui est au bas du dôme ; elle est composée de plus de deux cens colonnes de différens marbres, qui servent à soutenir une large galerie incrustée de mosaïque. Au-delà du dôme est cette partie de l'édifice où les Chrétiens avoient leur sanctuaire : on n'y voit plus maintenant qu'une niche, dans laquelle est renfermé l'Alcoran. J'ob-

P iv

servai que les figures peintes, qui sont en grand nombre dans cette mosquée, avoient toutes les yeux crevés & le visage mutilé. Le Génois me dit que la religion Mahométane proscrivant le culte des images, tout ce qui paroissoit y avoir quelque rapport, étoit en ho..eur chez les Turcs. Quand on réfléchit sur la jalousie des Orientaux, on trouve encore d'autres raisons de cette singularité.

Les autres mosquées royales, au nombre de six, ont été construites sur le modele de Sainte-Sophie. La Solimanie & la Validé sont les deux plus belles. La premiere fut bâtie par le grand Soliman qui y employa une partie des richesses qu'il avoit enlevées aux Russiens, aux Polonois & aux Hongrois. Les fenêtres du dôme sont plus grandes que celles de Sainte-Sophie, & l'ordre des colonnes plus régulier. La Validé fut fondée par la Sultane mere de Mahomet IV. On voit dans cette mosquée une délicatesse & un art qui ne se trouvent point dans les autres. Un grand dôme accompagné

LA TURQUIE. 345

de quatre demi-dômes en forme de croix, compose ce superbe édifice. L'intérieur est embelli de lampes d'yvoire & de lustres de crystal : la voûte est revêtue de fayance peinte, & le péristile est de colonnes de marbre blanc entre-mêlé de gris. Le revenu de ces mosquées & de toutes celles de Constantinople est très considérable; & c'est le chef des eunuques noirs des femmes du palais, qui en a l'administration. On ne conçoit pas cette liaison des intérêts du sertail avec ceux de l'église.

L'officier Turc, chez qui nous avions soupé une des nuits du carnaval, ne manqua pas de se plaindre au Génois, son ami, de ce que nous avions quitté la table si subitement : il lui dit que nous lui avions paru gens de mérite & de distinction, & que nous lui ferions plaisir d'aller, de tems en tems, manger chez lui. Le besoin que nous pouvions avoir d'un homme d'autorité, dans une ville où la populace est insolente & grossiere, nous fit accepter ces offres. Je dois rendre justice aux gens de guerre de ce

P v

pays-ci; malgré la férocité naturelle qui semble inséparable de leur profession, ils sont, pour la plûpart, humains, traitables & polis; le peuple, au contraire, & sur-tout les prêtres & les moines sont le fléau des étrangers. Le fanatisme & l'ignorance entretiennent leur vanité & leur orgueil; & le plus farouche janissaire est moins à craindre pour un Chrétien, que le plus doux des derviches. Notre capitaine nous reçut avec une affabilité pleine de générosité & de noblesse. Sçachant que nous étions François, il nous fit plusieurs questions sur la puissance & les richesses de notre monarque. Le chevalier entra avec lui dans un détail des forces militaires de la France, des campemens, des fortifications, des siéges; & cette conversation à laquelle le janissaire paroissoit prendre beaucoup de plaisir, dura jusqu'au moment que l'on servit le repas. Il consistoit en viandes de mouton rôti, en hachis, en volaille & en différens potages d'excellent riz. Il y avoit même plusieurs sortes de poissons, quoique le

Turcs en mangent fort peu ; mais le capitaine avoit voulu nous régaler. Ce fut encore en notre faveur qu'on servit à boire pendant le repas ; car la coutume des Turcs est de ne boire qu'à la fin. Lorsque les viandes & les ragoûts eurent disparu, on apporta le dessert composé de laitage, de fruits & de confitures séches & liquides. Jusqu'alors on n'avoit bu que du sorbet qui est une sorte de boisson faite de jus de citron, de cerises & d'autres fruits. On remplit les coupes d'une liqueur plus agréable ; bientôt les convives devinrent plus enjoués, & le vin égaya les propos. Notre hôte nous réitéra ses services. Il nous dit que, durant notre séjour à Constantinople, il nous enverroit, tous les matins, deux de ses janissaires, pour nous accompagner dans la ville, & que quand ses occupations lui laisseroient quelques momens libres, il se chargeroit lui-même de nous faire voir ce qu'il y avoit de plus curieux. Nous éprouvâmes, dès le lendemain, l'effet de ses promesses. Deux janissaires vinrent nous prendre, de grand matin à Galata; & comme ce jour-là étoit précisément le vendredi, qui est comme le d...anche parmi nous, nous les priâmes de nous mener à l'Hypodrome appellé par les Turcs *Atméïdan*, pour être témoins des exercices & des divertissemens de la jeunesse. Lorsque nous étions en chemin, nous apperçûmes dans une rue, deux misérables qui venoient fondre sur nous, le poignard à la main; mais les cannes de nos janissaires les retinrent, & nous sçûmes que c'étoient des derviches que le zéle pour leur religion transportoit de fureur à notre vue. Plusieurs Chrétiens, faute d'être prévenus, ont souvent été les victimes de ces fanatiques. Le seul moyen de se garantir de leur fureur, est de leur présenter la pointe d'une épée ou quelqu'autre arme défensive. Vous jugez bien, Madame, quelle aversion cette aventure me donne pour tout ce qui porte le nom & l'habit de derviche.

Nous arrivâmes à l'Atméïdan qui étoit déja couvert de cavaliers &

d'une foule prodigieuse de spectateurs. C'est un grand cirque long de plus de deux cens vingt toises, & large de cinquante. Il fut commencé par l'empereur Severe, & achevé par Constantin. Les combattans étoient séparés en deux bandes aux deux extrémités du cirque. A chaque signal, il part deux cavaliers armés chacun d'un bâton : ils se rencontrent au milieu de la carriere, & se portent l'un à l'autre plusieurs coups qu'ils parent avec une adresse singuliere ; ils poursuivent ensuite leur course, en faisant mille tours de souplesse. J'en ai vu qui sautoient legérement de leurs chevaux, & qui remontoient avec la même agilité, sans qu'ils cessassent, pour cela, d'aller au grand galop ; d'autres passent sous le ventre du cheval qui court de toute sa force, & se remettent sur la selle aussi facilement. Ce n'est point là le seul exercice de la jeunesse. Je vis encore, dans l'Atméïdan, des parties de palet & de lutte. Les Turcs jettent le palet en courant, quoiqu'il soit d'une pesanteur extraordinaire. Je ne fus point tenté d'essayer aucun de ces jeux. Il faut tant d'adresse & de force pour y réussir, que nos plus habiles baladins auroient peine à s'y signaler.

On voit, dans l'hypodrome, plusieurs monumens curieux du tems des empereurs Chrétiens. Celui qui s'est le mieux conservé, est un obélisque à quatre faces, de marbre de granit d'Égypte; il a cinquante pieds d'élévation. On voit, par les figures & par les caracteres qui sont gravés sur la base, que cette pyramide fut élevée par les soins du grand Théodose. Il y a, à quelque distance, un autre obélisque qui pouvoit être à-peu-près semblable au premier. Il est aujourd'hui à demi-ruiné, & ce qui en reste, peut à peine faire connoître ce qu'il fut autrefois. La colonne appellée *des trois Serpens*, n'est pas plus entiere; elle est formée par trois serpens tournés en spirale, & devoit être fort curieuse. Notre ami nous fit voir depuis, deux autres colonnes, l'une de marbre blanc, & l'autre de granit. La premiere est au milieu de la ville, & s'appelle *la co-*

LA TURQUIE. 351
lonne hiſtorique ; elle peut avoir cent cinquante pieds de haut ; mais le feu l'a fort endommagée. La feconde eſt dans la maiſon d'un particulier, &, par cette raiſon, échappe ordinairement à la curioſité des voyageurs. Elle n'eſt haute que de quinze pieds, & fut érigée en l'honneur de l'empereur Marcian, dont elle ſoutenoit probablement la ſtatue.

Notre commerce avec l'officier des janiſſaires devenoit plus intime ; & ſes attentions pour nous offroient, de jour en jour, de nouveaux motifs à notre reconnoiſſance. Ayant appris que le Grand-Seigneur devoit aller à la chaſſe au vol, & qu'on avoit arrêté cette partie pour le vendredi de la femaine ſuivante, il nous invita à nous rendre chez lui, ce jour-là, dès le matin. Nous y courûmes avec empreſſément, accompagnés des deux janiſſaires qu'il nous avoit envoyés. Il nous dit, en arrivant, qu'outre le plaiſir de la chaſſe, il nous procureroit celui de voir le Sultan, lorſqu'il iroit à la moſquée. C'eſt la coutume que, tous les vendredis, le Grand-Seigneur aille à la priere publique. Il est toujours suivi d'une brillante escorte; & c'est un beau spectacle pour un étranger qui n'a pas encore vu le faste de la cour Ottomane. Vers les dix heures, l'officier nous conduisit dans la cour du palais, où ses soldats étoient assemblés pour la garde du Grand-Seigneur. Nous fûmes long-tems à voir les mouvemens des grands & des capitaines qui attendoient l'ordre pour la marche du cortége. Sur le midi, on donna avis que le Sultan alloit paroître. Aussi-tôt les janissaires se rangerent sur deux lignes, au nombre de quatre mille : ils étoient tous à pied & avoient pour toute arme une canne à la main. L'Aga, ou le commandant des janissaires, suivoit, à quelque distance de la troupe. Quatre cens capigis, ou portiers, marchoient aussi à pied, immédiatement après l'Aga; venoient ensuite trois cen chiaous, ou porteurs de commandemens. Ceux-ci étoient montés sur des chevaux couverts de riches caparaçons : ils étoient eux-mêmes revêtus d'habits précieux d'étoffe d'or & d'argent. Douze ou quinze chevaux du Grand Seigneur, menés en lesse, & précédés de deux cens officiers magnifiquement habillés, suivoient cette brillante troupe. La beauté des harnois & l'éclat des pierreries attiroient tous les regards. Enfin l'Empereur sortit du palais, au milieu de quatre à cinq cens soulacs, ou gardes du corps : il montoit un superbe coursier couvert de brocards d'or, enrichis de perles & de diamans. Les visirs, les grands de la cour & les officiers du serrail fermoient la marche. Nous suivîmes cette pompe jusqu'à Sainte-Sophie; alors deux janissaires nous avertirent qu'il étoit tems de sortir de la ville, si nous voulions voir la chasse du Grand-Seigneur.

Ils nous menerent dans la campagne, à une centaine de pas du grand chemin, & nous placerent sur une élévation, d'où nous pouvions aisément découvrir toute la chasse. Nous apperçûmes bientôt le Sultan accompagné seulement de ses principaux officiers, & suivi de plus de trois cens fauconniers qui portoient chacun plusieurs faucons. Dès qu'ils eurent eu ordre de les lâcher, on vit, en un moment, toute la plaine couverte de ces oiseaux. Cependant l'empereur ne quittoit pas le grand chemin vers lequel on avoit soin de rabattre le gibier. Il se retira au bout d'une heure; & nos deux janissaires nous reconduisirent au logis de leur officier, suivant l'ordre qu'ils en avoient reçu. Le reste du jour se passa en divertissemens, & les plaisirs de la table se prolongerent fort avant dans la nuit.

J'ai attendu jusqu'ici, Madame, à vous parler du serrail, non pas que cette partie de ma lettre dût être la plus curieuse; car, excepté le Grand-Seigneur, personne, s'il n'est eunuque, ou femme, ou officier du Sultan, ne peut y pénétrer; mais parce que je me flatte que le peu que j'ai appris sur ce sujet, ne pourra manquer de vous plaire. Le sort de ces aimables recluses, que la jalousie des Orientaux condamne à un triste esclavage, fait naître dans les cœurs, je ne sçais quel doux intérêt qu'une conformité de sexe & d'agrémens doit vous rendre encore plus cher. Graces aux soins de nos deux amis, tous les lieux du serrail qui ne sont pas inaccessibles, nous les avons parcourus, le chevalier, le Docteur & moi. Je commence par les dehors. Ce palais bâti sur la pente d'une colline, forme, avec les jardins qui l'environnent, une espece de triangle, dont la pointe descend dans la mer. Le terrein qu'il embrasse, a bien une lieue de circonférence & est entouré de hautes & fortes murailles. Plusieurs tours élevées, de distance en distance, du côté de la mer, en défendent l'approche aux vaisseaux : elles sont garnies de piéces de canon aussi-bien que le parapet qui régne le long des murailles. Sur cette partie du serrail qui regarde Galata, on voit un beau pavillon soutenu sur des colonnes de marbre. C'est-là que le Sultan va se divertir avec ses femmes, & qu'il s'embarque sur les galiotes, pour prendre le plaisir de la pêche. Les jardins ne préfentent rien au dehors d'agréable ni de gracieux : on voit feulement quantité de cyprès & de fycomores, dont la confufion eft très-propre à dérober aux yeux les belles habitantes de ce féjour. L'officier nous affura qu'il n'y avoit rien de remarquable qu'un grand nombre d'arbres fruitiers, plantés çà & là, fans ordre & fans fymmétrie. Il ne difoit point ceci par oui-dire : il avoit paffé fa jeuneffe dans ces jardins, parmi les Azamoglans, & en avoit été tiré, pour commander une compagnie de janiffaires.

Il n'y a pas plus de goût & de proportion dans les bâtimens : c'eft un affemblage informe de différens corps de logis entaffés les uns fur les autres. La principale entrée eft un gros pavillon d'une architecture lourde & groffiere : huit larges croifées font tout l'ornement de cet édifice : au-deffous des deux du milieu, eft cette fublime porte qui donne fon nom à la cour Ottomane. Je ne vous dirai point, Madame, à quel titre;

car cette porte est la chose du monde la plus commune & la moins agréable : on la prendroit plus volontiers pour une porte de grange que pour l'entrée d'un grand palais. La garde en est confiée à cinquante capigis ou portiers armés de cannes. Nous passâmes dans une longue cour bordée, des deux côtés, de vastes corps de logis où sont l'infanterie & le magasin des armes. Les capigis sont chargés d'empêcher qu'on ne fasse le moindre bruit dans cette cour, & il n'est presque pas permis d'y parler. Cette cour nous conduisit dans une autre plus grande & plus quarrée, qui a trois cens pas environ de diametre. C'est-là que nous commençâmes à reconnoître le palais d'un grand Seigneur. A droite, est un grand bâtiment surmonté de neuf dômes couverts de plomb, où sont les cuisines du serrail. Le long de ce bâtiment, & tout autour de la cour, régne une belle galerie soutenue sur des colonnes de marbre. A gauche, sont les écuries de l'empereur, &, au fond, est la salle du divan ou conseil : elle fait partie du bâtiment appellé proprement *le ferrail*, où font les appartemens des femmes. Au milieu de la cour est un grand bassin entouré de verdure & ombragé de cyprès. Les bachas & les grands ne jettent jamais les yeux sur ce bassin sans une sorte d'horreur. C'est-là que le Grand-Seigneur fait couper la tête de ceux dont il est mécontent. Le silence que l'on observe dans cette seconde cour, est des plus rigoureux ; elle est gardée par cinquante capigis, comme la premiere.

Il n'est permis à qui que ce soit de passer plus avant que la sale du divan; mais le capitaine nous raconta ce que lui en avoient appris quelques eunuques. Il n'y a rien de plus riche ni de plus magnifique que ce ferrail secret : il est divisé en trois parties; l'appartement du Grand-Seigneur, celui des femmes, & les jardins. Dans le premier est un bain magnifique, revêtu de marbre blanc & environné de plusieurs petits cabinets aussi de marbre : il y a, dans chacun, deux robinets, l'un d'eau chaude, l'autre d'eau froide : ils servent pour les eunuques & pour les autres officiers du serrail. Le bain des femmes est plus superbe encore & plus commode : les cabinets qui l'entourent, sont pavés des plus beaux marbres ; toutes les murailles sont enrichies de peintures, de glaces & de coquillages. L'ambre & le musc y font renaître, sans cesse, les plaisirs de l'amour ; & la plus douce volupté semble y avoir fixé son empire. Les chambres des Sultanes & des filles du serrail respirent la même mollesse : les dorures, les pierreries, les étoffes précieuses en font le moindre ornement.

Une prison aussi gracieuse auroit de quoi consoler les belles captives qui y sont renfermées, si elles pouvoient au moins se flatter d'y passer le reste de leurs jours ; mais leur sort est tellement attaché à celui du Sultan, qu'à peine ce prince a-t-il cessé de vivre ou de régner, que les ris & les plaisirs les abandonnent : on les relégue dans le vieux serrail, où elles ont tout le tems de pleurer leur ancien maître. Ce palais eſt ſitué au milieu de la ville, vis-à-vis l'Atméïdan. Il fut bâti par Mahomet II, & eſt à-peu-près auſſi vaſte que l'autre. Le Grand-Seigneur va, de tems en tems, s'y divertir, & il renvoie quelquefois au nouveau ſerrail quelquesunes des femmes qui lui ont paru les plus aimables. J'eſpere, Madame, que vous me ſçaurez gré des particularités que j'ai appriſes touchant le gouvernement intérieur du ſerrail; elles n'intéreſſent pas ſeulement le beau ſexe, mais encore tous ceux qui lui ſont attachés par inclination ou par eſtime. Le ſerrail renferme à la fois ce qu'il y a de plus charmant & de plus difforme. C'eſt un peuple nombreux, dont une partie favoriſée des graces & de la nature, eſt deſtinée aux plaiſirs d'un ſeul homme; l'autre, au contraire, ennemie des ris & des amours, ſert à rendre malheureuſe une foule de jeunes beautés confiées à ſes ſoins. De toutes les perſonnes aimables qui ſont dans le ſerrail, les unes ſont Sultanes; les autres aſpirent à cet honneur,

honneur. Les Sultanes font celles avec qui le Grand-Seigneur a daigné partager fa couche, & qui ont augmenté la famille Ottomane; les autres attendent de leurs appas, que le Souverain les juge dignes de la préférence & du mouchoir. Voici en quoi confifte cette cérémonie. Quand le Sultan a réfolu de faire quelque nouvelle conquête, il en avertit l'eunuque ou la vieille qui a l'intendance de fes plaifirs. Cette heureufe nouvelle eft bientôt répandue dans toutes les chambres. Les jeunes afpirantes fur-tout font dans la plus vive inquiétude. A l'heure marquée, toutes s'affemblent dans une longue galerie où on les fait ranger fur une même ligne. Le Grand-Seigneur paffe alors devant elles; il voit; il confidere attentivement, parcourt plufieurs fois la galerie, jufqu'à ce qu'il ait fixé fon choix & fes regards. Il jette un mouchoir à celle dont il eft le plus fatisfait; & ce choix fait difparoître, en un clin d'œil, toutes celles qui avoient cru pouvoir y prétendre. Cependant la nouvelle élue se dispose à répondre aux vœux du monarque. Les bains de toute espece, les parfums les plus précieux ne sont point épargnés. Le soir, on la conduit à l'appartement du prince, & on la fait, disent quelques-uns, entrer dans le lit par les pieds, pour plus grand respect. Les habits du Grand Seigneur & tout l'argent qui est dans ses poches, appartiennent à cette fille. Elle n'est pas encore Sultane : il faut, pour cela, qu'elle soit enceinte & que son enfant vienne à terme ; alors on lui fait sa maison ; on lui donne un logement particulier, des femmes, des eunuques, pour la servir, & un revenu assez considérable, qu'on lui assigne sur quelque province de l'empire. On m'a souvent dit, à Constantinople, que la cérémonie du mouchoir dans le serrail n'est point en usage ; on veut que ce soit un bruit sans fondement : d'autres personnes m'ont assuré que la chose est très-réelle ; & cette opinion est, en effet, si généralement répandue chez tous les peuples de l'Europe, que si cet usage n'a plus lieu aujourd'hui, on ne peut guères douter qu'il n'ait exifté pendant quelque tems.

Croiriez-vous, Madame, que, dans le ferrail, on obferve les mêmes réglemens & la même police que dans le gouvernement de l'Etat? Les charges de premier miniftre, de chancelier, de grand prévôt, & autres, font poffédées par les principales Sultanes. On plaide, on juge, on condamne comme à la ville. Celles qui adminiftrent la juftice, ufent fouvent de rigueur envers leurs rivales; & il faut alors faire intervenir l'autorité du Souverain. Les poftes les moins éclatans en apparence, & cependant les plus recherchés, font ceux de gardes de la chambre: ils font toujours remplis par les plus belles filles. Le jour, elles font fentinelle à la porte de l'appartement du Sultan; & la nuit, elles couchent fur de petits lits, dans les chambres circonvoifines. Ce qui rend ces places fi confidérables, c'eft que celles qui les occupent, ne les quittent guères qu'avec l'efpérance d'être un jour Sultanes.

Mais de quelques dignités que les femmes du ferrail foient revêtues, elles font toutes fubordonnées à de vieilles matrones & à des eunuques qui ne les quittent jamais. On appelle ces matrones *Cadunes*. Ce font les gouvernantes des plus jeunes : elles leur apprennent à travailler ; elles s'appliquent à les connoître & à étudier leur caractere, afin d'en rendre un compte fidele à la Cadun-caïa qui a autorité fur elles & fur leurs éleves. Les cadunes font, le foir, la ronde dans les dortoirs, dans les cellules & autour des lits, & font obferver le filence. Si elles étoient, par hazard, trop indulgentes, ou, ce qui eft plus probable, moins affidues, les eunuques qui font prépofés fur les vieilles comme fur les jeunes, les puniroient elles-mêmes & en avertiroient le Sultan.

Ces demi-homme femblent animés d'une haine implacable contre les femmes. Jaloux des moindres plaifirs qu'elles fe procurent, ils ne fongent qu'à les troubler par leur préfence importune : ils n'accorden qu'à regret la permission d'aller dans les jardins. Au moindre signal qu'ils donnent alors, les jardiniers s'enfuient vers les murailles, & élevent de grandes piéces de toiles qui forment une espece d'enceinte entr'eux & les femmes. Les eunuques ne sont jamais dans un plus grand embarras; ils vont & viennent comme des enragés, grondant & criant sans cesse, tantôt après les jardiniers, tantôt après celles dont la garde leur est commise. Jugez, Madame, quelle aversion les femmes doivent avoir pour de tels monstres. Si je ne craignois de vous effrayer, j'essayerois de vous faire la peinture d'un eunuque; mais c'est assez de vous avoir fait connoître leur caractere: j'ajoûterai seulement, qu'il y en a de noirs & de blancs. Les blancs gardent l'extérieur de l'appartement des femmes; & il n'y a que les noirs, & encore les plus hideux d'entre les noirs, qui approchent de leurs personnes. Le chef des eunuques, qui est toujours tiré parmi ces derniers, s'appelle *Kiziflar-agasi* ou *surintendant des femmes*. Il a une grande autorité dans le ferrail; &, fous le Sultan Mahmoud aujourd'hui régnant, c'eft lui qui gouverne tout l'empire.

Outre les femmes que le Grand-Seigneur entretient pour fes plaifirs, il y a encore, dans le ferrail, les pages qu'on appelle *Ichoglans*, c'eft-à dire, enfans de tributs: ils doivent être de parens Chrétiens. Les corfaires de Barbarie en prennent autant qu'ils peuvent fur les côtes d'Italie, de Ruffie & de Pologne, & en font des préfens à la Porte. Les autres font amenés de fort loin, & vendus comme efclaves au Grand-Seigneur. Ils font fous la garde des eunuques blancs, qui les traitent avec la derniere rigueur. On leur apprend les langues & les différens exercices du corps; &, pour la moindre faute, on leur donne la baftonade fur la plante des pieds. Ceux d'entre les ichoglans, qui ont le moins de difpofition ou qui ne peuvent foutenir une fi grande févérité, font engagés parmi les fpahis où ils reftent toute leur vie, comme fimples foldats; les autres qui fe diftinguent par leur facilité à apprendre, & par leur patience, occupent les premieres charges du ferrail, & enfuite celles de l'empire.

Pour qu'un enfant foit reçu parmi les ichoglans, il ne fuffit pas qu'il foit né de parens Chrétiens, il faut encore qu'il n'ait aucun défaut naturel, qu'il foit beau, bien fait, & qu'il ait des difpofitions pour apprendre ; mais comme, de tous les enfans que les Turcs prennent à la guerre ou que les princes Chrétiens, tributaires du Grand-Seigneur, font obligés de lui fournir, le nombre de ceux qui font bien faits de corps, n'eft pas le plus confidérable, on occupe les autres à travailler aux jardins du ferrail, & on les appelle *Azamoglans* ou *enfans ruftiques*. Ceux-ci ne parviennent pas aux premiers emplois comme les ichoglans. Lorfqu'ils font en âge de porter les armes, on les enrolle parmi les janiffaires ; & c'eft là tout ce qu'ils peuvent efpérer. Il n'y a que le Boftangi bachi ou chef des azamoglans, que les devoirs de fa charge mettent à la fource des honneurs. Lorfque le Grand-Seigneur veut prendre le plaisir de la pêche ou seulement celui de la promenade, sans être obligé de traverser les rues de Constantinople, il s'embarque, à l'extrémité des jardins du serrail, sur des galiotes que le bostangi bachi a soin de tenir prêtes en tout tems. Ces galiotes vont à rames ; & les azamoglans font les rameurs. Ils sont récompensés toutes les fois qu'ils cassent leurs rames dans cet exercice ; & ils ne manquent pas de prendre des précautions pour que les rames ne puissent résister longtems à leurs efforts. Tandis que le Grand-Seigneur environné d'une troupe d'eunuques & d'ichoglans, s'amuse à exciter ces habiles matelots, le bostangi bachi qui seul a le droit de s'asseoir devant l'empereur, pour gouverner commodément la galiote, entretient ce prince pendant la promenade, & lui fait prendre telles impressions qu'il juge à propos : aussi arrive-t-il souvent que ces parties de plaisir sont fatales au grand visir, au mouphti, ou à quelqu'autre personne de considération.

Le boſtangi bachi eſt encore chargé, par ſa place, de faire exécuter ceux dont il a ainſi ſollicité la mort. Ces exécutions ſe font dans les cours ou dans les jardins du ſerrail; &, à chaque tête que l'on fait ſauter, on tire un coup de canon, pour avertir le peuple qu'on a fait juſtice.

Outre les deux ſerrails dont j'ai parlé, il y a encore, à une lieue & demie de Conſtantinople, une maiſon royale, nouvellement bâtie, où le Grand-Seigneur va quelquefois ſe promener avec ſes femmes. On la nomme *Sadi-Abath*; & c'eſt aux François que les Turcs en doivent l'idée. En 1722, Méhémet Effendi étant de retour de ſon ambaſſade à la cour de France, parla avec tant d'admiration au grand viſir, des maiſons de plaiſance de l'empereur des François, que ce ſeigneur conçut le projet d'en conſtruire une, à leur imitation, pour les plaiſirs du Grand Seigneur. Un double vallon formé par deux chaînes de collines & arroſé d'une petite riviere, eſt le lieu charmant où eſt ſitué ce nouveau palais.

Plus de deux cent belles maisons bâties sur les côteaux d'alentour, présentent de loin la plus belle perspective qu'il soit possible d'imaginer. Elles sont entourées de palissades de bois peint, à l'imitation de Sadi-Abath. Nous entrâmes dans ce palais, du côté de la riviere, par un berceau couvert de petits dômes, de distance en distance, dont le treillage est une espece de mosaïque à jour. Cette galerie aboutit à une grande cour près de laquelle sont plusieurs vergers, dont les compartimens sont assez justes. Nous passâmes de cette cour dans une autre plus grande, au bout de laquelle sont les appartemens du Grand-Seigneur & ceux de ses femmes. Le capitaine eut assez de crédit pour nous y faire entrer. Les chambres sont ornées de marbre & de peintures. A droite du serrail est un kiosk ou pavillon quarré, d'une magnificence royale : son circuit est de près de cent pieds. Il est tout entier de marbre blanc, lambrissé d'une mosaïque précieuse, & soutenu sur plusieurs colonnes, dont les chapiteaux & les bafes font de cuivre doré. La diftance qu'il y a entre chaque colonne, eft à jour, & fe ferme avec des rideaux & des volets. En face du kiosk eft un canal immenfe, revêtu de marbre dans toute fa longueur, & bordé de platanes qui forment un ombrage délicieux. Nous paffâmes deux jours à vifiter les maifons qui environnent ce lieu enchanté; & nous revînmes à Conftantinople où il nous reftoit encore à voir plufieurs objets dignes de notre curiofité: tels font, entr'autres, le jadicula, l'aqueduc de Soliman, & le grand bazard. Le jadicula eft ce fameux château des fept tours, où le Grand Seigneur fait enfermer les princes de fon fang, fes miniftres, & quelquefois même les ambaffadeurs. Il eft fitué vis-à-vis du ferrail, près de l'angle de la cité, qui regarde l'Occident. Sept groffes tours environnées de fortes murailles, & défendues de plufieurs piéces de canon, compofent cette fameufe baftille. Elle faifoit autrefois partie de la porte dorée, ainfi appellée, à caufe

Q vj

de sa dorure & de ses ornemens. Cette porte est maintenant voisine de celle qui conduit aux sept tours. Les Turcs l'ont murée & en ont gâté les bas-reliefs. Nous crûmes en appercevoir encore quelques traces, malgré le plâtre dont ils les ont couvert. Nous trouvâmes, à quelques pas de la porte, en dehors, deux grands bas-reliefs de marbre blanc, dont l'un représente, je crois, l'Aurore qui vient, un flambeau à la main, reveiller le jeune Céphale. L'autre est un grouppe des neuf Muses, près desquelles est le cheval Pégase. Ces deux morceaux sont délicatement travaillés, &, j'ose dire, d'une beauté achevée. Nous marchâmes quelque tems, le long des murs, jusqu'au palais du grand Constantin, connu sous le nom du *palais des Blaquennes*. Ce ne sont plus que des ruines & des pans de muraille, qui ne peuvent donner aucune idée de ce bâtiment. On nous fit voir quelques colonnes de marbre d'ordre corinthien, dont les Turcs ont eu soin de gâter les chapiteaux.

LA TURQUIE. 373

L'aqueduc qui diſtribue l'eau dans tous les quartiers de Conſtantinople, en ſeroit un des plus beaux ornemens, ſi on avoit plus de ſoin de le réparer & de l'entretenir. Je ne conçois pas les cauſes de cette négligence de la part des Turcs; car, outre la grande utilité de cet aqueduc qui fourniſſoit autrefois de l'eau à neuf cens quarante-ſept fontaines, il fut bâti par un de leurs princes, le grand Soliman; & le mépris qu'ils affectent pour les ouvrages des Chrétiens, n'eſt plus une raiſon de laiſſer périr cet édifice.

C'eſt une choſe fort curieuſe à voir que le bazard ou bézeſtan, pour la multitude de peuple dont il eſt toujours rempli. Les jouailliers, les orfévres, les marchands d'étoffes ont leurs boutiques dans différens quartiers de ce marché couvert. On y vend toutes ſortes de denrées rares & précieuſes; & quand ce bazard eſt illuminé, comme dans les nuits du ramazan, le coup d'œil eſt des plus agréables. Nous vîmes, près du bézeſtan, la place aux eſclaves de l'un

& de l'autre sexe. Graces aux soins des Juifs & des corsaires Barbaresques, cette marchandise abonde à Constantinople. Les Turcs vont là faire emplette d'hommes, de femmes, de filles, de garçons; & ils ne s'en rapportent jamais à la bonne foi des marchands. Je vis dépouiller, à plusieurs reprises, une jeune Georgienne médiocrement belle, pour laquelle les acheteurs ne pouvoient convenir du prix. Cependant elle faisoit de son mieux pour se faire valoir, & invitoit par ses paroles ceux qu'elle ne pouvoit attirer par ses appas.

Je suis, &c.

A Constantinople, ce 3 Avril 1737.

XIV. LETTRE.

Suite de la Turquie.

Vous trouverez peut-être étrange, Madame, que, depuis notre arrivée à Constantinople, je ne vous aie pas encore parlé de notre ambassadeur à cette cour. Il n'est arrivé que d'hier d'une maison de plaisance d'un seigneur Turc, située à une lieue & demie de la ville. Nous avons été ce matin lui rendre visite: il nous a comblé de politesses, sur-tout le chevalier, qui l'a informé de ses malheurs. Ayant appris que nous avions dessein de faire quelque séjour en Turquie & de visiter les principales provinces de cet empire, il nous dit que nous pouvions profiter de l'occasion d'un corps de deux mille janissaires qui avoient ordre d'aller joindre l'armée du bacha de B... dont les Persans menaçoient de faire le siége. Je connois particulièrement, continua-t-il, l'officier qui a le commandement de ces troupes; & je me flatte qu'à ma recommandation, il aura pour vous des égards. Cette proposition nous causa beaucoup de joie: quelque désir que nous eussions de connoître cette contrée de l'Asie, nous appréhendions les dangers que l'on couroit sur la route. Depuis la guerre que la Porte avoit à soutenir contre la Perse, les provinces étoient exposées aux ravages des soldats qui passoient de Constantinople à Bagdad. Les habitans des bourgs & des villages, obligés de quitter leurs maisons, avoient pris les armes, pour se défendre contre les troupes, & vivoient, comme elles, de pillage. La circonstance du départ des janissaires étoit trop favorable pour la laisser échapper. L'Ambassadeur parla, ce jour-là même, au commandant; & nous allâmes faire part de cette bonne nouvelle à notre officier qui nous dit que son amitié ne nous seroit pas inutile; qu'il alloit nous donner des lettres pour des amis qu'il avoit à Bagdad, & nous recommander aux principaux officiers du détachement. Le jour arrêté pour notre départ, nous allâmes saluer nos bienfaiteurs & le Génois qui voulut nous accompagner jusqu'à Scutare. Nous nous embarquâmes quelques heures avant les troupes, afin d'avoir le tems de voir cette ville où elles avoient ordre de s'assembler.

Scutare est dans la Natolie, au-delà du Bosphore, vis-à-vis du promontoire du serrail & de Galata. Nous avançâmes jusqu'au château d'Asie, où étoit autrefois la ville d'Abyde connue par le naufrage de Léandre. On voit encore, sur le bord de la mer, une petite tour appellée *la tour de Léandre*. Le chevalier nous dit qu'il se sentoit une tendre dévotion pour le tombeau de ce malheureux amant, & nous proposa d'y faire un pélerinage que nous acceptâmes avec joie. Je me promis bien, Madame, de m'en faire un jour honneur auprès de vous. Ce lieu n'est remarquable que par un puits d'eau-douce qu'on nous dit être consacré aux manes de l'infortuné amant de Héro. Nous bûmes, à sa mémoire, de l'eau de ce puits qui me rappelloit à moi Provençal, la fontaine de Vaucluse.

Nous remontâmes dans notre bateau, comme de vrais pélerins, c'est-à-dire, pleins de satisfaction & de joie. Scutare se ressent de la magnificence de la capitale, dont elle fait, pour ainsi dire, partie, n'en étant guères plus éloignée que Galata. Long tems avant que les Turcs s'en fussent rendus maîtres, elle s'appelloit *Chrysopolis*, & passoit pour une des plus grandes villes de la Natolie. Elle est encore aujourd'hui fort spacieuse; & les Sultans y ont un beau palais. Ce que j'en ai pu remarquer au-dehors, m'a paru assez conforme à celui de Constantinople; mais on m'a assuré que les jardins étoient beaucoup plus beaux. La mosquée royale, fondée par Mahomet IV, est un édifice superbe, orné de quantité de colonnes de marbre & de porphyre, & éclairé par un grand nombre de lampes précieuses. Les cimetieres de cette ville sont remplis de tombeaux de marbre, & plantés de cyprès.

Tout proche Scutare, vis-à-vis du château des sept Tours, sont les ruines de Calcédoine. Cette ville, renommée par le quatrieme concile général, n'est plus maintenant qu'un village. Nous y allâmes plusieurs fois; mais nous n'eûmes d'autre plaisir que celui de la promenade. Nous aimions cependant encore à nous rappeller que c'étoit dans cette ville, qu'on avoit autrefois décidé la fameuse question des deux natures en Jesus-Christ.

Les troupes partirent le lendemain de Scutare. Leur chef nommé *Mahomet Aga*, nous fit toute sorte d'amitiés: plusieurs officiers en firent de même; & il n'y en avoit pas un de ceux qui connoissoient particuliérement notre ami, qui ne voulût nous avoir à sa table. Je vous ai déja fait remarquer, Madame, que les gens de guerre, chez les Turcs, sont moins superstitieux que les autres, & ne se croient pas souillés pour avoir mangé ou bu avec un Chrétien. Ajoûtez à cela, que les Musulmans ont un respect religieux pour leurs compagnons de voyage, & que le droit d'hospitalité est pour eux sacré & inviolable. Nous suivîmes le rivage de la mer jusqu'à un petit village où nous arrivâmes le troisieme jour. Je pris les devants avec le chevalier & quatre janissaires, pour aller à Ismid. Le Docteur étoit resté malade à Constantinople.

Ismid, autrefois Nicomédie, est située sur la pente d'une montagne, à l'extrémité d'un golfe qui s'étend fort loin dans l'Asie. Elle fut bâtie par Nicomede, roi de Bithynie, allié du peuple Romain. Constantin le Grand mourut dans cette ville; elle n'a rien aujourd'hui qui la distingue, que le titre de *capitale de la province*. Son terroir est assez fertile en grains; & les forêts voisines lui fournissent beaucoup de bois, dont les habitans font un grand commerce.

Nous profitâmes du peu d'avance que nous avions sur la troupe, & nous poussâmes jusqu'à Ismik, après avoir traversé la riviere de Sangaria, qui eſt le Sangarus des Anciens. Iſmik ou Nicée, fut d'abord appellée *Antigonie*, du nom de ſon fondateur Antigone. Lyſimaque le changea en celui de Nicée, pour plaire à ſa femme, fille d'Antipater, qui s'appelloit *Nicæa*. Sa magnificence, ſa grandeur ne furent pas les ſeules choſes qui la rendirent célebre : deux conciles généraux qui y ont été tenus, le premier, ſous l'empereur Conſtantin, l'autre, ſous Adrien I, l'ont immortaliſée dans les Faſtes de l'égliſe. C'eſt-là qu'a été foudroyée cette fameuſe héréſie d'Arius, par les évêques raſſemblés de tout le monde Chrétien. Les habitans du pays, quoique Mahométans pour la plûpart, parlent encore, avec une ſorte de vénération, de cette nombreuſe & reſpectable aſſemblée. Ils n'en ont cependant point une auſſi haute idée que les Chrétiens, en ce qu'ils croient qu'elle étoit compoſée de trois cens dix-huit moines. On voit à Iſmik une ancienne égliſe Grecque, aſſez belle, dont les Turcs ont fait une moſquée. Le principal commerce de cette ville se fait en fayance, & en poissons qu'elle tire en abondance d'un lac voisin.

Nous attendîmes le détachement à Boli, capitale d'un petit canton de la Natolie, à une journée & demie de Nicée. Boli est environné de hautes montagnes couvertes de sapins, de platanes & de quantité d'arbres fruitiers. Il est situé dans une belle plaine, sur le bord d'un lac fort poissonneux. Les habitans nous firent voir deux fontaines qui coulent, l'une dans un bassin de pierre, l'autre, dans un bassin de bois : ils disent que l'eau de la premiere se pétrifie, & que celle de la seconde dissout la pierre : c'est tout ce qu'il y a de curieux dans cette ville.

Nous continuâmes notre route par Guerédé, bourg renommé pour son marroquin, & par Toufia, petite ville presque toute remplie de corroyeurs & de tanneurs. Nous y restâmes trois jours, pour attendre quelques traîneurs qui n'avoient pu se rendre encore au détachement. Les chemins devenant plus dangereux, à mesure que nous nous éloignions de Constantinople, nous ne voulûmes plus nous séparer de la troupe, que nous n'eussions au moins sept ou huit janissaires avec nous. Les officiers de notre connoissance nous offroient, à l'envi, leurs soldats; & ceux-ci qui trouvoient leur profit à nous accompagner, se prêtoient volontiers à nos desseins.

La premiere place remarquable, où nous séjournâmes depuis que nous étions sortis de la Natolie, est Amasia dans la province de Sivas ou Turcomanie. On croit qu'elle fut ainsi appellée du nom d'une princesse qui en avoit la principauté. Une ville si jolie, dans une si agréable situation, ne pouvoit manquer d'avoir quelque rapport avec le sexe le plus aimable. Amasia est dans un beau vallon entouré de collines & de montagnes fort élevées. Les maisons y sont plus belles qu'à Constantinople; mais les édifices publics sont moins vastes & moins somptueux. L'air y est vif & salutaire; le peuple spirituel & poli. Le terroir abonde en fruits, en grains & en raisins excellens. Toute la campagne est couverte de vergers & de jardins qui rendent le séjour de cette ville délicieux. On nous fit voir un chemin taillé dans le roc des montagnes voisines. Cet ouvrage a dû coûter des peines & des travaux immenses. Voici, à ce sujet, quelle est la tradition des gens du pays.

Un homme, d'une force extraordinaire, nommé *Ferha*, étant devenu amoureux d'une princesse appellée *Chirin*, qui faisoit son séjour à Amasia, entreprit, pour lui plaire, de couper les montagnes, & de conduire, par ce moyen, de bonnes eaux à la ville. Il n'épargna rien pour venir à bout de son projet; & l'ouvrage étoit déja fort avancé, lorsqu'il apprit que celle qu'il aimoit, lui avoit préféré un de ses rivaux. De désespoir, il se cassa la tête avec sa massue, plus glorieux qu'Hercule qui changea la sienne en quenouille, pour filer aux pieds de sa maîtresse.

Sur le chemin qui mène d'Amasia à Tocat, autre ville de la province de Sivas, nous apperçûmes plusieurs bandes de voleurs qui fuyoient précipitamment du côté des montagnes. Nos janissaires leur donnerent la chasse, & en prirent quelques-uns qu'ils contraignirent d'indiquer leur retraite. On pilla les souterreins où ils cachoient leurs provisions; & on ne les lâcha, que quand on ne put plus rien en tirer. Tocat est une grande ville ouverte de toute part, mais défendue par un fort bâti sur un rocher escarpé : elle est bien peuplée & des plus commerçantes de la province ; elle tire de grandes richesses des toiles des Indes, qui lui viennent par l'Arabie, & de toutes sortes de meubles de cuivre, que ses habitans travaillent fort adroitement.

Il nous fallut traverser plusieurs montagnes couvertes de pins ; &, après bien des fatigues, nous arrivâmes à Sivas. J'avois une lettre pour le bacha de cette ville, à qui j'allai la présenter. Il nous combla d'honnêtetés, & ne voulut point que nous eussions d'autre logement que son palais : il retint aussi le commandant & les principaux officiers de la troupe, & nous donna un repas magnifique. Nous passâmes ce jour & le suivant à Sivas; & je profitai de ce tems pour voir les dedans & les dehors de la ville: elle n'est considérable ni par sa grandeur ni par ses richesses. Les murs qui l'environnoient autrefois, sont entiérement ruinés: son voisinage de l'Arabie y attire beaucoup de caravanes, qui viennent de Bagdad ou de Constantinople.

Nous mîmes quatre jours à aller de Sivas à Divrigui dans la province de Diarbek. Toute cette route étoit infestée de brigands qui mettoient à contribution les villages & les bourgs. Nos soldats qui ne cherchoient eux-mêmes qu'à piller, les poursuivoient jusques dans les montagnes; mais les habitans du pays n'y gagnoient pas beaucoup; ils étoient presqu'autant tourmentés des janissaires que des voleurs. Divrigui est situé dans un grand vallon entre-coupé de plusieurs ruisseaux qui vont se jetter dans l'Euphrate. Il y a quantité de jardins dans cette ville : les environs font très-fertiles, mais peu cultivés, par la crainte qu'on a des montagnards. Une des principales richeſſes du pays vient des mines de fer & d'aimant qui y font très-abondantes.

Plus avant, entre des montagnes impraticables qu'il nous fallut traverſer, on trouve pluſieurs mines d'or & d'argent, dont le Grand-Seigneur tiroit autrefois un grand profit : elles font aujourd'hui mal entretenues, ſoit que le manque de bois, ſoit que la miſere des ouvriers les rendent preſque inutiles. J'eus la curioſité de deſcendre dans celle de Kiebban, après avoir paſſé l'Euphrate qui coule au bas de la mine : je vis quantité de ſouterreins, de chambres, de voûtes, d'ouvriers, mais peu d'or & d'argent. La plus conſidérable de ces mines étoit celle d'Argana, gros bourg au-delà de Kiebban, où l'on fait d'excellent vin. Nos compagnons de voyage ne s'oublierent point en cet endroit ; ils pillerent les celliers des payſans, enfoncerent les tonneaux, vuiderent

R ij

les cruches par-tout où ils purent en trouver. Le Tigre baigne le pied de la montagne sur laquelle est situé Argana ; mais il est si étroit & si resserré dans cet endroit, qu'il semble plûtôt un ruisseau qu'un fleuve fameux.

Au sortir des montagnes, nous apperçûmes Diarbékir où nous arrivâmes en peu de tems. Cette ville appellée autrement *Amid* ou *Caramid*, donne le nom à la province de *Diarbek*, dont elle est la capitale : elle est située dans une plaine charmante, sur le bord du Tigre. L'enceinte de ses murailles qu'un empereur Grec fit bâtir, subsiste encore avec les soixante-douze tours dont elles étoient flanquées. Les Turcs les ont relevées en partie & réparées, aussi-bien que les tours qu'on dit avoir été construites en l'honneur des soixante-douze Disciples de Jesus-Christ. Outre ces défenses, il y a encore une forteresse dans laquelle le gouverneur a un magnifique serrail. Les bords du fleuve sont couverts de jardins & de parterres où les habitans vont paſſer les beaux jours dans les plaiſirs & dans les fêtes. On fait ici une quantité prodigieuſe de marroquin rouge, de drap & de toile de la même couleur. Ce qui nous interreſſa davantage pour le peuple de Diarbékir, c'eſt ſon humanité, ſa douceur, ſa politeſſe. De toutes les villes de la Turquie & même de tout l'Orient, celle-ci eſt la ſeule où les femmes jouiſſent d'une liberté honnête; elles vont à la promenade avec les femmes Chrétiennes, & les maris n'en prennent aucun ombrage. Nous pourſuivîmes notre route juſqu'à Mardin, petite ville ſur la frontiere du Curdiſtan. Ce n'eſt, à proprement parler, qu'un fort bâti à mi-côte d'une haute montagne, à douze lieues de Diarbékir: ſon aſſiette avantageuſe, jointe aux remparts & aux tours qui l'environnent, le mettent à l'abri de toute inſulte. On dit que ce château arrêta ſeul, pendant ſept ans, l'armée du redoutable Timur, & que le vainqueur de l'Aſie fut contraint d'en lever le ſiége, pour ne point perdre le fruit de ses conquêtes. Mardin est renommée pour ses prunes qui sont d'une très-bonne qualité, & pour quantité d'excellens fruits & de vins que produit son territoire : elle est voisine du mont Aarar appellé par les Turcs *Djoudi*. C'est cette montagne d'Arménie, où l'on dit que l'arche de Noë s'arrêta après le déluge. Pendant notre séjour à Mardin, nous perdîmes deux de nos janissaires qui furent mordus par des serpens. Ces animaux sont en grand nombre dans ce canton, & si dangereux, que l'on meurt, à l'instant même qu'on en est blessé.

On campa, après huit heures de marche, à Nisibin, petite ville qu'arrose le fleuve Hermas : elle est vantée pour ses roses blanches; & l'on prétend que, dans plus de trente mille jardins qui sont à Nisibin & dans ses environs, il ne se trouve pas une seule rose rouge. Tout ce que je puis assurer, c'est que je n'y en ai vu aucune. Nisibin, bâtie par Nemrod, donna naissance à l'Apôtre S. Jacques qui la protégea, dit-on, contre les

Perses. Depuis cette ville jusqu'à Eski-Mosul ou le vieux Mosul, on ne trouve ni villages ni habitans; ce n'est plus qu'un défert aride & stérile. En conféquence, nous fîmes des provisions pour six jours; c'étoit à-peu-près le tems que nous devions employer à faire cette route. Nous trovâmes les habitans d'Eski - Mosul dans les divertiffemens & dans la joie, à l'occafion du Bairam qui est la fête la plus folemnelle des Turcs & la fin de leur grand jeûne : elle répond à la Pâque des Chrétiens & à leur premier jour de l'an.

Dès qu'on apperçoit la nouvelle lune du mois qui fuit le Ramazan, le bruit des canons en donne avis aux habitans. Les tambours & les trompettes mêlent leurs accords aux acclamations du peuple, & l'on fe prépare à la fête. Avant le point du jour, les grands de l'empire, (fi c'eft à Conftantinople) & les principaux officiers fe rendent à la porte du ferrail. Le Grand-Seigneur en fort fur les cinq heures du matin, & paffe au milieu d'eux, pour aller faire sa priere à Sainte-Sophie. Lorsqu'il est de retour de la mosquée, il va se placer sur un trône qui lui est préparé dans la sale du divan ; & là il reçoit les complimens & les présens du grand visir & du mouphti, au nom des grands & du clergé. Ce jour-là, les rues sont remplies d'une foule prodigieuse de peuple. Les Turcs qui se rencontrent, s'embrassent & se souhaitent toute sorte de prospérités : on dit même qu'ils se réconcilient avec leurs ennemis & qu'ils pardonnent les injures. On tend, dans les places & dans les carrefours, des escarpolettes ornées de festons & de banderolles. Les Turcs se plaisent fort à ce jeu, &, pour quelques parats, ils se divertissent des heures entieres. Les roues de fortune sont aussi de leur goût. Quelque aversion qu'ils ayent pour les figures qui, selon eux, font partie de l'idolâtrie, ils courent en foule aux marionnettes, dont il y a grand nombre à Constantinople, pendant le Bairam. Je ne parle pas des parties de débauche & de cabaret ; elles précedent & accompagnent tous ces divertissemens ; & un Turc ne goûte de vrai plaisir, que dans le vin & avec les femmes. Cette fête dure trois jours, pendant lesquels les Chrétiens n'osent sortir de leurs maisons.

Nous vîmes une image de ces divertissemens à Eski-Mosul. Cette ville, qui n'offre plus que des débris & des tas de pierres, étoit, dans les premiers siécles du monde, une des plus grandes villes de l'Asie, & s'appelloit *Ninive*. L'Ecriture sainte la nomme *la grande cité*, parce qu'elle avoit plus de trente lieues de circuit. Ninus, premier roi des Assyriens, en jetta les fondemens sur les bords du Tigre, près de mille ans après le déluge. Elle étoit défendue par quinze cens tours hautes de deux cens pieds. Trois chariots pouvoient aller de front sur ses murailles : elle fut détruite, deux cens ans après, sous le roi Sardanapale, par Arphaxad, roi des Medes. Les habitans nous montrerent une chapelle qu'ils ont bâtie en l'honneur du prophete Jonas que

Dieu leur envoya, pour faire pénitence. Voici la tradition du pays, au sujet de ce grand événement. Les Ninivites ayant fait pénitence, suivant les conseils du Prophete, retournerent à leurs désordres, après quarante ans. Dieu renversa la ville sondessus dessous, & les habitans furent ensevelis sous ses ruines, la tête en bas. Je vous avoue, Madame, que je me plaisois à parcourir des rues par où je me figurois qu'avoit passé cet homme chargé des ordres du Seigneur : je croyois presque lui entendre prononcer ces paroles terribles, que, *dans quarante jours, cette superbe cité des Assyriens seroit détruite.* Je sentois alors un frémissement qu'on ne peut guères éprouver que sur le véritable lieu de la scène où se sont passés ces redoutables événemens.

Mosul, ou la nouvelle Ninive, à huit lieues d'Eski-Mosul, est située, comme l'autre, sur le Tigre ; & c'est ce qui la fait prendre quelquefois pour la véritable Ninive. Quantité d'édifices publics & particuliers l'embellissent ; entr'autres, le palais du bacha, la mosquée cathédrale & les caravanserais. Le commerce des habitans est considérable, & se fait en toiles de coton & en marchandises des Indes.

A quelque distance de Mosul, est une forteresse appellée *Bidlis*. On raconte qu'Alexandre le Grand ayant trouvé ce lieu commode & avantageux par sa situation & pour la bonté de ses eaux, y laissa un de ses officiers appellé *Bidlis*, & lui ordonna d'y bâtir un fort qui fût imprenable. Ce prince, à son retour de Perse, passa par le même lieu, & voulut visiter la forteresse nouvellement bâtie : on lui en ferma les portes. Outré de cet affront, il en fit le siége ; mais n'ayant pu venir à bout de son entreprise, il fut contraint de l'abandonner. Alors Bidlis alla le trouver, lui présenta les clefs, & dit qu'il avoit réussi à bâtir un fort imprenable, puisqu'Alexandre n'avoit pu le prendre.

Nous quittâmes Mosul & prîmes la route de Bagdad par Kierkiouk, où nous arrivâmes après cinq jours de marche. Kierkiouk est une ville de moyenne grandeur, où les bachas du district de Chérésour font leur résidence. Près de cette derniere ville, est un lieu appellé *le tombeau d'Alexandre*, qui n'a de remarquable, que le nom de ce conquérant. A deux lieues de Kierkiouk, vers l'occident, nous vîmes plusieurs sources de naphte & une de résine. J'approchai si près de cette derniere, que je pensai m'empêtrer les pieds. Je ne conçois pas trop, Madame, d'où & comment s'est formée cette source : je laisse cet examen aux naturalistes ; ils pourront mieux, là-dessus, vous satisfaire que tout ce que je pourrois vous dire. Tout le pays est couvert de dattiers, d'orangers & de citronniers. Nous nous rendîmes enfin à Bagdad où le bacha rassembloit les troupes de son gouvernement. Plusieurs officiers avec qui nous étions venus de Constantinople, nous présenterent à lui, & l'engagerent à nous accorder sa protection. Ce seigneur nous prit en amitié, nous fit chercher un logement dans la ville, & nous assura que nous n'aurions rien à desirer de ce qu'il pourroit nous procurer.

Bagdad, quoique située à-peu-près aux mêmes lieux que la fameuse Babylone, n'est pas la même que cette capitale de l'Assyrie. Celle-ci étoit assise sur l'Euphrate; l'autre est maintenant sur le Tigre; ce qui n'empêche pas qu'elle ne soit regardée comme la nouvelle Babylone. Vous sçavez, Madame, que Nemrod, petit-fils de Noë, fut le fondateur de cette ville puissante. Sémiramis, veuve de Ninus, roi des Assyriens, l'augmenta considérablement. Elle fit faire ses murs de briques cuites, cimentées avec du bitume, & employa à cet ouvrage immense trois cens mille ouvriers pendant un an. La ville avoit quatre cens stades de circonférence, & cent portes d'airain avec des fossés profonds à l'entour; mais rien n'étoit comparable à ses magnifiques jardins suspendus en l'air, avec un artifice inimitable. Elle fut long-tems la capitale de l'Assyrie & de tout l'Orient; mais Cyrus, roi des Perses, s'en rendit maître, en détournant le cours de l'Euphrate, & la ruina de fond en comble.

Pour Bagdad, elle fut bâtie par un calife; & ses successeurs y tinrent leur cour pendant l'espace de plusieurs siécles : elle passa depuis sous la domination des Persans, & enfin sous celle des Turcs qui la possedent actuellement. Cette ville est environnée de fortes murailles de briques & de cent soixante-trois bastions : son circuit est de douze milles trois cens coudées. Le palais du bacha est grand & magnifique : ses jardins sont beaucoup plus beaux que ceux du Grand-Seigneur à Constantinople : ils sont plantés d'orangers, de citronniers, de cyprès, dont l'ordre & les proportions forment des promenades charmantes. Les bains, les colléges, les caravanserais sont en grand nombre dans Bagdad. Les mosquées sont presque toutes enrichies de marbre, de porphyre & d'azur. Ce qu'elles ont de plus curieux, ce sont leurs minarets : ils sont tous penchés vers la Mecque; & le vulgaire superstitieux assure que c'est un miracle du ciel en faveur du Prophete. Le commerce des habitans est prodigieux, à cause du voisinage de l'Arabie, des Indes & de la Perse. Le terroir est très-fertile; &, outre quantité d'excellens fruits, il produit du riz, du bled, des dattes, des figues, des oranges.

Les Amazones qui ont fondé tant de villes célebres dans l'Orient, pourroient bien avoir aussi fondé Bagdad. Il semble que les femmes de cette ville ayent hérité des inclinations de ces fameuses héroïnes. Elles ne veulent jamais sortir qu'à cheval : celles qui n'en ont pas le pouvoir, aiment mieux rester enfermées dans leurs maisons que de paroître en public sans cette monture. Un de nos amis nous fit observer une chose assez singuliere : les courtisanes ont toujours le pied dans l'étrier, & c'est ce qui les distingue des honnêtes femmes qui le mettent dans les courroies auxquels l'étrier est attaché.

Depuis que j'étois dans cette ville, je trouvois tous les jours de nouveaux motifs qui me perfuadoient qu'elle n'eft point l'ancienne Babylone, mais plûtôt la ville de Séleucie que la géographie des Anciens place fur le bord du Tigre, à trois milles ftades de Babylone. Voici encore ce qui me confirma dans cette opinion. A trois lieues de Bagdad, dans une rafe campagne entre le Tigre & l'Euphrate, eft une tour appellée *Mégara* par les habitans du pays, & *Babel*, par tous les voyageurs. C'eft une maffe folide, qui reffemble plûtôt à une montagne qu'à une tour. En la confidérant avec attention, je crus y appercevoir quelque forme quarrée, dont les quatre faces regardent les quatre parties du monde. Elle a plus de cent milles pas de circuit, & fa hauteur actuelle eft d'environ cent trente pieds. Quand nous eûmes fait le tour de ces auguftes débris, nous montâmes deffus, dans l'efpérance de découvrir quelques veftiges d'un monument fi intéreffant pour le genre humain. Chaque pas que nous faifions, nous rappelloit l'entreprife hardie de nos premiers peres. Nous trouvâmes plusieurs cavernes où les Mahométans croient que deux anges appellés *Harut* & *Marut*, font fuspendus par les cheveux. Ils difent que ces efprits céleftes ayant été envoyés fur la terre, pour examiner les actions des hommes, ne fongerent qu'à féduire les femmes. Dieu, en punition de leurs crimes, les tient enfermés dans ces fouterreins jufqu'au jour du jugement. Ce que nous avions vu jufqu'alors, n'étoit pas capable de nous fatisfaire. Nous dîmes à nos valets de creufer dans différens endroits que nous leur montrâmes; mais leurs outils ne pouvoient pénétrer plus de deux ou trois pouces en terre. Nous remarquâmes plufieurs rangs de briques qui nous parurent avoir été féchées au foleil. Je pris une de ces briques que nous eûmes beaucoup de peine à arracher, & je lui trouvai quatre doigts d'épaiffeur. Tandis que je faifois creufer d'un côté, le chevalier qui travailloit d'un autre, fit une découverte qu'il me communiqua auffi-tôt. C'étoit un rang de paille ou de roseaux hachés, mêlés avec de la poix & du bitume. Ce rang avoit trois doigts d'épaisseur, & il y en avoit un de cette matiere après sept rangs de briques. Notre ardeur & notre application à faire toutes ces recherches, nous empêcherent de nous appercevoir que la plus grande partie du jour étoit écoulée. On nous avertit qu'il étoit tems de nous retirer; & nous reprîmes à regret le chemin de Bagdad.

Nous quittâmes ici nos compagnons de voyage, qui eurent ordre d'aller sur les frontieres. N'espérant pas de les revoir de long-tems, & craignant d'ailleurs, que les Persans ne vinssent assiéger Bagdad, nous résolûmes de ne rester que peu de jours dans cette ville, & de retourner à Constantinople. La difficulté étoit de trouver quelque caravane ou quelqu'escorte avec qui nous pussions faire une si longue route sans danger. Le bacha se faisoit informer des voyageurs qui se disposoient à partir; mais il y en avoit si peu, qu'aucun n'osoit se hazarder à quitter la ville, sans quelque conjoncture favorable. Après avoir attendu plusieurs jours, comme les autres, nous prîmes le parti de remonter le Tigre jusqu'à Diarbékir. Si cet expédient nous eût manqué, il nous auroit fallu traverser les déserts de Mosul; & les brigands eussent eu bon marché de nous. Quelques marchands s'embarquerent aussi; & le bacha fit dire aux maîtres de nos bateaux, qu'ils répondroient de nous sur leur tête. Cette précaution ne fut pas inutile; car j'appris que ces gens faisoient souvent échouer les voyageurs, afin de profiter de leurs marchandises & de leurs effets.

J'avoue, Madame, que nous ne fûmes jamais moins à l'aise que sur cette nouvelle voiture. Ne croyez pas, je vous prie, que notre bateau fût fermé & couvert; c'étoient de vrais radeaux formés de grosses poutres de bois, sous lesquelles étoient attachées des vessies. Ainsi toutes les fois que le fleuve étoit plus rapide ou que le vent devenoit plus violent, nous ne manquions jamais d'avoir de l'eau jusqu'à mi-jambe. Les incommodités d'une navigation si pénible ne nous empêcherent pas de prendre un divertissement qui nous plut beaucoup. Au-dessous de Mosul, le Tigre reçoit dans son lit plusieurs ruisseaux de naphte; & cette matiere se répand comme une croûte sur toute sa surface. Nous nous amusions à y mettre le feu; &, en un instant, toute la riviere étoit couverte de flammes. J'étois accablé de sommeil & de lassitude, quand nous abordâmes à Diarbékir. Plusieurs jours de repos auroient à peine suffi pour nous remettre de nos fatigues: cependant il fallut en partir le lendemain. Une nombreuse caravane étoit prête à se mettre en marche. Nous fîmes chercher des chevaux que nous payâmes bien cher, & nous nous armâmes de fermeté & de patience pour ce nouveau voyage. Il fut plus heureux que nous ne l'avions espéré. Différens corps de troupes qui venoient de la Natolie, nous donnerent de fréquentes alertes; mais, pour les voleurs, ils n'oserent se montrer; & jusqu'à

Constantinople, nous eûmes la fortune & le tems favorables. Nous nous rendîmes dans cette capitale, fort satisfaits d'avoir parcouru, sans danger, des provinces, dont l'ancienne célébrité excite toute la curiosité des voyageurs, & que les malheurs des tems rendoient, ce semble, impratiquables.

Je suis, &c.

A Constantinople, ce 11 *Juillet* 1737.

Fin du Tome I.

Fautes à corriger dans le Tome premier.

Page 177, ligne 24, le passage, *lisez*, le paysage.

Page 384, ligne 26, *après ces mots*, aux pieds de sa maîtresse, *ajoûtez*, Strabon géographe habile, & judicieux historien, prit naissance à Amasia.

TABLE
DES
MATIERES
Contenues dans ce Volume.

PREMIERE LETTRE.
L'ISLE DE CHYPRE.

LE départ du voyageur, ses adieux & l'objet de son voyage, Page	1
L'isle de Chypre.	2
Ses révolutions.	3
Son étendue & ses habitans.	4
La ville de Paphos.	5
Son origine.	6
La ville d'Amathus.	7
Les divinités qu'adoroient ses habitans.	Ibid.
Le promontoire Capo-di-Gato.	8
La ville de Soglia.	9
La fameuse Fontaine d'Amour.	Ibid.
La ville de Nicosie.	10
Son siége.	Ibid.

La ville de Famagouste. 11
Cruauté des Turcs dans la prise de cette
    ville. *Ibid.*
La ville de Larnica. *Ibid.*
La ville de Salines. 12
Le mont Crocé, la plus haute montagne
    de l'isle. *Ibid.*
La fameuse Madone de Chekka. *Ibid.*
La ville de Morfou. 13
Le Lapitho. *Ibid.*
La ville de Citréa. 14
Le village de Chypre. *Ibid.*
Le mont Olympe. *Ibid.*
Le sol de l'isle de Chypre. 15
Les phénomenes de cette isle. *Ibid.* &
    suiv.
Les coutumes de ses habitans. 17
Leur religion. 18
Leur commerce. *Ibid*
Le déréglement des femmes. 19

II. LETTRE.

ALEP ET SES ENVIRONS.

La ville d'Alexandrette. Page 20
La ville d'Alep. *Ibid.*
Ses maisons & ses mosquées. 21 & suiv.
Description de la vallée de Sel. 24
Le monastere de S. Siméon. *Ibid.*
La ville de Corus. 25
Les ruines de Bambouch. 26

La ville d'Antioche. 6
Ses révolutions. 27
Séleucie. Ibid.
La montagne de Job. 28
La Syrie. Ibid. & suiv.
Les mœurs & usages des Syriens. 30 & suiv.
Leurs différentes sectes. 35 & suiv.

III. LETTRE.

Damas, le Mont Liban, Balbec, &c.

Le voyageur continue à parcourir la Syrie. 44
Damas, capitale de cette contrée. Ibid.
Ses révolutions, son étendue, ses bâtimens & ses environs. Ibid. & suiv.
L'Auteur fait connoissance avec un médecin François, & voyage avec lui. 48
La ville de Sidonia. Ibid.
Le mont Liban. Ibid.
Le monastere de Canubin. 49 & suiv.
La grotte de sainte Marine. 50
La forêt de Cedres. 51
La ville de Balbec. 53
Ses antiquités. 54 & suiv.
Le bourg de Ban. 61
Le bourg d'Eden. 62
Mœurs des habitans du mont Liban. 63

Tome I. S

IV. LETTRE.

LA VILLE DE PALMYRE.

Le vaste désert qui environne cette ville.
       Page 65
Ses ruines.   66 & suiv.
L'incertitude de son origine.   68
Sa situation avantageuse.   70
Histoire de Zénobie.   Ibid. & suiv.
Etat actuel de Palmyre.   72 & suiv.
La source de ses anciennes richesses. 76
L'Auteur acheve de visiter les curiosités de Palmyre.   Ibid. & suiv.
Son climat.   82
Mœurs & usages de ses habitans. Ibid.
L'Auteur passe en Egypte avec deux sçavans de Cambridge.   83

V. LETTRE.

L'EGYPTE.

Le Caire.   Page 85 & suiv.
Origine du nom de cette ville.   87
Description de ses bâtimens. 88 & suiv.
Les greniers de Joseph.   90
Le puits de Joseph.   91

DES MATIERES.

Situation de l'ancienne Memphis. 92
Les pyramides d'Egypte. *Ibid.* & suiv.
La fameuse statue du Sphinx. 99 & suiv.
Le lac Moëris. 101
Alexandrie. 103
Son grand & petit phare. *Ibid.* & suiv.
L'obélisque de Cléopatre. 105
La fameuse colonne de Pompée. 106
Murs de l'ancienne Alexandrie. 107
Ses églises. 108
Ses grottes sépulcrales. 109
Description d'un temple souterrein. 110
La nouvelle Alexandrie n'a plus rien de remarquable. 111 & suiv.

VI. LETTRE.

SUITE DE L'EGYPTE.

LE voyageur avec deux François & leur suite. Page 113
Ils remontent ensemble le Nil. 116
Sakkara, petite ville. *Ibid.*
Le labyrinthe des oiseaux. 117
Le village d'Esch-Mend-Ell-Arab. 118
Schechabald. 119
Faïume. 120
Adresse des habitans de cette ville. *Ibid.*
Le village de Nole. 121
Le fameux labyrinthe. *Ibid.*
Les montagnes d'Abuffolde. 122

TABLE

Le village de Scheh-Haridi. 123
Le tombeau d'un saint Mahométan & ses guérisons, prétendues miraculeuses.
Ibid. & *suiv.*

Luxor autrefois Thèbes. 125
Ses ruines. *Ibid.* & *suiv.*
Les cataractes du Nil. 131
Le monastere de S. Antoine. 133
La maniere d'y entrer. *Ibid.*
La mine des émeraudes. 135
Histoire de cette mine. *Ibid.*

VII. LETTRE.

SUITE DE L'EGYPTE.

Son ancienneté. 137
Le pouvoir de ses prêtres. 138
Mœurs & usages de ses habitans. *Ibid.* & *suiv.*

Ses révolutions. 144
Elle est gouvernée par un Pacha. *Ibid.*
La milice Egyptienne. 145
Les juges en matiere de religion. 146
Mœurs des Arabes Egyptiens. 147
Les Egyptiens ont beaucoup dégénéré. *Ibid.*

L'habillement des Egyptiens. 148
Suite de leurs mœurs & de leurs usages. 149 & *suiv.*

Les derviches des Turcs. 154
Vénération des Turcs pour les idiots. *Ibid.*

Les synagogues des Juifs au Caire. 155
Les Grecs & les Cophtes, Chrétiens d'E-
 gypte. *Ibid.*
Mœurs, usages & croyance de ces der-
 niers. 156 & suiv.
Les animaux de l'Egypte. 160
Les poissons du Nil. 161
Ibis, divinité des Egyptiens. 166
Superstition des Turcs d'Egypte. 167
Fertilité de l'Egypte. 168
Bonté de l'eau du Nil. *Ibid.*
Ce fleuve est la source des richesses de
 l'Egypte. 169
Maniere de le traverser. 170

VIII. LETTRE.

Les Etats Barbaresques.

La Barbarie, autrefois la Mauritanie.
 172
Le royaume de Tripoli & sa capitale. 173
 & suiv.
Capez & Elhama. 175 & suiv.
Le royaume de Tunis. 177
La difficulté de s'approcher de ses frontie-
 res. *Ibid.*
Gassa. *Ibid.*
L'agrément de ses environs. *Ibid.*
Les antiquités de Jemme. 178
Médéa. 179
La ville de Tunis. *Ibid.*

Ses révolutions. 179
Son étendue & sa situation. 180
Description de cette ville. *Ibid.* & suiv.
Sa citadelle. 181
Sa religion. 182
Ses environs. *Ibid.*
Le sanctuaire de Séydydoude. 183
Aquilaria. 184
Carthage. 185
Utique. 186
Mœurs des habitans de Tunis. 187
Les Maures cultivent peu l'agriculture. *Ibid.*
Les chevaux de Barbarie. 188
Les bestiaux. *Ibid.*
Propriété d'une sorte de mets dont les habitans de Tunis font usage. 189
Maniere de vivre du peuple. *Ibid.*
Commerce des Tunisiens. 190
Salé & Gademes. 191
Maniere de commercer des habitans de cette derniere ville. *Ibid.*
Peuples qui habitent le royaume de Tunis. 192
Loi imposée aux Chrétiens libres de Tunis. 193
Danger que l'on court à l'enfreindre. *Ibid.* & suiv.
Mœurs des Tunisiens. 196

IX. LETTRE.

Suite des Etats Barbaresques.

Le royaume d'Alger. 198
Bonne. *Ibid.*
On croit cette ville l'ancienne Hippone. *Ibid.*
Constantine. 199
Alger capitale. *Ibid.*
Ses révolutions. *Ibid.* & suiv.
Forces du royaume d'Alger. 202
Pouvoir de son Souverain. 203
Description de sa ville capitale. 204 & suiv.
Division du royaume d'Alger en trois gouvernemens. 208
Fez & Maroc, capitales de deux royaumes soumis au même Souverain. 209
Description de Fez. *Ibid.*
Celle de Maroc. 210
Révolutions de ces deux royaumes. *Ibid.* & suiv.
Etendue de celui de Maroc. 213
Sa fertilité. *Ibid.*
Les mines de cuivre sont une des principales branches du commerce de Maroc avec les Européens. *Ibid.*
Peuples du royaume de Maroc. 214

Cruauté de ces peuples & de ceux de
 Fez, à l'égard des esclaves Chrétiens.
 215
En quoi consiste la beauté d'une femme
 chez les Turcs, & les moyens qu'elles
 prennent pour se la procurer. 216
Mœurs & usages des Algériens. 217
Leur respect pour leurs prêtres. 219
Les différentes nations du royaume d'Alger. *Ibid.*
Habitations des Maures. 220
Leurs mœurs & leur usages. *Ibid.* & suiv.
Ceux des Arabes. 222
Ceux des Juifs. *Ibid.*
Ceux des Turcs. 223
Suite des mœurs & des usages des Algériens. 224

X. LETTRE.

LA GRECE.

L'AUTEUR s'embarque pour Dulcegno.
 Page 227 & suiv.
Durazzo ou Dyrrachium. 229
Sazeno. *Ibid.*
Le royaume d'Epire. *Ibid.*
Ses révolutions. *Ibid.*
L'isle de Corfou. *Ibid.*
Description de Corfou, sa capitale. 230

DES MATIERES.

Ses environs.	Ibid.
Son étendue.	231
Promontoires d'Actium & de Nicopolis.	Ibid.
L'isle du Val du-Compere.	232
Céphalonie.	Ibid.
Zante ou Zacinthe.	Ibid.
Son terroir fertile en fruits.	233
Petite isle de Dulichium.	Ibid.
Les isles Strophades.	Ibid.
L'isle de Cythere.	234
Misitra, autrefois Lacédémone.	235
Sa fondation, son accroissement, ses ruines.	Ibid. & suiv.
Napoli.	237
Mycenes, aujourd'hui Agios-Adrianos.	Ibid. & suiv.
La ville & la forêt de Némée.	238
Corinthe.	Ibid.
Ses révolutions.	Ibid. & suiv.
Le village de Sicyon.	240
Mégare.	Ibid.
Lepsina, autrefois Eleusis.	241
Ses campagnes couvertes de marbres.	Ibid. & suiv.
Athènes, son origine, ses révolutions.	243
Sa situation, sa citadelle.	244
Description du temple de Minerve.	Ibid. & suiv.
Le théatre de Bacchus.	246
Description des deux plus beaux monumens d'Athènes.	247

S v

TABLE

Restes du temple de Jupiter Olympien. 249
Celui de Thésée. *Ibid.*
Description de l'extérieur de cet édifice. *Ibid. & suiv.*
Le Stadium. 251
Le Pirée, aujourd'hui Porto-Lione. *Ibid.*
Le nombre des habitans d'Athènes. *Ibid.*
Leurs mœurs & leurs usages. 252
Leur commerce *Ibid.*
L'auteur quitte à regret Athènes. 253
Il arrive à Salamine, la patrie de Solon. *Ibid.*
Révolutions de cette ville. *Ibid.*
Le fameux rocher K. is. 254
L'isle d'Ægina. *Ibid.*
Thèbes, capitale de la Béotie. 255
Ses révolutions. *Ibid.*
Livadia. 256
Le mont Parnasse. *Ibid.*
La fameuse Delphes. 257
Lépanthe, sa situation avantageuse, son commerce. 258
Patras ou ou Aroë. *Ibid.*
Calydon. 259

XI. LETTRE.

SUITE DE LA GRECE.

L'ISLE de Rhodes. Page 260
Son étendue. *Ibid.*

DES MATIERES.

Son colosse.	261
La ville de Rhodes ; ses révolutions.	262
Sa situation.	Ibid.
Linde, bourgade de l'isle.	263
Fertilité du terroir de Rhodes.	Ibid.
L'isle de Scarpanto.	Ibid.
L'isle de Candie, autrefois l'isle de Créte.	264
Ses révolutions.	Ibid.
Rhetimo ; sa situation agréable.	266
Lamasta.	267
Le fameux mont Ida.	Ibid.
La difficulté d'y parvenir.	Ibid. & suiv.
Gortyne.	270
Ses ruines magnifiques.	Ibid.
Description d'un labyrinthe.	271 & suiv.
Etendue de l'isle de Créte.	275
Sa fertilité.	Ibid.
Anecdote sur les femmes de cette isle.	Ibid.
Les Cyclades.	Ibid.
Santarini, ou Santorin.	276
Stérilité de cette isle.	Ibid.
Formation de quatre petites isles par des volcans.	277
L'isle de Policando ; sa fertilité.	278
Description d'une grotte curieuse.	Ibid.
L'isle d'Argentiere ; sa stérilité.	279
L'isle de Melos, à présent Milo.	Ibid.
Description de sa capitale.	Ibid.
L'isle d'Helene.	281
Celle de Cythnos, aujourd'hui Thermia.	Ibid.

Sa fertilité & son commerce. *Ibid. & suiv.*
Ruines d'Hebreo-Castro. 282
Etendue de Thermia, & ses habitans. *Ibid.*
L'isle de Syra. 283
Son étendue. *Ibid.*
Sa fertilité. *Ibid.*
Situation de sa capitale. *Ibid.*
L'isle de Timée, autrefois Tenos. *Ibid.*
Sa fertilité. *Ibid.*
Restes de Timée; sa ville capitale. 284
L'isle d'Andros. *Ibid.*
La beauté de son terroir. *Ibid.*
Les antiquités d'Andros; sa capitale. 285
L'isle de Lia, autrefois Cée ou Céos. 286
Ruines de Certhéa. *Ibid.*
Etendue de l'isle. 287
Commerce de ses habitans. *Ibid.*
L'isle de Macronisi. *Ibid.*
Son extrême stérilité. *Ibid.*
Macris, sa ville capitale. *Ibid.*
Guara ou Joura. *Ibid.*
Château-roux. 288
Caristos. *Ibid.*
Son marbre estimé. *Ibid.*
Le bourg d'Eretria. *Ibid.*
Négrepont. *Ibid.*
Son étendue. 289
Le nombre de ses habitans. *Ibid.*
Le serrail du Capitan. *Ibid.*
Bon marché des denrées de Négrepont. *Ibid.*

DES MATIERES. 421

Sa fertilité. 290
Circuit de l'isle de Négrepont, & sa largeur. *Ibid.*
Le fameux promontoire de Caphanée. *Ibid.*
L'Euripe. *Ibid.*
Ses phénomenes. 291

XII. LETTRE.
SUITE DE LA GRECE.

L'ISLE de Scio. Page 293
Son circuit. *Ibid.*
Ses révolutions. 294
Description de sa capitale. *Ibid.*
Vénération de ses habitans pour Homere. 295
Fertilité de Scio. 296
Maniere d'y faire du vin & du pain. *Ibid.*
L'isle de Samos, & Cora sa capitale. 297
Sa fertilité. *Ibid.*
Son étendue. *Ibid.*
Tradition du pays. *Ibid.*
Ruines de l'ancienne Samos. 298
Mal-propreté des Samiennes. *Ibid.*
L'isle de Nicaria, origine de son nom. 299
Son circuit & la paresse de ses habitans. *Ibid.*
L'isle de Pathmos. 300

Ses Solitudes.	300
Crédulité de ses habitans.	301
L'isle de Saint Minos.	Ibid.
Sa singularité.	Ibid.
L'isle de Naxia.	Ibid.
Description de Naxia, sa capitale.	302
Vanité des femmes de cette ville.	Ibid.
Ses antiquités.	303
Son commerce & sa fertilité.	Ibid.
L'isle de Paros; son circuit.	304
Ses rares antiquités.	Ibid.
Ses carrieres de marbres.	305
Le poëte Archiloque, de Paros.	306
L'isle d'Antiparos.	307
Ses Congelations.	Ibid.
Description de la grotte d'Antiparos.	Ibid. & suiv.
L'isle de Sténosa.	314
L'isle de Niconéria.	Ibid.
Leur stérilité.	Ibid.
L'isle d'Amorgos.	Ibid.
Ses habitans laborieux.	315
Leurs moissons abondantes.	Ibid.
Habillement des femmes.	Ibid.
Plante appellée *férule*.	316
L'isle de Raclia.	Ibid.
L'isle d'Ino.	Ibid.
Tombeau d'Homere.	317
Namsio & Sikino, pays incultes.	Ibid.
L'isle de Délos.	318
Ruines de l'ancienne ville de ce nom.	319
Situation de son *gymnasium*.	320
Temple d'Apollon.	Ibid.

DES MATIERES. 423
Statue de ce Dieu. *Ibid.* & suiv.
Fameux portique, restes d'un théatre. 321
Le mont Cynthus. 322
L'isle de Rhénia. *Ibid.*
Sa fertilité, son circuit. 323
L'isle de Mycone. *Ibid.*
Celle de Skiros, autrefois fort célèbre. 324
L'isle de Métélin, autrefois la fameuse Lesbos. *Ibid.*
Situation de Castro, sa capitale. 325
L'isle de Ténédos. *Ibid.*
Le Xanthe & le Ximoïs. 326
L'isle de Stalimene, autrefois Lemnos. 327
Sa fertilité. *Ibid.*
L'auteur retourne à Métélin. 328
Concorde des Grecs & des Turcs. *Ibid.*
Leurs habillemens. 329
Rits des Grecs. 330
L'auteur s'embarque pour Constantinople. 331

XIII. LETTRE.

LA TURQUIE.

Origine des Turcs. Page 333
Leurs conquêtes. 334
Fondation de Constantinople. 335

Ses révolutions. *Ibid.*
Son port. 337
Belle situation de cette ville. 338
Sa circonférence. 339
Description de l'intérieur de Constantinople. *Ibid.*
Fête célébrée chez les Turcs. 340
L'église métropolitaine de Sainte-Sophie. 342
Sa situation & son circuit. *Ibid.*
Description de cet édifice. 343
Celle de deux autres mosquées royales, appellées *la Solimanie* & *la Validé*. 344
Politesse des officiers Turcs. 346
Férocité du peuple & des derviches à l'égard des étrangers. *Ibid.*
Les avanies qu'on leur fait. 348
L'hyppodrome appellé par les Turcs *Atmëidan*. *Ibid.*
Description de ce lieu de divertissemens. 349
Son circuit. *Ibid.*
Escrime des combattans. *Ibid.*
Autre jeu des Turcs. *Ibid.*
Monumens des empereurs Chrétiens. 350
Cortége du Grand-Seigneur, lorsqu'il va à la mosquée. 351
La chasse du Grand-Seigneur. 353
Son serrail. 354
Sa situation & sa circonférence. 355
Ses fortifications. *Ibid.*
Ses jardins. 356

DES MATIERES.

Ses bâtimens. 356
Sa garde. 357
Description du palais occupé par le Grand-Seigneur. *Ibid.*
Son appartement, celui de ses femmes. 358
Leur sort. 359
Le vieux ferrail. *Ibid.*
Détails sur le gouvernement intérieur du ferrail qu'habite le Sultan. 360
Cérémonie du mouchoir. 361
Offices des femmes du ferrail. 363
Offices des eunuques. 364
Les Ichoglans, ou pages du Grand-Seigneur. 366
Promenades du Sultan avec le Bostangi-bachi. 368
Description d'une maison de campagne du Grand-Seigneur, près de Constantinople, appellée *Sadi-Abath*. 369
Le jadicula, ou le château des sept Tours. 371
L'aqueduc de Soliman. 373
Le bazard, ou marché de Constantinople. *Ibid.*

XIV. LETTRE.

SUITE DE LA TURQUIE.

VOYAGE de l'auteur à Bagdad. Pag. 375
Scutare, ville de la Natolie. 377
La tour de Léandre. *Ibid.*

Calcédoine. 379
Ismid, autrefois Nicomédie. 380
Ismik, ou Nicée. 381
Amasia, ville dans la province de Sivas. 383
Tradition sur un chemin taillé dans le roc. 384
La ville de Tocat, des plus commerçantes de la province de Sivas. 385
La ville de Sivas, le rendez-vous de plusieurs caravanes. 386
La ville de Divrigui. *Ibid.*
Les mines d'or & d'argent de Kiebban & d'Argana. 387
La ville de Diarbékir qui donne le nom à la province de Diarbeck, & où se fait le beau marroquin. 388
Les femmes Turques y jouissent d'une liberté honnête. 389
La ville de Mardin, renommée par son fort & par ses fruits. *Ibid.*
Le mont Aarar ou Ararat. 390
La ville de Nisibin, vantée pour ses roses blanches. *Ibid.*
La fête du Bairam, qui est, chez les Turcs, ce que sont, chez les Chrétiens, la fête de Pâques & le premier de l'an. 391
La ville d'Eski-Mosul, autrefois Ninive. 393
Mosul, ou la nouvelle Ninive. 394
La forteresse de Bidlis, anecdote singuliere à son sujet. 395
La ville de Kierkouk. *Ibid.*

DES MATIERES.

Bagdad, anciennement Babylone. 397
Ses révolutions. Ibid.
Description de cette ville. 398
Anciens restes de la tour de Babel. 400
Retour du voyageur à Constantinople. 402
Dangers de la route. 403

Fin de la Table des Matieres du Tome I.

Livres qui se trouvent chez VINCENT.

ABrégé chronologique de l'Histoire de Flandre, in 8°, 1762, 4 l. 10 s.
Abrégé chronologique de l'Histoire universelle, in-8°, *petit format.* 4 l. 10 s.
Abrégé de l'Histoire Ecclésiastique de M. l'Abbé *Racine*, nouvelle édition, in-12, 15 vol. 60 l.
——Discours sur l'Histoire de l'Eglise, par M. l'Abbé *Racine*, in 12, 2 vol. 8 l.
Abrégé portatif du Dictionnaire géographique de *La Martiniere*, in-8°, 4 l. 10 s.
Almanach de Paris, ou Calendrier historique des Parisiens illustres, in 24, 1 l. 5 s.
Annales de l'Ordre de S. Benoît, par par D. *Mabillon*, in-fol. 6 vol. 100 l.
Bibliotheque militaire, historique & politique, contenant le Général d'Armée, par *Onozander*, & différentes Piéces de MM. *Condé, Turenne, d'Asfeld*, &c. in-12, 3 vol. 1760, 7 l. 10 s.
Chronologie Egyptienne, pour servir de suite à l'Egypte ancienne, par M. *Dorigny*, in-12, 2 vol. *sous presse.*
Dictionnaire géographique, historique & critique, &c. par M. *Bruzen de la Martiniere*, in-fol. 6 vol. *sous presse.*
Le grand Dictionnaire historique de *Moreri*, ou le Mélange curieux de l'Histoire sacrée & profane, &c. nouvelle

édition, dans laquelle les Supplémens sont refondus, in-fol. 10 vol. 1759, 250 l.

—— Supplément au même Dictionnaire, pour les éditions en 6 vol. de 1725 & 1732, in-fol. 2 vol. Tomes 7ᵉ & 8ᵉ. 36 l.

—— Nouveau Supplément au Dictionnaire de *Moreri*, contenant des additions très intéressantes, 2 vol. in-fol. Tomes 9ᵉ & 10ᵉ. 40 l.

Discours historiques, critiques & politiques sur *Tacite*, traduits de l'anglois de M. *Th. Gordon*, nouvelle édition, in-12, 3 vol. 9 l.

Dissertation sur l'origine des François, in-12, *broch.* 12 f.

L'Egypte ancienne, ou Mémoires historiques & critiques sur les objets les plus importans de l'Histoire du grand Empire des Egyptiens, par M. *D'Origny*, in-12, 2 vol. 1762, 5 l.

Lettres par M. *Pelisson, sous presse.*

Gallia Christiana in provincias Ecclesiasticas distributa, &c. in-fol. 11 vol. 200 l.

Géographie générale de *Varenius*, revue par *Newton*, augmentée par *Jurin*, traduite de l'anglois, in-12, 4 vol. avec Fig. 1755, 10 l.

Histoire critique de l'établissement de la Monarchie Françoise dans les Gaules; par M. l'Abbé *Dubos*, nouvelle édition, in-4°, 2 vol. 20 l.

—— La même, in-12, 4 vol. *sous presse.*
Histoire de l'ancien & du nouveau Testament, & des Juifs, pour servir d'Introduction à l'Histoire Ecclésiastique de M. l'Abbé *Fleury*, par D. *Calmet*, in-4°, 4 vol.   36 l.
—— La même, in-12, 5 vol.   15 l.
Histoire de la réception du Concile de Trente dans les différens Etats catholiques, avec les piéces justificatives; par M. l'Abbé *Mignot*, in-12, 2 vol.   5 l.
Histoire de l'Eglise en abrégé, depuis le commencement jusqu'à présent, par M. *Dupin*, in-12, 4 vol.   10 l.
Histoire de Louis XIV, par M. *Pelisson*, in-12, 2 vol.   5 l.
Histoire des Navigations aux Terres Australes, par M. *Desbrosses*, in-4°, 2 vol. *gr. papier.*   24 l.
Histoire du Commerce & de la Navigation des Peuples anciens & modernes, par M. le Chevalier *d'Arc*, in-12, 2 vol.   5 l.
Histoire du Concile de Trente de Fra-Paolo Sarpi, traduite de nouveau en Francois, avec des notes critiques, par P. Fr. *Le Courayer*, nouvelle édition à laquelle on a joint la défense de l'Auteur contre les censures de plusieurs Prélats & Théologiens, in-4°, 3 vol.   30 l.
Histoire du Démêlé de *Henri II*, Roi d'Angleterre, avec *Thomas Becket*, Arche-

vêque de Cantorbery, par M. l'Abbé
Mignot, in-12, 2 l. 10 f.
Histoire du Peuple de Dieu, par le P. *Ber-*
ruyer, premiere partie, contenant
l'ancien Testament, in-12, 10 vol.
25 l.
—— La même, in-4°, 8 vol. 80 l.
Histoire du Peuple de Dieu, par le pere
Berruyer, seconde partie, contenant
le nouveau Testament, in-12, 8 vol.
20 l.
—— La même, in-4°, 4 vol. 36 l.
Histoire Ecclésiastique de M. l'Abbé *Fleu-*
ry, nouvelle édition, in-4°, 36 vol.
216 l.
—— La même, in-12, 36 vol. 108 l.
—— La suite, *sous presse*.
—— Tables générales de cette histoire,
in-4°, 15 l.
—— Les mêmes Tables, in-12, 4 vol.
12 l.
—— Introduction à ladite histoire, par
D. *Calmet*, in-4°, 4 vol. 36 l.
—— La même Introduction, in-12,
5 vol. 15 l.
Histoire générale de Languedoc, avec
des Notes & les Piéces justificatives,
composée sur les Originaux, enrichie
de divers monumens, *avec Cartes,*
Fig. & Vignettes en taille douce, par
D. *Vaissette*, in-fol. 5 vol. 100 l.
Abrégé de l'Histoire de Languedoc, par
par le même, in-12, 6 vol. 15 l.

Histoire militaire des Suisses, avec les généalogies des maisons illustres, par M. le Baron *de Zurlauben*, in-12, 8 vol.   20 l.

—— Code militaire des Suisses, servant de suite à l'Histoire des Suisses, par le même, in-12, 4 vol. 1764,   10 l.

Histoire profane depuis son commencement jusqu'à présent, contenant les tems obscurs & fabuleux; l'Histoire des événemens arrivés dans tous les tems; les différentes Religions, & les Hommes illustres qui ont vécu dans chaque siécle; par M. *Dupin*, in-12, 6 vol.   15 l.

Institutions abrégées de Géographie, ou Analyse méthodique du globe terrestre, par M. *Maclot*, in-12, 2 l. 5 f.

Mémoires & Lettres de *Henri*, duc de Rohan, publiés, pour la premiere fois, par M. le Baron *de Zurlauben*, in-12, 3 vol.   7 l. 10 f.

Mémoires pour servir à l'Histoire de la Maison de Brandebourg, *avec Cartes*, in-12, 2 vol.   5 l.

Les plus beaux Monumens de Rome ancienne, en 120 planches, in-fol. *gr. papier*, 1761,   60 l.

Vies des Hommes illustres, comparés les uns avec les autres, à commencer depuis la chûte de l'Empire Romain jusqu'à nos jours, in-12, 2 vol.   5 l.

www.ingramcontent.com/pod-product-compliance
Lightning Source LLC
Chambersburg PA
CBHW070617230426
43670CB00010B/1556